LA AUTONOMÍA DE LAS ENTIDADES RELIGIOSAS EN EL DERECHO. MODELOS DE RELACIÓN Y OTRAS CUESTIONES

José María Martí
María del Mar Moreno Mozos
[coords.]

LA AUTONOMÍA DE LAS ENTIDADES RELIGIOSAS EN EL DERECHO. MODELOS DE RELACIÓN Y OTRAS CUESTIONES

Unión Europea

Dykinson, S.L.

Este libro ha sido sometido a evaluación por parte de nuestro Consejo Editorial.
Para mayor información, véase www.dykinson.com/quienessomos

Unión Europea

Obra cofinanciada por Feder
OP2014-2020 de Castilla-La Mancha

Editorial DYKINSON, S. L. - Meléndez Valdés, 61 - 28015 Madrid
Teléfonos (+34) 91 544 28 46 - (+34) 91 544 28 69
e-mail: info@dykinson.com
http://www.dykinson.es
http//www.dykinson.com

ISBN: 978-84-9148-149-2
Depósito legal: M-8764-2017

Impresión:
Liberis

Al profesor Alberto de la Hera

ÍNDICE

I PARTE

INTRODUCCIÓN

AUTONOMÍA Y LIBERTAD RELIGIOSA

JOSÉ MARÍA MARTÍ

Facultad de Derecho
Universidad de Castilla La Mancha

1. INTRODUCCIÓN

Se ha dicho que la autonomía es una de las nociones fundamentales del Derecho actual. Sin embargo, el término de «autonomía» no se empleaba tradicionalmente por el Derecho para definir el trato dado a las confesiones religiosas, aunque el concepto si era habitual. Para la iglesia católica siempre fue importante y habló, desde el siglo XI, de «Libertas Ecclesiae»[1]. Mas poco a poco el vocablo «autonomía» ha ido adquiriendo notoriedad en nuestro campo[2].

En 1931 la Iglesia católica, consciente del peligro del totalitarismo, insistió en una noción conexa, la subsidiariedad[3]. Su virtualidad también modera el ansia intervencionista del Estado providencia. Un ejemplo de la

---

[1] R. Minnerath, «Cherch autonomy in Europe», G. Robbers (Ed.), *Church autonomy: a comparative nowey*, Peter Lang, Frankfurt am Main, 2001, p. 381.

[2] Por ejemplo, M.ª J. Roca Fernández, *Derechos fundamentales y autonomías de las iglesias*, Dykinson, Madrid, 2005 e I. Martín Sánchez, Las confesiones religiosas y su autonomía según el Tribunal Europeo de Derechos Humanos, *Encuentros multidisciplinares,* 16, n.º 46, 2014, pp. 64-73.

[3] Pío XI, Encíclica, *Quadragesimo anno,* I.

vigencia del principio estructural y global de la autonomía-subsidiariedad es el art. 6.1 de la Constitución portuguesa de 1976. En él se dice: «O Estado é unitário e respeita na sua organização e funcionamento o regime autonómico insular e os princípios da subsidiariedade, da autonomia das autarquias locais e da descentralização democrática da administração pública». La noción de la autonomía-subsidiariedad tiene también su aplicación en la Unión Europea. Delors la impulsó y explicó[4]. Tenía un alcance tanto ante la sociedad civil, a la que se trata de respetar y estimular, como ante la propia configuración del Poder público y de los organismos supranacionales en sus relaciones, ad intra y ad extra, con otras entidades.

En el Antiguo Régimen las ideas de orden y jerarquía eran las fundamentales. El Estado contemporáneo recurre, para organizarse, al principio de libertad, centralización y una creciente preocupación por el bienestar (progreso económico). Es clara su impronta individualista. En el periodo más inmediato, la apuesta es por la autonomía (autogobierno), como criterio hegemónico, y la participación (democracia). Ello sobre el rescoldo del Estado liberal. En España, la autonomía tiene una importancia particular, a consecuencia de la articulación territorial a través de las comunidades autónomas[5]. Dice el artículo 2 de nuestra norma suprema que: «La Constitución se fundamenta en la indisoluble unidad de la Nación española, patria común e indivisible de todos los españoles, y reconoce y garantiza el derecho a la autonomía de las nacionalidades y regiones que la integran y la solidaridad entre todas ellas».

¿La confluencia de las pretensiones dimanantes de diferentes sujetos no generará tensiones? ¿La participación y, en general, la libertad, proyectadas sobre cualquier espacio de la convivencia, no reducirá la autonomía de los cuerpos intermedios (no gubernamentales)? ¿Cómo se pueden mantener las cotas deseables de iniciativa individual, en el marco de las instituciones religiosas, dada su singularidad? ¿En caso de tener que sacrificar uno de los polos qué pautas deben seguirse, en armonía con la justicia?[6] Lener comenta la polémica que nace del ejercicio de la libertad dogmática que ilimitadamente se ha de reconocer a las confesiones religiosas y su libertad de expresión. ¿Se podría consentir un mensaje reli-

---

[4] Ver J. Delors «Le principe de subsidiarité», idem, *Le nouveau concert européeen*, Editions Odile Jacob, Paris, 1992; idem, *Subsidiarité: défi du changement (Actes du Colloque Jacques Delors*, 1991), Institut européen d'administration publique, 1991. Un estudio sobre este concepto en: J. Barroche, «La subsidiarité chez Jacques Delors. Du socialisme chrétien au fédéralisme européen», *Politique européenne*, 2007/3, n.° 23, pp. 153-177.

[5] Constituciones de 1931 y 1978.

[6] Es lo que analiza, en distintos marcos normativos: A. Madera, Il principio de autonomía confesionale: Baluardo di una effetiva libertà di autodeterminazione? Una analisi compartaiva delle pronunzie della Corte Suprema U.S.A. e della Corte di Strasburgo, *Anuario de Derecho Eclesiástico del Estado*, XXX, 2014, pp. 561-599.

gioso que atacase a otras religiones o que incluso crease enfrentamiento y justificase la violencia contra ellas?[7]

La complejidad y el atractivo de estas cuestiones y de otras similares ha movido a un grupo de estudiosos del factor religioso, en clave jurídica, a desarrollar algunas de ellas. Los trabajos se han reagrupado por una lógica que antepone lo más genérico a lo más concreto y parcial. Se pasa así revista a la legislación del pasado, por el profesor José Antonio Martínez Vela, en calidad de precedentes del Mundo Antiguo, y a la vigente, tanto en España como en Francia, para luego profundizar en lo que aporta la jurisprudencia del Tribunal Europeo de Derechos Humanos. El volumen se completa con un capítulo sobre las especialmente delicadas empresas de tendencia o con sello ideológico.

Por nuestra parte, dedicamos unas líneas a delimitar el concepto de autonomía. Siendo esta tan importante su definición no es fácil[8]. Es un concepto indeterminado y relativo. Debe enmarcarse y predicarse de un contexto concreto, respecto al cual lo autónomo se diferencia o puede destacarse, por su propia vitalidad o iniciativa. Por eso distinguimos sus dos significados principales en el Derecho español: el relativo a la organización del Estado y el que modaliza la política religiosa.

2. Aproximación a la autonomía, como categoría jurídica

El Derecho público reconoce a determinadas entidades públicas menores, como las Universidades, los colegios profesionales[9], las corporaciones locales (arts. 140-142 de la Constitución) o las Comunidades autónomas (arts. 143 y ss. de la Constitución), una esfera de intervención (autodeterminación, autogestión), que los separa o singulariza, dentro de la Administración General del Estado. Es la autonomía institucional que otorga una parcela de gobierno o actuación independiente (autarquía). En ciertos

---

[7] Los Estados musulmanes promovieron la introducción, por las Naciones Unidas, del delito de *difamación de religiones.* Al respecto, N. Lener, Contribución al seminario de expertos sobre el conflicto entre la libertad de expresión y la incitación contra grupos religiosos (Alto Comisionado de Derechos Humanos de las Naciones Unidas, octubre de 2008), *Fides et Libertas*, Silver Spring, 2008-2009, pp. 16-30.

[8] J. Fornés, El refuerzo de la autonomía de las confesiones, *Ius canonicum*, XXXIV, n.º 68, 1994, pp. 526-527.

[9] En cuanto que son titulares de funciones públicas, delegadas por la Administración, y, en consecuencia, esta las tutela. Sobre la autonormación, véase, por ejemplo, Ley de la Comunidad Autónoma de Andalucía 10/2003, de 6 de noviembre, de Colegios Profesionales, cuyo Preámbulo, al comentar el Título III de la ley, afirma: «la elaboración y contenido de los estatutos, manifestación de su potestad normativa, en cuya fase final interviene la Administración para la verificación de su legalidad y garantía de su seguridad jurídica; los derechos y obligaciones de los colegiados, y, finalmente, su estructura y organización, dotándoles de amplia autonomía en su configuración y reforzando su funcionamiento democrático».

casos, el margen de competencias incluye la potestad legislativa. Aquí autonomía sería una categoría del Derecho público, que está en el origen de normas de competencia acotada por una materia o territorio particular.

Una nota distintiva de las diferentes esferas en que se emplea el sintagma es que mientras que en el Derecho público la autonomía mira más bien a la distribución de competencias, para un eficiente servicio al ciudadano, en cumplimiento del artículo 103.1 de la Constitución: «La Administración Pública sirve con objetividad los intereses generales y actúa de acuerdo con los principios de eficacia, jerarquía, descentralización, desconcentración y coordinación, con sometimiento pleno a la ley y al Derecho», la autonomía que rige el fuero interno y su proyección cultural o religiosa, se orienta a dar cumplimiento a lo preceptuado en el art. 10.1 de la Constitución: «La dignidad de la persona, los derechos inviolables que le son inherentes, el libre desarrollo de la personalidad, el respeto a la ley y a los derechos de los demás son fundamento del orden político y de la paz social». En la salvaguarda del fuero interno está en juego la dignidad de la persona y que esta pueda responsabilizarse, ante sí misma y el medio social, de la orientación o sentido que da a su vida.

En relación a ambos principios, personalista y de servicialidad-eficiencia aparece un concepto importante, la *subsidiariedad*. Gracias a ella se garantiza que la iniciativa y la responsabilidad del individuo van a ser respetadas. Esto es, que la burocracia, sea del Estado providencia sea del totalitario, no asfixiará el rescoldo de creatividad y humanidad latente en la persona[10].

La autonomía, además de regir en la estructura y ejercicio del Poder público, se le reconoce *mutatis mutandis* a los particulares y sus relaciones. En esta acepción, se habla prioritariamente de libertades (ambulatoria, de empresa, expresión, asociación, etc.), pero aparece también la expresión: «autonomía de la voluntad». En su virtud, a los sujetos privados se les permite, en su ámbito, que se organicen de acuerdo al principio de libertad contractual, siempre dentro del orden público y lo estipulado por la ley. Dice el artículo 1255 del Código Civil: «Los contratantes pueden establecer los pactos, cláusulas y condiciones que tengan por conveniente, siempre que no sean contrarios a las leyes, a la moral ni al orden público». Que luego tiene otras proyecciones, verbigracia, en el foro aplicable a las relaciones jurídicas entre nacionales de distintos Estados[11].

---

[10] M. Pinto, A questão do Estado Arbitrário ou Subsidiário, *Nova Cidadania,* ano xvii • número 59 • verão 2016, pp. 6-7.

[11] Artículo 10.5. «Se aplicará a las obligaciones contractuales la ley a que las partes se hayan sometido expresamente, siempre que tenga alguna conexión con el negocio de que se trate...».

La familia goza también de autonomía. «La familia como tal es sujeto de derechos; esto ha de ser admitido con mayor claridad»[12]. La afirmación no solo es aplicable a la hora de marcar su ritmo de funcionamiento y la disposición de su patrimonio, goza también de ella, según dispone la Constitución[13] y los convenios internacionales, en el terreno educativo, y frente a los poderes públicos que lo organizan. «... El Estado, en el ejercicio de las funciones que asuma en el campo de la educación y de la enseñanza, respetará el derecho de los padres a asegurar esta educación y esta enseñanza conforme a sus convicciones religiosas y filosóficas» (art. 2. Protocolo adicional al Convenio para la protección de los derechos humanos y de las libertades fundamentales, 20 marzo 1952). Ello se explica por la conexión de la enseñanza (más aún de la formación moral) con el factor religioso y las convicciones. Además, la familia es autónoma en cuanto que le corresponde una cierta estructura (jerarquía, complementariedad, etc.) y funciones, como la formativa que hemos mencionado: «procurarles una formación integral» a los hijos menores (art. 154 del Código civil), o la de ayuda material (alimentos). Ello con independencia de que estos rasgos sean o no respetados (plenamente), por cada Ordenamiento.

Quizá la fórmula que mejor expresa esta realidad es la que emplea la Declaración sobre la eliminación de todas las formas de intolerancia y discriminación fundadas en la religión o las convicciones (1981): «Art. 5 de la 1. Los padres o, en su caso, los tutores legales del niño tendrán el derecho de organizar la vida dentro de la familia de conformidad con su religión o sus convicciones y habida cuenta de la educación moral en que crean que debe educarse al niño» (art. 5.1).

3. La autonomía en el Derecho español. El Derecho público y la alteridad de órdenes

Pero la autonomía que rige el orden religioso, la relación con el Poder público y viceversa, se plantea de forma diferente a la explicada a cerca de la estructura de la Administración. Más se parece a la que asiste a la familia. La autonomía ante la religión no es fruto de la libre iniciativa de la organización política y su decisión, por oportunidad, de proceder a una distribución de competencias. El Estado queda ante aquella realidad condicionado, se crea una instancia externa a su control, la conciencia. Por ello, para evitar anularla, lo que a ella se refiere es de la libre iniciativa del propio sujeto y de la sociedad, en medio de la cual se despliega su

---

[12] Juan Pablo II, Discurso a la Asamblea parlamentaria del Consejo Europeo (Estrasburgo, 8 octubre 1988), n.º 6.

[13] Art. 27.3 de la Constitución. «Los poderes públicos garantizan el derecho que asiste a los padres para que sus hijos reciban la formación religiosa y moral que esté de acuerdo con sus propias convicciones».

personalidad. Se impone un hecho asentado en nuestra cultura, la «dimensión —moral y religiosa— de la personalidad humana», con proyección en la vida social, que canalizan las organizaciones religiosas o de pensamiento[14].

Cuando pensamos en lo cultural y religioso, no cabe utilizar la categoría del Derecho público de soberanía, para el ente superior, y subordinación, para el ente inferior. En aquel terreno el Estado no tiene ni la iniciativa ni la autoridad. El Preámbulo del Proyecto de Ley Orgánica de Libertad Religiosa, establecía, con rotundidad, que las confesiones eran realidades preexistentes a la actuación del Estado cuya concurrencia ni necesitan ni, en ocasiones, desean: «Es de destacar que en la ley se contemplan las comunidades religiosas como una realidad anterior a cualquier reconocimiento por parte de la Administración de su personalidad jurídica, que ni la necesitan ni, en muchos casos, tan siquiera desean para el desarrollo normal de sus actividades propias y el cumplimiento de sus propios fines religiosos»[15].

Como dijo el Tribunal Constitucional, en hora temprana, en el Ordenamiento español estaba prevista la libertad de cátedra (art. 20.1.c), precisamente por la neutralidad de los Poderes públicos: «En los centros públicos de cualquier grado o nivel la libertad de cátedra tiene un contenido negativo uniforme en cuanto que habilita al docente para resistir cualquier mandato de dar a su enseñanza una orientación ideológica determinada, es decir, cualquier orientación que implique un determinado enfoque de la realidad natural, histórica o social dentro de los que el amplio marco de los principios constitucionales hacen posible. Libertad de cátedra es, en este sentido, noción incompatible con la existencia de una ciencia o una doctrina oficiales» (sentencia TC. Pleno. 5/1981, de 13 de febrero, FJ. 9.º).

La neutralidad quedaba perfilada un poco después: «En un sistema jurídico político basado en el pluralismo, la libertad ideológica y religiosa de los individuos y la aconfesionalidad del Estado, todas las instituciones públicas y muy especialmente los centros docentes, han de ser, en efecto, ideológicamente neutrales» (FJ 9.º)[16]. Es una concepción del Estado coherente con un sistema que no se quiere ideologizado, sino realista. Varias sentencias del TC excluyen que la nuestra sea una *democracia militante*: 48/2003, de 12 de marzo, FJ 7.º; 235/2007, de 7 de noviembre, FJ 4.º, y 12/2008, de 29 de enero, FJ 6.º.

---

[14] Ver Jorge Otaduy, Autonomía de las confesiones religiosas. las cláusulas de salvaguarda de la identidad de las confesiones, *Derecho Canónico y Derecho eclesiástico del Estado* (Edición electrónica). Lección 36. Iustel, 2002, p. 6.

[15] *Boletín Oficial de las Cortes Generales. Congreso de los Diputados*. I Legislatura, n.º. 77-1, 17 octubre 1979, p. 483.

[16] Sobre la neutralidad del Poder público que no perjudica ni suprime el pluralismo, sino que le obliga a favorecer que los diversos grupos se toleren, ver sentencia TEDH Serif c. Greece, n.º 38178/97, párr. 53. R. Palomino, *La religión en el espacio público*, Digital Reasons, Madrid, 2016, p. 40.

En consecuencia, dice la Carta apostólica *Octogesima adveniens* (1971) que: «No pertenece ni al Estado, ni siquiera a los partidos políticos que se cerraran sobre sí mismos, el tratar de imponer una ideología por medios que desembocarían en la dictadura de los espíritus, la peor de todas. Toca a los grupos establecidos por vínculos culturales y religiosos —dentro de la libertad que a sus miembros corresponde— desarrollar en el cuerpo social, de manera desinteresada y por su propio camino, estas convicciones últimas sobre la naturaleza, el origen y el fin de la persona humana y de la sociedad» (n.º 25).

4. El régimen de alteridad de órdenes

Esta es la génesis de la instauración de un régimen de *alteridad de órdenes* o «ciudades» en relación al fenómeno religioso, al que en consecuencia se otorga autonomía. El Derecho lo asume y la historia de Occidente se vertebra a partir de la conciencia, desde que, merced al concurso del cristianismo, se recompone la orientación política del Imperio, en tiempos de Constantino (siglo IV). En palabras de Otaduy: «El principio de laicidad del Estado [neutralidad o alteridad de órdenes] contemplado desde la perspectiva de los grupos religiosos configura el principio de autonomía. Laicidad y autonomía son dos caras de una misma realidad; valores subordinados al bien jurídico protegido en una instancia superior, que no es sino la distinción y preservación del orden político y del orden religioso en su integridad y plenitud»[17].

Se tutela plenamente el fuero interno y sus manifestaciones, siempre que se atengan al orden público: «Se garantiza la libertad ideológica, religiosa y de culto de los individuos y las comunidades sin más limitación, en sus manifestaciones, que la necesaria para el mantenimiento del orden público protegido por la ley» (art.16.1 de la Constitución)[18]. Luego se añade otra cláusula que ampara la autonomía de las instituciones que se

---

[17] Jorge Otaduy, Autonomía de las confesiones religiosas. las cláusulas de salvaguarda de la identidad de las confesiones, p. 8.

[18] Además, art. 3.1 y 6.1 de la Ley Orgánica /1980, de libertad religiosa: Dice el último: «Las Iglesias, Confesiones y Comunidades religiosas inscritas tendrán plena autonomía y podrán establecer sus propias normas de organización, régimen interno y régimen de su personal...». Sobre personal es relevante la sentencia del Tribunal Constitucional 128/2001, de 4 de junio, donde se deniega la condición de ministro de culto, a efectos de la pensión de la Seguridad Social, a una «profesante», con cualificación profesional de misionero autorizado, por la Iglesia Adventista del Séptimo Día. La autonomía también se establece en favor de la Iglesia católica. «El Estado Español reconoce a la Iglesia Católica el derecho de ejercer su misión apostólica y le garantiza el libre y público ejercicio de las actividades que le son propias y en especial las de culto, jurisdicción y magisterio. 2. La Iglesia puede organizarse libremente...» (Acuerdo sobre Asuntos Jurídicos. Artículo I. 1).

forman en relación a la religión: «Ninguna confesión tendrá carácter estatal». Además, se identifica una de ellas, la Iglesia católica (párr. 3.º).

Diversas disposiciones explicitan la autonomía religiosa, en las múltiples facetas en que se desdobla. En el Derecho internacional de los derechos humanos es elocuente el art. 6 de la Declaración sobre la eliminación de todas las formas de intolerancia y discriminación fundadas en la religión o las convicciones[19]. En el Derecho regional europeo, merece destacarse el art. 16 de la Reunión de Viena (1989) de la Organización para la Seguridad y la Cooperación en Europa (OSCE)[20]. Por último, en

---

[19] «De conformidad con el artículo 1 de la presente Declaración y sin perjuicio de lo dispuesto en el párrafo 3 del artículo 1, el derecho a la libertad de pensamiento, de conciencia, de religión o de convicciones comprenderá, en particular, las libertades siguientes: a) La de practicar el culto o de celebrar reuniones en relación con la religión o las convicciones, y de fundar y mantener lugares para esos fines; b) La de fundar y mantener instituciones de beneficencia o humanitarias adecuadas; c) La de confeccionar, adquirir y utilizar en cantidad suficiente los artículos y materiales necesarios para los ritos o costumbres de una religión o convicción; d) La de escribir, publicar y difundir publicaciones pertinentes en esas esferas; e) La de enseñar la religión o las convicciones en lugares aptos para esos fines; f) La de solicitar y recibir contribuciones voluntarias financieras y de otro tipo de particulares e instituciones; g) La de capacitar, nombrar, elegir y designar por sucesión los dirigentes que correspondan según las necesidades y normas de cualquier religión o convicción; h) La de observar días de descanso y de celebrar festividades y ceremonias de conformidad con los preceptos de una religión o convicción; i) La de establecer y mantener comunicaciones con individuos y comunidades acerca de cuestiones de religión o convicciones en el ámbito nacional y en el internacional».

[20] (16) «A fin de asegurar la libertad de la persona de profesar y practicar una religión o creencia, los Estados participantes, inter alia, (16.1) - adoptarán medidas eficaces para prevenir y eliminar toda discriminación contra individuos o comunidades, por motivo de religión o creencia, en el reconocimiento, el ejercicio y el goce de los derechos humanos y de las libertades fundamentales en todas las esferas de la vida civil, política, económica, social y cultural, y garantizarán la igualdad de hecho entre creyentes y no creyentes; (16.2) - promoverán un clima de tolerancia y respeto mutuos entre creyentes de diferentes comunidades, así como entre creyentes y no creyentes; (16.3) - otorgarán, a petición de las comunidades de creyentes que practiquen o deseen practicar su religión en el marco constitucional de sus Estados, el reconocimiento del estatuto que para ellas se prevea en sus respectivos países; (16.4) - respetarán el derecho de esas comunidades religiosas a - establecer y mantener lugares de culto o de reunión libremente accesibles; - organizarse de conformidad con su propia estructura jerárquica e institucional; - elegir, nombrar y sustituir a su personal de conformidad con sus necesidades y normas respectivas, así como con cualquier acuerdo libremente establecido entre tales comunidades y su Estado; - solicitar y recibir contribuciones voluntarias financieras y de otra índole; (16.5) - realizarán consultas con confesiones, instituciones y organizaciones religiosas, con el fin de obtener una mejor comprensión de los requisitos de la libertad religiosa; 9 (16.6) - respetarán el derecho de toda persona a impartir y recibir educación religiosa en el idioma de su elección, individualmente o en asociación con otras personas; (16.7) - respetarán en este contexto, inter alia, la libertad de los padres de asegurar la educación religiosa y moral de sus hijos de acuerdo con sus propias convicciones; (16.8) - permitirán la formación de personal religioso en las instituciones apropiadas; (16.9) - respetarán el derecho de los creyentes indivi-

Derecho interno, el art. 2 de la Ley Orgánica 7/1980, de libertad religiosa está especialmente bien construido, a la hora de determinar el alcance de la libertad religiosa. No es solo su riqueza, también es un acierto su división en tres párrafos, de los cuales el segundo se refiere a la libertad religiosa de titularidad institucional[21].

Las previsiones genéricas experimentan concreciones y adaptaciones según el modo de ser de las confesiones religiosas (entidades mayores) más arraigadas en España, y sus entidades menores. A esta materia, con inevitable casuística, destinan su estudio los profesores Antonio Escudero (Iglesia católica) y Mar Moreno (otras confesiones religiosas con acuerdo).

5. La jurisprudencia sobre la autonomía

Precisamente lo abierto de las cuestiones obliga a echar una ojeada a la abundante jurisprudencia. Ella establece la correspondencia entre las fórmulas generales y las situaciones de hecho.

---

duales y de las comunidades de creyentes a adquirir, poseer y utilizar libros sagrados y publicaciones religiosas en el idioma de su elección, así como otros artículos y materiales relacionados con la práctica de una religión o creencia; (16.10) - permitirán a las confesiones, instituciones y organizaciones religiosas la producción, importación y distribución de publicaciones y materiales religiosos y la difusión de los mismos; (16.11) - prestarán favorable consideración al interés de las comunidades religiosas por participar en el diálogo público, inter alia, a través de los medios de comunicación».

[21] «Uno. La libertad religiosa y de culto garantizada por la Constitución comprende, con la consiguiente inmunidad de coacción, el derecho de toda persona a: a) Profesar las creencias religiosas que libremente elija o no profesar ninguna; cambiar de confesión o abandonar la que tenía; manifestar libremente sus propias creencias religiosas o la ausencia de las mismas, o abstenerse de declarar sobre ellas. b) Practicar los actos de culto y recibir asistencia religiosa de su propia confesión; conmemorar sus festividades, celebrar sus ritos matrimoniales; recibir sepultura digna, sin discriminación por motivos religiosos, y no ser obligado a practicar actos de culto o a recibir asistencia religiosa contraria a sus convicciones personales.c) Recibir e impartir enseñanza e información religiosa de toda índole, ya sea oralmente, por escrito o por cualquier otro procedimiento; elegir para sí, y para los menores no emancipados e incapacitados, bajo su dependencia, dentro y fuera del ámbito escolar, la educación religiosa y moral que esté de acuerdo con sus propias convicciones. d) Reunirse o manifestarse públicamente con fines religiosos y asociarse para desarrollar comunitariamente sus actividades religiosas de conformidad con el ordenamiento jurídico general y lo establecido en la presente Ley Orgánica.

Dos. Asimismo comprende el derecho de las Iglesias, Confesiones y Comunidades religiosas a establecer lugares de culto o de reunión con fines religiosos, a designar y formar a sus ministros, a divulgar y propagar su propio credo, y a mantener relaciones con sus propias organizaciones o con otras confesiones religiosas, sea en territorio nacional o en el extranjero.

Tres. Para la aplicación real y efectiva de estos derechos, los poderes públicos adoptarán las medidas necesarias para facilitar la asistencia religiosa en los establecimientos públicos, militares, hospitalarios, asistenciales, penitenciarios y otros bajo su dependencia, así como la formación religiosa en centros docentes públicos».

La autonomía de las confesiones religiosas forma parte del contenido del art. 9 de la Convención europea[22], como pone de manifiesto el Tribunal Europeo de Derechos Humanos, en sentencia sobre el asunto Holy Synod of the Bulgarian Orthodox Church (Metropolitan Inokentiy) and Others v Bulgaria, 22 January 2009. Los demandantes se quejaban de que, en 2003 y en años sucesivos, el Estado interfirió arbitrariamente en una disputa interna de la Iglesia Ortodoxa Búlgara, con el propósito de forzar al clero y a los fieles a obedecer al Patriarca Maxim, favorecido por las autoridades. Ello fue conceptuado de vulneración a un elemento sustancial de la libertad religiosa que comprometía el pluralismo social y el resto de derechos, amparados en el art. 9 de la Convención[23].

La sentencia del TEDH. Gran Sala. Asunto Fernández Martínez c. España, 12 de junio de 2014 aporta pistas para la resolución de los conflictos que puedan aparecer (confirma su doctrina la sentencia Travas C. Croacia, nº 75581/13,4 Octubre 2016). Señalamos ciertas ideas: «En relación con la autonomía interna de los grupos confesionales en particular, el artículo 9 del Convenio no garantiza ningún derecho a la disidencia en el interior de un organismo religioso; en caso de desacuerdo doctrinal u organizativo entre una comunidad religiosa y uno de sus miembros, la libertad de religión del individuo se ejerce mediante su facultad de abandonar libremente la comunidad (Miro^Gubovs y otros, anteriormente citada, § 80) [...]. El respeto a la autonomía de las comunidades religiosas reconocidas por el Estado implica, en particular, la aceptación por parte de éste, del derecho de estas comunidades a reaccionar conforme a sus propias reglas e intereses frente a los eventuales movimientos disidentes que pudieran surgir en su seno y que podrían representar un peligro para su cohesión, su imagen o su unidad. No

---

22 «1. Toda persona tiene derecho a la libertad de pensamiento, de conciencia y de religión; este derecho implica la libertad de cambiar de religión o de convicciones, así como la libertad de manifestar su religión o sus convicciones individual o colectivamente, en público o en privado, por medio del culto, la enseñanza, las prácticas y la observancia de los ritos».

23 «As the Court has noted in previous cases, however, the personality of the religious leaders is of importance to the members of the religious community. Participation in the organisational life of the community is a manifestation of one's religion, protected by Article 9 of the Convention. For these reasons, the Court has held that under Article 9 of the Convention, interpreted in the light of Article 11, the right of believers to freedom of religion encompasses the expectation that the community will be allowed to function free from arbitrary State intervention in its organisation. The autonomous existence of religious communities is indispensable for pluralism in a democratic society and is thus an issue at the very heart of the protection which Article 9 of the Convention affords. Were the organisational life of the community not protected by Article 9 of the Convention, all other aspects of the individual's freedom of religion would become vulnerable (see Hasan and Chaush (cited above), § 62, and Metropolitan Church of Bessarabia and Others v. Moldova, no. 45701/99, § 118, ECHR 2001-XII).104» (párr. 103).

compete por tanto a las Autoridades nacionales el erigirse en árbitro entre las organizaciones religiosas y las diferentes entidades disidentes existentes o que pudieran nacer en su ámbito (Sindicatul «P˘astorul cel Bun », anteriormente citada, § 165)» (párr. 128). El párr. siguiente de la sentencia concluye que el Estado no debe decidir sobre la pertinencia o no de readmitir a los miembros expulsados.

Lener ve la esencia de la autonomía religiosa en respetar la voluntad de que: «Todo establecimiento afiliado a una corriente religiosa, esté o no subsidiado por el estado, aspirará a que su interpretación de su propio credo, respaldada por las autoridades reconocidas de ese credo, sea respetada»[24]. Asimismo, la organización y funcionamiento de la entidad religiosa, sin interferencias, es la garantía de un ejercicio real de la libertad religiosa, para todos (STEDH, case of Hasan and Chaush v. Bulgaria, 26 October 2000, párr. 62[25]). De nuevo, aquí existe el imperativo de preservar el pluralismo de la sociedad democrática occidental.

Sin embargo, existe una tendencia expansiva de los valores subyacentes en los derechos humanos, «la libertad, la justicia, la igualdad y el pluralismo político» (art. 1 de la Constitución). «El TEDH recuerda ante todo que, si bien el artículo 8 [Derecho al respeto a la vida privada y familiar] tiene esencialmente por objeto prevenir al individuo contra las injerencias arbitrarias de los poderes públicos, no se contenta de ordenar al Estado de abstenerse de tales injerencias: a este compromiso más bien negativo, pueden añadirse obligaciones positivas inherentes al respeto efectivo de la vida privada. Éstas pueden necesitar de la adopción de medidas tendentes al respeto a la vida privada, hasta en las relaciones de los individuos entre sí» (Gran Sala Asunto Fernández Martínez c. España Sentencia, 12 junio 2014, n.º 114). Doctrina que nos parece extensible a las demás libertades públicas cuya dimensión negativa no exime al Estado de su compromiso de fomento o colaboración (art. 9.2 de la Constitución). Prueba de ello es lo decidido por la sentencia n.º 78/2016 de TS, Sala 1.ª, de lo Civil, 18 de febrero de 2016, comprometida

---

[24] Autonomía de las religiones y sus límites, Organización Judía para el Diálogo interconfesional <http://www.ojdi.org/?p=412> (consulta 25 octubre 2016).

[25] «Where the organisation of the religious community is at issue, Article 9 of the Convention must be interpreted in the light of Article 11, which safeguards associative life against unjustified State interference. Seen in this perspective, the believers' right to freedom of religion encompasses the expectation that the community will be allowed to function peacefully, free from arbitrary State intervention. Indeed, the autonomous existence of religious communities is indispensable for pluralism in a democratic society and is thus an issue at the very heart of the protection which Article 9 affords. It directly concerns not only the organisation of the community as such but also the effective enjoyment of the right to freedom of religion by all its active members. Were the organisational life of the community not protected by Article 9 of the Convention, all other aspects of the individual's freedom of religion would become vulnerable».

con dar vigencia plena a la libertad asociativa, en el seno de una asociación católica[26].

Lener nos explica una sentencia de la Corte Suprema de Gran Bretaña de diciembre de 2009. La mayoría decidió que la Escuela Judía Libre (Jewish Free School-JFS), fundada en 1732, subvencionada y de la mejor reputación, había incurrido en discriminación racial, conforme al *Race Relations Act* de 1976, al negarse a admitir, como alumno, a un joven de 12 años. La causa para excluirlo era que, aunque el padre era judío, la madre era conversa al judaísmo, por la declaración de un tribunal rabínico no ortodoxo. A pesar de la reservas de la Corte Suprema, esta concluyó que una política que «directamente favorece a un grupo racial será considerada como constituyendo discriminación racial»[27].

Lo enjundioso de la jurisprudencia europea y su rango justifican un estudio pormenorizado del que se ocupa, en esta obra, el profesor García-Pardo.

Es un terreno amplio y de contornos borrosos: ¿qué pertenece al dogma o qué se deriva de él?, ¿hasta dónde se deben admitir la flexibilidad de autoorganización y los criterios propios de la confesión religiosa?, ¿la autonomía se potencia, respecto a su personal y al Ordenamiento general, cuando estamos ante centros educativos y de investigación? Anexo a las confesiones religiosas, aparecen las organizaciones de tendencia. Sobre sus peculiaridades y diversidad ha profundizado el profesor Santiago Catalá.

6. Una alteridad que no es enfrentamiento, difícil de trazar

Como dice la sentencia del Tribunal Constitucional 101/2004, de 2 de junio, la libertad religiosa en sentido objetivo —como principio que estructura la comunidad política— incluye tanto la neutralidad cuanto la cooperación[28]. Ello es reflejo del compromiso del Poder público con el

---

[26] «Debe abandonarse esta tesis que declara la falta de competencia de la jurisdicción civil para conocer de estos litigios en los que se demanda a personas jurídicas constituidas en el seno de las confesiones religiosas reconocidas por el Estado Español y, en concreto, en el de la Iglesia Católica y residenciar la solución al problema en el reconocimiento de un amplio ámbito de autoorganización a las asociaciones religiosas que determine que la demanda no pueda prosperar cuando la pretensión afecte a este ámbito en el que las asociaciones religiosas pueden autoorganizarse, sin que sea posible la intervención de las autoridades estatales y, en concreto, de las judiciales» (FJ 4.º.4).

[27] N. Lerner, Autonomía de las religiones y sus límites M. Perales Agustí, controversia sobre una cuestión de discriminación en la justicia británica por la definición de judío, religión, matrimonio y derecho ante el s. XXI, Vol. I, Instel, Madrid.

[28] «En su dimensión objetiva, la libertad religiosa comporta una doble exigencia, a que se refiere el art. 16.3 CE: primero, la de neutralidad de los poderes públicos,

ejercicio real y efectivo de las libertades y derechos humanos (art. 9.2 de la Constitución), es también un lubricante que engrasa la bisagra en torno a la cual se desplaza tanto el plano civil cuanto el religioso.

El contacto y, en ocasiones, el roce, con la autoridad civil, es consustancial a la libertad religiosa institucional[29]. La circunstancia, aparentemente adversa, tiene su efecto beneficioso, consolidar la independencia de ambas potestades y dar lugar al concepto de autonomía del sector religioso.

En un terreno de muchos matices y ajustes hay que huir de posturas rígidas o de fórmulas mágicas. «No cabe, a mi juicio [afirma Otaduy], diseñar apriorísticamente un sistema que resuelva con criterios técnicos todos los conflictos posibles entre los ámbitos jurisdiccionales del Estado y de las confesiones religiosas, sino que, con una mayor dosis de modestia y de realismo, se trata de lograr un satisfactorio régimen de convivencia, renunciando a posiciones maximalistas de uno u otro signo»[30]. Esta es la filosofía del constituyente español[31]. Confirman su acierto la estabilidad, la durabilidad y el clima de paz social alcanzados. Asimismo, el juicio es bueno cuando se compara el sistema flexible con la experiencia francesa de separación (Ley de Separación de las Iglesias y del Estado, 1905). Esta se analiza en uno de los capítulos del presente volumen. El afán por extremar las posturas, perjudica a toda la comunidad y, a la larga, es insostenible.

El propósito de esta obra es el de ofrecer el apoyo de una mano amiga, para quien quiera adentrarse en el estudio de *La autonomía de las entidades religiosas en el Derecho. Modelos de relación y otras cuestiones*. Creemos que el esfuerzo merece la pena.

ínsita en la aconfesionalidad del Estado; segundo, el mantenimiento de relaciones de cooperación de los poderes públicos con las diversas iglesias» (FJ 3.º).

[29] J. Fornés, El refuerzo de la autonomía de las confesiones, p. 529.

[30] Jorge Otaduy, Autonomía de las confesiones religiosas. las cláusulas de salvaguarda de la identidad de las confesiones, p. 10. Sobre el modelo flexible de relaciones, *ibídem*, p. 11.

[31] J.M.ª Martí Sánchez, *La religión ante la ley. Manual de Derecho Eclesiástico*, Digital Reasons, Madrid, 2015, p. 48.

II PARTE

MODELOS DE RELACIÓN CON LAS ENTIDADES RELIGIOSAS

CAPÍTULO 1
LA ACTITUD DEL DERECHO ROMANO ANTE LOS GRUPOS RELIGIOSOS. EL JUDAÍSMO

José Antonio Martínez Vela

Facultad de Derecho
Universidad de Castilla La Mancha

1. El presente trabajo tiene como finalidad tratar de exponer cómo fueron percibidos los distintos grupos religiosos en el ámbito del Derecho Romano, prestando una especial atención a la situación del Judaísmo, al constituir éste un perfecto ejemplo de la actitud romana con relación a los distintos grupos religiosos existentes y de la evolución que es posible apreciar a este respecto a partir del siglo IV d.C. como consecuencia del reconocimiento del cristianismo como religión oficial del Imperio en el año 380 d.C. por parte del emperador Teodosio a través de la conocidísima *Constitutio Cunctos Populos*[1].

Una primera precisión que ha de realizarse viene constituida por el hecho de que desde sus orígenes la sociedad romana —al igual que el resto de sociedades del mundo antiguo— se caracterizó por la existencia de un vínculo prácticamente indisoluble entre Política y Religión[2], pudiéndose afirmarse que el culto a los dioses formaba parte, en cierto sentido, del propio sistema político, en cuanto que se consideraba que eran precisamente los dioses quienes garantizaban y aseguraban la propia existencia del Estado. Idea ésta que puede sintetizarse perfectamente en la siguiente afirmación del Prof. Antonio Fernández de Buján: «En

---

[1] Ver: Archi, G.G., «Aspetti della libertà religiosa nel V e VI secolo. Legislazione teodosiana e giustinianea», *Satura R. Feenstra*, Fribourg, 1985, pp. 229-237; Gottlieb, G.-Barcelo, P.A., «Das Glaubensedikt des Kaisers Theodosius vom 27 Februar 380: Adressaten und Zielsetzung», *Mélanges A. Lippold*, 1993, pp. 409-423.

[2] Ver Zuccotti, F. Il giuramento nel mondo giuridico e religioso romano. Elementi per uno studio comparatistico, Milan, 2000, pp. 80-83.

la República romana, la vida diaria estaba impregnada del sentido de lo divino»[3].

Así, en el ámbito del Derecho Romano, podemos afirmar que el principio angular sobre el cual descansaba prácticamente todo el sistema político era la obligación para la autoridad pública de asegurar el mantenimiento de la denominada *Pax Deorum*, o situación de equilibrio de la comunidad con relación a sus dioses, para lo cual se acudía a toda una serie de diversas prácticas expiatorias y adivinatorias, tanto antes de llevar a cabo los más importantes actos de la vida política[4] y militar[5], como con posterioridad a la verificación de alguna catástrofe o derrota, idea que aparece perfectamente reflejada en el capítulo primero de los *Facta et Dicta Memorabilia* de Valerio Máximo, donde éste afirma:

> «Nuestros antepasados establecieron que la ciencia de los pontífices explicara las ceremonias fijas y anuales; que la observación de los fenómenos por parte de los augures garantizara el éxito de los negocios importantes; que los libros de los adivinos interpretaran los oráculos de Apolo; que las prácticas etruscas sirvieran para conjurar los malos presagios. Las antiguas instituciones determinaron también nuestras relaciones con los dioses: con la plegaria pedimos su protección; con el voto solemos solicitar un favor; con las acciones de gracia cumplimos para con ellos; con una ofrenda escudriñamos las entrañas de las víctimas y las suertes; con los sacrificios celebramos ritualmente las solemnidades. También por medio de los sacrificios se mantienen alejados los males con que nos amenazan los prodigios y los relámpagos».

Es más, esta íntima conexión entre religión y política no varió tampoco con el afianzamiento del cristianismo como religión del Estado Roma-

---

[3] Fernández de Buján, A. «En el mil setecientos aniversario del Edicto de Milán sobre Tolerancia Religiosa, del año 313 después de Cristo», en *Revista General de Derecho Romano*, vol. 22, 2014, pág. 1.

[4] Por ejemplo, en época republicana, antes de procederse a la celebración de los comicios donde el pueblo debía proceder a la elección de sus magistrados o a la ratificación de las leyes que le eran presentadas, era imprescindible llevar a cabo una serie de ritos religiosos por parte del magistrado-presidente de dicha asamblea que confirmaran que la voluntad de los dioses era propicia para llevar a cabo tan importantes actos de la vida política romana. En concreto, dicho magistrado debía acudir al lugar donde se celebrarían los comicios entre medianoche y el amanecer, donde dentro de una tienda (*tabernaculum*) colocada sobre una tribuna (*templum*), realizaría diversos ritos augurales, que en caso de resultar favorables haría anunciar mediante un toque de trompeta (*classicum*) y la colocación de un estandarte rojo (*signum*) en el Capitolio.

[5] Los generales también viajaban acompañados de sacerdotes o augures, cuando no reunían ellos mismos tal cualidad, de tal modo que antes de decidir si entablar o no batalla con el enemigo, era práctica habitual la consulta de la voluntad de los dioses, en muchas ocasiones con una finalidad de animar a las tropas ante el «innegable» apoyo mostrado por los dioses.

no a partir de finales del siglo IV d.C., tal y como evidencian claramente los esfuerzos de San Agustín para tratar de rechazar las acusaciones que se dirigieron contra los cristianos por parte de los paganos con posterioridad al saqueo de Roma llevado a cabo en el año 409 por Alarico, razón última de la elaboración de una de sus más importantes obras: la *Ciudad de Dios*[6], la cual en el fondo es realmente una amplísima justificación de cómo Cristianismo e Imperio se hayan íntimamente relacionados, debiéndose el gran esplendor alcanzado por este último al apoyo que le ha sido dispensado por el Dios de los cristianos, tratando de refutar todas las acusaciones recibidas con relación a que el saqueo de Roma fue una consecuencia directa del abandono de los cultos tradicionales romanos tras la imposición del cristianismo como religión oficial del Imperio a partir del emperador Teodosio.

Por otro lado, como consecuencia de la expansión territorial que se inició a mediados de la época republicana —siglo III a.C.—, Roma entró en contacto con otras culturas, con otras civilizaciones, cada una de las cuales tenía además sus propios dioses, sus propias creencias, en muchos casos distintas, en otros similares, a las romanas. Esta expansión supuso, además, que numerosos habitantes de estos territorios se establecieron en Roma y, en general, en toda la Península Itálica, trayendo consigo sus dioses y sus creencias. Ahora bien, ¿cuál fue la actitud del sistema político romano frente a estos nuevos dioses que pretendían introducirse en la cultura romana?

La respuesta a este interrogante es unánime, se afirma con carácter general que Roma fue tolerante con respecto a los diversos cultos existentes en los diversos territorios sucesivamente conquistados, mostrando generalmente un alto respeto hacia dichas creencias religiosas de los naturales de los mismos; no interviniendo, en principio, de ningún modo con relación a los ritos o ceremonias con los cuales esos diferentes pueblos existentes dentro del Imperio adoraban a sus propias divinidades. La razón para ello está clara: el panteón de la religión romana no estuvo nunca sujeto a ningún tipo de demarcación originaria o definitiva que impidiera la integración de nuevos cultos a medida que el Imperio se extendía por regiones que, hasta entonces, habían permanecido totalmente ajenas a sus costumbres y valores religiosos[7].

Sin ninguna duda, dos de las principales características de la religión romana fueron su permeabilidad y su sincretismo, los cuales fomentaron la convivencia de las más dispares comunidades religiosas dentro de un

---

[6] Ver MOMIGLIANO, A., «El cristianismo y la decadencia del Imperio Romano», en *El conflicto entre el paganismo y el cristianismo del siglo IV*, Madrid, 1989, pág. 17, quien la caracteriza como «la más famosa de todas las meditaciones filosóficas sobre la historia».

[7] Ver SIMON, M.-BENOIT, A., *El Judaísmo y el Cristianismo antiguo*, Barcelona, 1972, pág. VI.

mismo territorio, pudiéndose hablar de la existencia de un único límite a esta amplia libertad reconocida por las autoridades romanas en materia religiosa: que los diferentes cultos no alteraran la seguridad interna del Estado.

Esto supuso que las autoridades romanas sólo intervinieran con medidas represoras de los cultos existentes en los distintos territorios que iban ocupando, cuando los mismos tendían a asumir formas públicas que amenazaban el respeto a los *mores maiorum* romanos; en realidad, como ha indicado el Prof. ADRIANI, la hostilidad romana no se dirigía tanto contra el acogimiento de nuevas divinidades, como contra la «moralidad» que acompañaba a dichos nuevos cultos, en cuanto la misma pudiera subvertir o contaminar las costumbres romanas[8].

En consecuencia, cuando se habla de intolerancia en la antigua Roma, no se hace en el sentido de no admisión radical de cualquier otra fe debido a la existencia de una religión verdadera respecto a otras no verdaderas, sino en el sentido más limitado de aquella que pretende subvertir con su contenido la religión y el culto oficiales, efectuando por tanto un atentado contra el sentimiento nacional y la seguridad del Estado; es dentro de este contexto donde puede insertarse, por ejemplo, la expulsión de egipcios, judíos y caldeos de Roma decretada en el año 139 a.C.[9] o, el previo senadoconsulto *de Bacchanalibus* del 186 a.C. que prohíbe en Roma los cultos de las Bacanales[10].

Los romanos, por tanto, no pusieron obstáculos a las religiones de los pueblos conquistados, mientras éstas permanecieran subordinadas a los

---

[8] ADRIANI, M., «Tolleranza e intolleranza religiosa nella Roma arcaica», *Studi Romani*, 1958, p. 511. En un sentido muy similar se ha expresado GARCÍA IGLESIAS, L. *Los judíos en la España antigua*, Madrid, 1.978, pág. 14.

[9] VALERIO MAXIMO, *Facta et Dicta Memorabilia*, I.3.3.

[10] Sobre la persecución de las Bacanales, ver TITO LIVIO, *Ab urbe condita* XXXIX,8-19. Ver: TACACS, S.A., «Politic and Religion in the Bacchanalian Affair of 186 B.C.E.», *Harv. Stud.*, 2000, pp. 301-310; NIPPEL, W., «Orgien, Ritualmorde und Verschwörung? Die bacchanalien-prozesse des Jahres 186 v. Chr.», *Grosse Prozesse der römische Antike*, 1997, pp. 65-73; DUBOURDIEU, A. - LEMIRE, E., «La rumeur dans l'affaire des Bacchanales», *Latomus*, LVI, 1997, pp. 293-306; ARCELLASCHI, A. «Les Bacchides de Plaute et l'affaire des Bacchanales», *Theater und Gesellschaft im Imperium Romanum*, Tübingen, 1990, pp. 35-44; BAUMAN, R.A. «The Suppression of the Bacchanales: five questions», *Historia*, 39, 1990, pp. 334-348; PAILLER, J.-M. «Les Bacchanales: une affaire de famille», *Parenté et Strategies Familiales dans l'antiquité romaine*, 1990, pp. 77-83; PAILLER, J.-M. *Bacchanales. La repression de 186 av. J.-C. à Rome et en Italie: vestiges, images, tradition*, Paris, 1988; FREYBORGER, G. «Sectes religieuses dans la Rome republicaine et au début de l'époque imperiale», *Sectes religieuses en Grèce et à Rome dans l'antiquité paienne*, 1986, pp. 163-234; VOISIN, J.-L. «Tite-Live, Capue et les Bacchanales», *MEFRA*, 96, 1984, pp. 601-653; LUISI, A. «La Lex Maecnia e la repressione dei Bacchanali nel 186 a.C.», *Centr. Ist. Stor. Ant.*, 8, 1982, pp. 179-185; RASCÓN, C. «A propósito de la represión de las bacanales en Roma», *Estudios Jurídicos U. Álvarez Suárez*, 1978, pp. 383-403.

cultos oficiales romanos, los cuales representaban tanto una tradición religiosa como política del poder; como ha señalado la Prof. Pucci Ben Zeev «los romanos no se preocupaban de la multitud de los dioses venerados por los individuos o por las diversas naciones, mientras que se trataba de una experiencia específicamente religiosa, y no se buscaba dar contenido o aspecto político a su organización y a sus prácticas»[11].

En base a lo anterior, las diversas poblaciones locales de las distintas provincias continuaban venerando a sus dioses tradicionales, si bien solían añadir al nombre original de los dioses propios un nombre derivado del panteón romano. Además, en todas ellas —tras el advenimiento con Augusto del nuevo régimen político del Principado— se extendió el denominado «culto imperial», que —por un lado— simbolizaba el reconocimiento de la soberanía de Roma, y —por otro lado— constituyó un nexo de unión entre las diversas religiones del Imperio con la tradición romana; es decir, constituía simultáneamente un deber cívico y religioso.

Este elevado grado de tolerancia de los romanos hacia los diferentes cultos locales se encuentra perfectamente reflejado en el texto de un apologeta cristiano del siglo II, Atenágoras, en una de cuyas obras se puede leer:

> «En vuestro imperio, oh grandes entre los reyes, unos usan de unas costumbres y leyes, y otros de otras y a nadie se les prohíbe, ni por ley ni por miedo a castigo, amar sus tradiciones patrias, por ridículas que sean. Así, el troyano llama dios a Héctor y adora a Helena, a la que cree Adrastea; el lacedemonio da culto a Agamenón, como si fuera Zeus, y a Filonoe, hija de Tindáreo, como a Enodia; el ateniense sacrifica a Erecteo Poseidón; y a Agraulo y Pandroso celebran los atenienses iniciaciones y misterios, aquellas a quienes se tuvo por sacrílegas por haber abierto la caja. Y en una palabra, los hombres, según las naciones y los pueblos, ofrecen los sacrificios y celebran los misterios que les da la gana. En cuanto a los egipcios, tienen por dioses a los gatos, cocodrilos, serpientes, áspides y perros. Y todo ello lo toleráis vosotros y vuestras leyes; pues consideráis impío y sacrílego no creer en absoluto en Dios; pero necesario, que cada uno tenga los dioses que quiera, a fin de que por el temor de la divinidad se abstenga de cometer impiedades [...]»[12].

Precisamente, de esta misma época, segunda mitad del siglo II d.C., sería un rescripto del emperador Septimio Severo[13], al cual se alude en un conocido texto de Marciano contenido en D. 47.22.1.1, donde se hace referencia a la posibilidad reconocida legalmente, tanto en Roma como en la provincias, de «*reunirse con fines religiosos, siempre que no se haga*

---

[11] Pucci Ben Zeev, M. «Cosa pensavano i Romani degli Ebrei?», *Athenaeum*, vol. 65, 1987, p. 346.

[12] Atenagoras, *Legación a favor de los cristianos*, 1.

[13] Ver Reseghetti, S., «Il provvedimento di Settimio Severo sui collegia 'religionis causa' e i cristiani», *Rivista di Storia della Chiesa in Italia*, 42, 1988, pp. 355-364.

contra el senadoconsulto que prohíbe las asociaciones ilícitas», tratándose ésta de una disposición aplicable con carácter general a cualquier tipo de asociación[14].

2. Llegados a este punto, se plantea la cuestión de cuál fue el motivo que originó las continuas persecuciones de que fueron objeto los cristianos durante los primeros tres siglos de nuestra era, siendo la conclusión a la que se llega plenamente coincidente con los principios generales antes enunciados: el cristianismo era percibido como una innegable amenaza para la estabilidad de la comunidad política en su conjunto, pues su actitud de rechazo ante los dioses tradicionales romanos ponía en peligro el mantenimiento de la situación de la *pax deorum*.

Perfectamente reveladoras de esta situación son las palabras de dos apologetas cristianos, como Cipriano de Cartago:

> «Pero ya que dices que muchos se quejan, y nos achacan que estallan muchas guerras, que causan estragos la peste y el hambre, que prolongadas sequías nos dejan sin lluvia, no debía callar por más tiempo, no se atribuyera mi silencio a cobardía en vez de a comedimiento, y no se creyera que reconocíamos la acusación por descuidar la refutación de responsabilidades falsas»[15],

o Tertuliano:

> «Si el Tiber inunda las murallas, si el Nilo no inunda los campos, si el cielo se para, si la tierra tiembla; si hay hambre, si hay epidemias, enseguida: ¡Cristianos al león!»[16].

Este mismo autor cristiano del siglo II d.C. trata de poner el acento en su obra apologética en la existencia básicamente de motivos políticos para la persecución de que eran objeto los cristianos, buscando desmontar con sus argumentos tal acusación:

> «Pero hay más; tampoco convenía que, por decirlo más suavemente, se considerara que fuera contada entre las facciones ilícitas esta comunidad que no comete ninguna acción semejante a aquellas facciones ilícitas contra las que se toman precauciones. Pues, si no me equivoco, la causa de que se prohíban las facciones corresponde a la tutela del orden público: evitar que se escindiera la ciudad en partes, con lo que fácilmente se perturbarían los comicios, las reuniones, las curias, las asambleas del pueblo y hasta los espectáculos con el enfrentamiento de intereses opuestos [...]. En cambio, para nosotros, indiferentes ante el afán de gloria y la ambición de poder, no hay necesidad alguna de partidos y ninguna cosa nos es más

---

[14] Ver D. 47.22.3.

[15] San Cipriano, *Ad. Dem.* 2.

[16] Tertuliano, *Apol.* 40.2; *Ad nat.* I.9.3.

ajena que los asuntos de política; una única república, común a todos, reconocemos: la república»[17].

Sin duda, una de las cuestiones que desde finales del siglo XIX y a lo largo de la primera mitad del siglo XX ha despertado un mayor interés en la doctrina ha sido precisamente la de determinar cuáles habrían sido los motivos últimos y, básicamente, cuáles habrían sido los expedientes legales utilizados para justificar tales episodios de persecución, en el análisis de los cuales no podemos entrar por cuestiones de extensión en este trabajo[18]. En todo caso, si tratáramos de sintetizar cuál fue el principal motivo o razón del choque entre cristianismo y paganismo en los tres primeros siglos de nuestra era, podría afirmarse que éste se encontró —tal y como muy acertadamente ya ha señalado el Prof. Antonio FERNÁNDEZ DE BUJÁN— en «la negativa de los cristianos a ofrecer sacrificios al emperador y rendirle culto como si se tratara de un dios»[19]; esto es, el rechazo al denominado «culto imperial»[20], y ello como consecuencia del monoteísmo que caracterizaba al cristianismo[21].

3. Una vez afirmados los motivos que condujeron a la persecución del cristianismo en época cristiana, se plantea la cuestión de cuál fue el trata-

---

[17] TERTULIANO, *Apol.* 38.1-3. Con relación a este texto, puede consultarse: RANDAZZO, S., «Per la storia del diritto associativo tardoclassico: la testimonianza di Tertulliano», *Atti dell'Accademia Romanistica Costantiniana*, XV, 2005, pp. 95-105.

[18] De modo muy esquemático, puede básicamente hablarse de la existencia de tres teorías al respecto: un grupo de autores han propugnado la existencia de una Ley excepcional que directamente habría prohibido el cristianismo, la cual se remontaría a la época del emperador Nerón, razón por la cual es denominada *Institutum Neronianum* (niega su existencia, entre otros, SANTOS YANGUAS, N., *Cristianismo y Sociedad Pagana en el Imperio romano durante el siglo II*, Oviedo, 1998, pág. 45). Un segundo grupo de investigadores defendió que los magistrados habrían acudido a las leyes penales ordinarias, imputando a los cristianos la comisión de delitos ya tipificados por las mismas —fundamentalmente el denominado *crimen maiestas*. Por último, otro sector acudió al genérico *ius coercitionis* propio de los gobernadores provinciales para justificar sus decisiones contra los cristianos, esto es, las mismas se habrían basado exclusivamente en los amplios poderes de policía propios de los mismos.

[19] FERNÁNDEZ DE BUJÁN, A. *op. cit.*, pág. 7.

[20] Como ya señaló GONZÁLEZ SALINERO, *op. cit.*, pág. 17, este culto a Roma y al emperador fue instaurado por Augusto como un elemento esencial de su amplio programa de regeneración política y reorganización del culto republicano al servicio de una estabilidad asentada en una autocracia disfrazada de respetuoso conservadurismo; fue ideado como el cauce más adecuado para asegurar una *pax deorum* duradera, logrando revestirse de tal notoriedad que pronto llegó a convertirse en una especie de religión de Estado.

[21] El carácter monoteísta de la religión cristiana tiene su origen en el judaísmo, religión cuyo dogma —como de un modo muy sintético y adecuado señalan SIMON-BENOIT, *op. cit.*, pág. 8— descansa básicamente en dos afirmaciones esenciales: la unidad de Dios y la elección de Israel, las cuales aparecían ya resumidas y combinadas en el *Deuteronomio*: «Escucha, Israel, Yahvé es nuestro Dios, Yahvé es uno solo» (6,4).

miento que recibieron los seguidores del culto judío dentro del mundo romano, dado que éstos se caracterizaban, al igual que los cristianos, por su monoteísmo intransigente, circunstancia a la cual debe añadirse la hostilidad evidenciada en las sociedades helenísticas hacia el pueblo judío.

Como ha apuntado brillantemente el Prof. CHURRUCA[22], el antisemitismo surgió en el mundo antiguo, en primer lugar, por la denodada resistencia de los judíos al intento de helenización por parte de los seleucidas y, por otro lado, por el mantenimiento por parte de las minorías judías dispersas por todo el mediterráneo de sus peculiaridades religioso-sociales, negándose a todo intento de integración a la vida social, cultural y religiosa de los lugares en que residían. Los judíos procedieron a constituir comunidades separadas con su propio culto monoteísta y sin imágenes, sus costumbres, sus peculiaridades de alimentación, su descanso semanal, su radical repulsa y falta de participación en todo lo que resultase incompatible con su ley, su exclusión de los matrimonios mixtos, etc.

Producto de todos estos factores fue la atribución colectiva de toda una serie de vicios, tachas y cualidades negativas imputadas más o menos anónimamente a los judíos, y repetidas con uno u otro matiz por diversos autores griegos y romanos. En ocasiones se trataba de atribuciones reales, otras veces eran gratuitas y totalmente infundadas, mientras que algunas se basaban en malentendidos o interpretaciones tendenciosas de datos reales. El núcleo central era la singularidad y el aislacionismo religioso-social de los judíos, interpretado como altivez, hostilidad o desprecio de las instituciones culturales, sociales y religiosas helenísticas, siendo definidos por Quintiliano como «*perniciosam ceteris gentem*»[23], mientras que Juvenal nos da el siguiente cuadro del modo de vida de la población judía:

> «Algunos, a quienes tocó en suerte un padre que veneraba el sábado, nada adoran sino las nubes y la divinidad del cielo, no creen que sea diferente de la humana la carne de cerdo, de la que prescindieron sus padres y, además, se cortan pronto el prepucio. Acostumbrados a despreciar las leyes romanas, aprenden, guardan y respetan el derecho judaico y todo lo que les enseñó Moisés en su misterioso libro: a no mostrar los caminos sino a los que celebran el mismo culto y a conducir a la fuente deseada solamente a los circuncisos. Pero la causa es el padre, para quien cada séptimo día es inhábil y no aprovecha para ningún aspecto de la vida»[24].

En este texto de Juvenal, se encuentran la mayor parte de las imputaciones dirigidas contra la población judía. Así, su religión monoteísta con

---

[22] Ver DE CHURRUCA, J., «La actitud de Roma ante los judíos de la diáspora en los dos primeros siglos del Principado, *Cristianismo y Mundo Antiguo*, Bilbao, 1998, pp. 41-ss.

[23] QUINTILIANO, *Inst. Orat.* III,7,21.

[24] JUVENAL, *Satiras* XIV,95-106.

un culto sin imágenes[25] era interpretada como *barbara superstitio*, llegando a ser calificada por Tácito como un «*mos absurdus sordidusque*»[26], adoración a una divinidad incierta[27] con actos cultuales extraños, vergonzosos y hasta criminales; así, se acusaba a los judíos de ofrecer sacrificios de animales despreciables, de adorar a una cabeza de asno[28], de venerar al cerdo, o incluso de practicar sacrificios humanos[29].

Su descanso semanal —el *sabbath*[30]— planteaba problemas en la convivencia cívica[31] —incomparecencia en procesos, negativa a las marchas

---

[25] A este respecto puede consultarse Schäfer, P., *Judeophobia. Attitudes towards the Jews in the Ancient World*, 1998, pp. 34-54.

[26] Tacito, *Hist.* V,5,5.

[27] Ver Lucano, *Farsalia* II.593; Plutarco, *Moralia. Charlas de Sobremesa* 671.C-672.C.

[28] Una refutación de esta acusación se contiene en Flavio Josefo, *Contra Apión* II.7.79-88. Por otro lado, respecto a esta imputación, Schäfer, P., *Judeophobia* cit., pp. 55-62.

Con relación a los argumentos utilizados por las fuentes antiguas para afirmar esta supuesta *onolatria*, puede consultarse: Simoes Rodrigues, N., *IVDAE IN VRBE. Os Judeus em Roma de Pompeio aos Flávios*, Coimbra, 2007, pp. 229-231.

[29] Sobre este particular, ver Schäfer, P., *Judeophobia* cit., pp. 62-65. El principal *heraldo* de esta acusación contra el pueblo hebreo fue —según nos relata Flavio Josefo— Apión de Alejandría: «Apión se ha convertido en el portavoz de los otros y dice que Antíoco encontró en el templo un lecho donde había un hombre acostado y delante de él una mesa llena de manjares, peces, animales terrestres y volátiles. El hombre estaba estupefacto. Al entrar el Rey, le saludó al instante con adoración, como si le trajese un gran alivio. Cayendo de rodillas, con la mano derecha extendida, le pidió su libertad. El Rey le dijo que confiara en él y le dijera quien era, por qué vivía allí y cuál era la razón de aquella comida. Entonces el hombre, entre gemidos y lágrimas, le contó su desgracia en tono lastimoso. Dijo, continúa Apión, que era griego y que mientras recorría la provincia ganándose la vida, había sido capturado por hombres de raza extranjera que le habían llevado al templo y encerrado allí. No dejaban que nadie le viera y le preparaban toda clase de manjares para que engordara. Al principio, tuvo aquello por un inesperado beneficio y le produjo contento, luego sospechas, y más tarde estupor. Finalmente, tras preguntar a los servidores que le atendían, conoció la ley inefable de los judíos, en nombre de la cual era alimentado, costumbre que practicaban todos los años en una época determinada. Atrapaban a un viajero griego y lo cebaban durante un año. Luego lo llevaban a un bosque donde lo mataban. Sacrificaban su cuerpo según sus ritos, comían sus vísceras y, durante la inmolación, juraban mantener su enemistad contra los griegos; luego, arrojaban a una fosa los restos de la víctima. Refiere después Apión que aquel hombre había dicho que le quedaban ya pocos días de vida y que había suplicado al Rey que por respeto a los dioses de los griegos y para vencer las insidias de los judíos contra su raza, le librase de los males que le amenazaban» (*Contra Apión*, II,91-96).

[30] Sobre cómo fue concebido y contemplado el *Sabbath* en el mundo greco-latino, ver: Williams, M., «Being a Jew in Rome: Sabbath Fasting as as expression of Romano-Jewish Identity», *Negotiating Diaspora. Jewish Strategies in the Roman Empire*, Londres, 2004, pp. 8-18; Schäfer, P., *Judeophobia* cit., pp. 82-92.

[31] Sobre los problemas que podía llegar a plantear la práctica del *sabbath*, puede consultarse el relato contenido en una de las cartas de Sinesio de Cirene, donde relata

en caso de servicio militar,etc.— y era valorado como una señal de vagancia, habiéndosenos conservado en San Agustín[32] la referencia a un texto de Séneca absolutamente revelador de la concepción romana al respecto:

> «Entre otras supersticiones de la teología civil, censura Séneca también las prácticas religiosas de los judíos y, sobre todo, los sábados. Dice que es inútil su celebración, ya que, estando ociosos un día en la semana, pierden casi una séptima parte de su vida y salen perjudicados al no realizar muchas necesidades urgentes»[33].

La circuncisión y la abstención de carne, por su parte, eran objeto de torcidas y pintorescas interpretaciones. La circuncisión[34] era rechazada pues se concebía, por la mentalidad romana[35], como un auténtico atentado contra la perfección del cuerpo, como un uso bárbaro diametralmente opuesto y contrario a los ideales estéticos del mundo greco-romano.

---

el grave peligro que corrió durante una travesía marítima al iniciarse una tormenta, debido a que el piloto y la mayoría de los marineros eran judíos y era sábado, ver Sinesio de Cirene, *Cartas* V.

[32] Por otro lado, el propio San Agustín en sus *Tratados sobre el Evangelio de San Juan* XX.2 critica esta costumbre judía del «Sabbath», y pone el énfasis en la diferencia con la observancia cristiana del descanso semanal: «Los judíos entendían carnalmente la observancia del sábado y creían que Dios, después del trabajo de la creación del mundo, estaba como durmiendo hasta hoy, y que santificó ese día porque él comenzó como a descansar de sus trabajos. Tiene, pues, misterio el descanso sabático preceptuado a nuestros antiguos padres, que nosotros los cristianos observamos espiritualmente, absteniéndonos de toda obra servil, esto es, de todo pecado (porque el Señor dice: *todo el que hace el pecado, siervo es del pecado*); y teniendo así reposo en nuestro corazón, esto es, espiritual tranquilidad»; puede también verse en idéntico sentido, San Agustín, *Tratados sobre el Evangelio de San Juan* III.19.

[33] San Agustín, *La Ciudad de Dios* VI,11.

[34] La circuncisión aparece configurada en el Génesis como una señal de la alianza establecida por Dios con Abraham:«Dios añadió a Abrahán:-Tú guarda el pacto que hago contigo y tus descendientes futuros. Este es el pacto, que hago con vosotros y con tus descendientes futuros y que habéis de guardar: circuncidad a todos vuestros varones; circuncidaréis el prepucio, y será una señal de mi pacto con vosotros. A los ocho días de nacer, todos vuestros varones de cada generación serán circuncidados; también los esclavos nacidos en casa o comprados a extranjeros que no sean de vuestra raza. Circuncidad a los esclavos nacidos en casa o comprados. Así llevaréis en la carne mi pacto como pacto perpetuo. Todo varón incircunciso, que no ha circuncidado su prepucio, será apartado de su pueblo por haber quebrantado mi pacto» (Gn. 17,9-14).

En todo caso, señalar que la circuncisión no era una práctica exclusiva del pueblo judío, sino que era común a prácticamente todos los pueblos semitas —ver Flavio Josefo, *Contra Apión* I.22.168-171; Diodoro de Sicilia, *Biblioteca Histórica* I,28,3. Quizás, como ya hemos indicado, el rasgo distintivo en el pueblo judío radicaba en su atribución como signo de la alianza con Dios. Ver también Petronio, *Satyricon* 68,8; Marcial, *Ep.* 7,30;7,35; 7,82; 11,94.

[35] A este respecto, ver Schäfer, P., *Judeophobia* cit., pp. 93-103.

Por su parte, la abstención de comer carne de cerdo[36] era objeto de continuas burlas, como puede apreciarse en el satírico Juvenal:

> «en aquel país donde los reyes observan descalzos el sábado y una ya tradicional clemencia deja morir de vejez a los cerdos»[37].

Por último, era muy frecuente que se les acusara de un libertinaje desenfrenado, de falta de honradez, ridiculizándose su suciedad[38], servilismo e incultura[39], acusándoseles de ser descendientes de leprosos expulsados

---

[36] Ésta, como el resto de prescripciones alimentarias, tienen su origen en tabúes higiénicos arcaicos. Precisamente, una de las cuestiones que realiza Calígula a la embajada que le remitieron los judíos de Alejandría para dirimir su conflicto con el elemento griego de la ciudad fue ésta: «¿Por qué rechazais la carne de cerdo?», ver FILÓN DE ALEJANDRIA, *Leg. ad Gaium* XLV, 361-362. Ver SCHÄFER, P., *Judeophobia* cit., pp. 66-82.

[37] JUVENAL, *Satiras* VI,159-160. Otro relato muy revelador de esta visión que existía en el mundo antiguo sobre las prescripciones alimentarias de los judíos es la conservada por PLUTARCO, *Moralia: charlas de sobremesa* 669.C-671.C: «Calístrato dijo: —¿Qué opináis sobre lo que se ha dicho respecto a los judíos de que no comen la carne más legítima? —Que es sorprendente, dijo Polícrates, y yo, además, me pregunto si estos hombres se abstienen de comerla por cierta estima a los cerdos, o porque aborrecen al animal, pues lo que se dice entre ellos parecen mitos, si no es que naturalmente tienen ciertas razones de peso para no divulgarlo. —Yo, en efecto, dijo Calístrato, creo que el animal goza de cierta estima entre estos hombres, pues, si bien el cerdo es deforme y sucio, sin embargo no es más raro en su aspecto o más burdo en su constitución que un escarabajo, musaraña, cocodrilo y gato, ante cada uno de los cuales cada sacerdote egipto se comporta como si fueran muy sagrados. Al cerdo, en cambio, se dice que se le estima por una razón práctica, pues, al ser el primero que surcó la tierra, según cuentan, con la punta de su hocico, dejó la señal de la arada y enseñó el trabajo de la reja [...]. Y no hay que admirarse si por esto algunos no comen cerdo, cuando otros animales, por causas triviales, y algunos, incluso, totalmente ridículas, gozan de una estima mayor entre los bárbaros. Efectivamente, la musaraña dicen que ha sido deificada por los egipcios por ser ciega, ya que a la oscuridad la consideraban más antigua que la luz [...]. Y al león lo asocian con el sol, porque, de los cuadrúpedos de garras corvas, es el único que pare crías que ven, y se echa muy poco tiempo y, mientras duerme, sus ojos siguen brillando [...]. Pero, ¿cómo acusaría uno a los egipcios por tamaña insensatez, cuando cuentan que también los pitagóricos veneraban al gallo blanco [...], y que los magos de Zoroastro honraban más que a nada al erizo de tierra, pero detestaban a las ratas de agua [...]? Pero creo que también los judíos, si precisamente sintieran asco del cerdo, lo matarían, [...] más he aquí que, al igual que comerlo, el matarlo les está prohibido. - [...] Dijo Lamprias [...] estos hombres parecen execrar la carne porcina, porque los bárbaros más que nadie se aterran ante las manchas blancas y la lepra, y creen que por el contacto tales enfermedades consumen a los hombres». Sobre este diálogo, ver SCHÄFER, P., *Judeophobia* cit., pp. 72-75. Ver también LUCIANO, *Timarión*, 3; PORFIRIO, *Sobre la abstinencia* I,14,3-4; IV,11,1; SEXTO EMPÍRICO, *Esbozos pirrónicos* 3,223.

[38] En MARCIAL, IV,4 se ridiculiza el presunto mal olor de los judíos.

[39] En CELSO, *El discurso verdadero contra los cristianos* 6, podemos leer: «La rusticidad de los judíos ignorantes los dejó caer en los sortilegios de Moisés».

de Egipto[40], así como de constituir un pueblo sedicioso y levantisco que despreciaba los dioses del Imperio y se resistía a honrar a los emperadores a través del culto imperial.

4. Ahora bien, pese a la existencia de este *topos* y de la citada actitud social colectiva contraria al judaísmo, ésta sólo tuvo un efecto indirecto en el comportamiento de la autoridad romana frente a los judíos, con relación a cuya situación jurídica puede afirmarse que desde mediados del siglo I a.C. se aprecia una actuación marcadamente favorable de las autoridades romanas hacia el judaísmo[41], constituyendo probablemente una de las principales causas de esta situación la gran habilidad con la cual los diferentes dirigentes judíos supieron moverse durante el período de casi 20 años de continuas guerras civiles que sufrió Roma en este período histórico[42].

La colonia judía de Roma apoyó desde un primer momento al partido *Popular* dirigido por Julio César[43], siendo éste además apoyado en su

---

[40] En *El discurso verdadero contra los cristianos* de CELSO se encuentran la siguientes afirmaciones: «Los judíos son Egipcios de origen, que dejaron su país a continuación de una insurrección contra el Estado egipcio y por el desprecio que habían concebido de la religión nacional» (parágrafo 33); «¿Quiénes son, en efecto, esos Judíos para justificarse con semejante arrogancia? Son esclavos fugitivos de Egipto, que jamás hicieron algo notable y que nunca destacaron en nada, ni por su número, ni por su importancia» (parágrafo 45). Precisamente, contra esta asociación existente en el mundo antiguo entre Judios y Egipcios dirigió sus alegatos FLAVIO JOSEFO en su obra «*contra Apión*». Con relación a esta cuestión, puede consultarse: BARCLAY, J.M.G., «The Politics of Contempt: Judaeans and Egyptians in Josephus's Against Apion», *Negotiating Diaspora. Jews Strategies in the Roman Empire*, Londres, 2004, pp. 109-126.

[41] Muy significativo de la visión que tenían los romanos y de su actitud tolerante hacia los judíos, es el siguiente texto de DION CASIO, *Hist. Rom.* XXXVII,16,5-17,4: «Porque así se llama [Palestina] de antiguo la comarca toda que va de Fenicia a Egipto a lo largo del Mediterráneo. Y tiene también otra denominación de cuño posterior: pues el territorio recibe el nombre de Judea y sus habitantes el de judíos. Tal apelativo no sé de dónde les proviene, pero se aplica también a todos los demás hombres que observan sus costumbres, aunque procedan de otro pueblo. Esta gente vive también entre los romanos, y, proscrita muchas veces, ha cobrado tal auge que incluso goza de libertad de culto. Puede decirse que cada detalle de su régimen de vida los mantiene segregados del resto de la humanidad, pero ello se manifiesta ante todo en el hecho de no venerar a los demás dioses. No poseyeron jamás efigie alguna, ni siquiera en la misma Jerusalén, y a esta divinidad, que estiman así indecible e imposible de representar, rinden honores con fervor inigualado. Para ella construyeron un templo de grandes proporciones y suma belleza —si se deja aparte su condición de edificio abierto y carente de techumbre—, templo que consagraron en el llamado día de Crono; y entre las muchas peculiaridades con que distinguen este día sobresale la de no atender a ninguna obligación importante».

[42] Los enfrentamientos civiles en Roma se inician con el enfrentamiento entre Julio César y Pompeyo en el año 49 a.C., y terminan en el año 31 a.C. con la derrota final de Marco Antonio ante Octavio en Accio.

[43] En la biografía de Julio César que se nos ha conservado en *Los Doce Césares* de SUETONIO, se afirma que durante sus funerales, fue precisamente la comunidad

Guerra contra Pompeyo —año 48 a.C.— por tropas enviadas por Hircano, tal como éste mismo reconoce en el texto de una carta que nos ha sido conservada por Flavio Josefo:

> «Puesto que Hircano, hijo de Alejandro, perteneciente al pueblo judío, no sólo ahora sino también en tiempos anteriores, tanto en la paz como en la guerra, ha mostrado lealtad y manifestado interés por nuestro Estado, como lo han testimoniado numerosos emperadores, y puesto que en fechas sumamente recientes, con motivo de la guerra que se desarrollaba en Alejandría, llegó en nuestra ayuda con mil quinientos soldados y, cuando fue enviado por mí a reunirse con Mitrídates, superó en bravura a todos los del regimiento[...]»[44].

Como consecuencia de estos apoyos, tanto Julio César, como posteriormente Marco Antonio y Octavio Augusto, promulgaron múltiples decretos reconociendo y ampliando diversas prerrogativas y derechos[45] de las comunidades judías de numerosas ciudades del Mediterráneo Oriental: Sidón[46], Pario[47], Efeso[48], Delos[49], Cos[50], Sardes[51], Laodicea[52], Mileto[53], Pérgamo[54], Halicarnaso[55], Tiro[56], Antioquía[57], Arado[58], Cirene[59]. Entre dichas prerrogativas pueden destacarse: la exención del servicio militar para aquellos judíos que fueran ciudadanos romanos[60]; la no aplicabili-

---

judía la que más se distinguió en sus muestras de dolor por la muerte del dictador vitalicio: «En aquellos momentos de hondo luto nacional, un gran número de pueblos extranjeros dieron también muestras inequívocas de su dolor desfilando en grupos, cada uno a su manera; pero los judíos fueron los que más se distinguieron, pues permanecieron en vela junto a la pila varias noches consecutivas» (SUETONIO, *Vida de las doce Césares. Julio César* 84,5).

44 FLAVIO JOSEFO, *Ant. Jud.* XIV,193-194.

45 Un estudio detallado y cronológico de estas medidas se puede encontrar en DE CHURRUCA, J., «La actitud de Roma ante los judíos de la diáspora en los dos primeros siglos del Principado», *Cristianismo y Mundo Antiguo*, Bilbao. 1998, pp. 44-50.

46 Ver FLAVIO JOSEFO, *Ant. Jud.* XIV,190-195; XIV,323.

47 Ver FLAVIO JOSEFO, *Ant. Jud.* XIV.213-216.

48 Ver FLAVIO JOSEFO, *Ant. Jud.* XIV,225-227; XIV,234; XIV, 237-240; XIV,262-266; XVI,167-168.

49 Ver FLAVIO JOSEFO, *Ant. Jud.* XIV,231-232.

50 Ver FLAVIO JOSEFO, *Ant. Jud.* XIV,233.

51 Ver FLAVIO JOSEFO, *Ant. Jud.* XIV,235; XIV,259; XVI,171.

52 Ver FLAVIO JOSEFO, *Ant. Jud.* XIV,241-243.

53 Ver FLAVIO JOSEFO, *Ant. Jud.* XIV,244-246.

54 Ver FLAVIO JOSEFO, *Ant. Jud.* XIV,247-255.

55 Ver FLAVIO JOSEFO, *Ant. Jud.* XIV,256-258.

56 Ver FLAVIO JOSEFO, *Ant. Jud.* XIV,319-322.

57 Ver FLAVIO JOSEFO, *Ant. Jud.* XIV,323.

58 Ver FLAVIO JOSEFO, *Ant. Jud.* XIV,323.

59 Ver FLAVIO JOSEFO, *Ant. Jud.* XVI,169-170.

60 La razón que justifica este trato privilegiado para los judíos nos son expuestas en una carta de Dolabela —gobernador de Asia— que nos ha sido conservada por FLAVIO JOSEFO, *Ant. Jud.* XIV,225-227: «A uno del mes de Lenéon, fecha en que Arte-

dad respecto a los judíos de las medidas restrictivas del derecho de asociación[61]; el reconocimiento de su derecho a la celebración de la festividad del *Sabbath*[62], así como de cualquiera de sus ceremonias religiosas tradicionales[63]; la autorización a las comunidades judías de la diáspora a recaudar y enviar a Jerusalén el *aurum Iudaicum*[64]; la autorización para

---

món ocupa la presidencia, Dolabela, legado, saluda a las autoridades de Efeso, a su Senado y al pueblo. Alejandro, hijo de Teodoro, embajador del Sumo Sacerdote y etnarca de los judíos Hircano hijo de Alejandro, me informó de la imposibilidad de sus conciudadanos para ingresar en el ejército, por no estar facultados para tomar las armas y ponerse en camino los sábados, ni para proveerse ese día de las provisiones tradicionales y usuales entre ellos. Así, pues, yo, igual que lo hicieron también los legados que me precedieron, les otorgo la exención del servicio militar y les concedo el derecho a hacer uso de las costumbres heredadas de sus antepasados, con autorización para reunirse para celebrar sus ritos sagrados y santos, en la forma que les mandan sus leyes, y dedicarse a los sacrificios. Y quiero que vosotros divulguéis esta carta por las diversas ciudades». Ver también Flavio Josefo, *Ant. Jud.* XIV,228-232; XIV,234; XIV,236-237. Un estudio detallado sobre este derecho de asociación religiosa reconocido a la comunidad judía se encuentra en: Saavedra Guerrero, M.ª. D., «*Los 'collegia' y la religión judía: un análisis del papel de las matres synagogae' en el occidente romano*», *Studia Historica-Historia Antigua*, vol. XII, 1994, pp. 83-90.

[61] A este respecto, podemos citar el Decreto enviado por Julio César a la comunidad de Pario —Flavio Josefo, *Ant. Jud.* XIV,213-216—, donde podemos leer: «Julio Cayo, pretor, cónsul de los romanos, saluda a las autoridades, Consejo y pueblo de Pario [...] En efecto, Cayo César, nuestro pretor y cónsul, quien en una disposición prohíbe que se reúnan en la ciudad los miembros de comunidades religiosas, sólo a éstos no les prohibió ni que aportaran dinero para su fondo común ni que hicieran comidas en comunidad. E igualmente también yo, que prohíbo las demás comunidades religiosas, sólo a éstos les permito que se reúnan y celebren banquetes de la comunidad según sus costumbres y normas tradicionales. Así, pues, también en vuestro caso está bien, si aprobasteis algún decreto contra estos nuestros amigos y aliados, que deroguéis tal decreto, en atención a las virtudes y afecto que ellos sienten por nosotros». Ver también Flavio Josefo, *Ant. Jud.* XIV,235.

[62] Podemos encontrar un ejemplo de este tipo de concesión en Flavio Josefo, *Ant. Jud.* XIV,244-246: «Publio Servilio Galba, hijo de Publio, procónsul, saluda a las autoridades, Consejo y pueblo de Mileto. Prítanis, hijo de Hermas, conciudadano vuestro, que me visitó en Tralles con ocasión de celebrar yo allí sesión pública judicial, me manifestó que vosotros, en contra de mi parecer, atacáis a los judíos y les impedís celebrar la festividad de los sábados, cumplir con sus preceptos religiosos tradicionales y manejar la producción según su costumbre, mientras que el decreto propuesto por él es conforme a las leyes. Así, pues, quiero que sepáis vosotros que yo, tras escuchar las propuestas de reposición que hubo, opté por decretar que a los judíos no se les prohíba practicar y seguir sus costumbres». Ver también Flavio Josefo, *Ant. Jud.* XIV,241-243; XIV, 256-258; XIV,262-264.

[63] Ver Rabello, A. M., «L'observance des fêtes juives dans l'Empire romain», *A.N.W.R.*, vol. II.21.2, 1984, pp. 1.288-1.312.

[64] Flavio Josefo, *Ant. Jud.* XVI,166, nos ha conservado un decreto del propio Octavio a este respecto: «César Augusto saluda a Norbano Flaco. Cuantos judíos hayan realemente que por una inveterada costumbre suelen remitir a Jerusalén el dinero sagrado que aportan, que lo hagan sin impedimento alguno». Ver también Flavio Josefo, *Ant. Jud.* XVI,169-170; XVI,171-173. Por prescripción bíblica, todo judío adulto tenía que pagar un impuesto de dos dracmas —la moneda debía ser hebrea antigua

reconstruir las murallas de Jerusalén; la exención de ciertos impuestos; o, la autorización para ejecutar a cualquier individuo que sin estar autorizado entrara en el Templo[65], habiéndosenos incluso conservado un decreto de Octavio Augusto en el cual éste ratificaba de modo expreso todos los privilegios otorgados previamente a los judíos de la diáspora:

> «César Augusto, Pontífice Máximo, dotado de capacidad para gobernar al pueblo, publica el siguiente decreto: dado que el pueblo judío se ha demostrado agradecido al pueblo romano, no sólo en el momento presente sino también en el pasado y especialmente en tiempos de mi padre adoptivo, el emperador César, y lo mismo su Sumo Sacerdote Hircano, hemos decretado, yo y mi Consejo, con el consiguiente juramento y el visto bueno del pueblo romano, que los judíos puedan hacer uso de sus propias disposiciones, siguiendo el mandato que ellos han heredado de sus antepasados, como lo hacían en tiempos de Hircano, Sumo Sacerdote de Dios Altísimo, y, por lo que concierne a su dinero sagrado, que goce del derecho de salvaguardia así como de ser remitido a Jerusalén y entregado a los receptores de la referida ciudad y, por último, que no sean obligados ellos a dar garantías ante el juzgado un sábado o la víspera desde la hora nona. Y si alguno es sorprendido robando sus Sagradas Escrituras o el dinero sagrado tanto del edificio donde celebran ellos los cultos del sábado como de aquél en que se reúnen los hombres, mandamos que él sea declarado sacrílego y su capital sea confiscado para pasar a engrosar el erario público de los romanos [...]»[66],

Habiendo llegado hasta nuestro tiempo un texto de Filón de Alejandría que describe cuál fue la actitud tolerante de Octavio hacia los judíos:

> «No ignoraba él que el gran sector de Roma que se extiende al otro lado del Tíber estaba ocupado y habitado por los judíos [...]. Augusto sabía que poseían sinagogas y que en ellas se congregaban especialmente en los sagrados días sábados, cuando se instruían en común acerca de la filosofía de sus antepasados. Sabía, además, que con el producto de las primicias reunían dinero para fines religiosos y lo enviaban a Jerusalén por conducto de las personas que habrían de encargarse de la realización de los sacrificios. Pese a ello, ni los expulsó de Roma; ni les privó de la ciudadanía romana porque conservaran celosamente la judía; ni adoptó medidas en detrimento de sus sinagogas, ni les prohibió congregarse para la exposición de nuestras leyes, ni se opuso a las ofrendas de las primicias [...]. Pero aun hay más, en las mensuales distribuciones que tienen lugar en la ciudad de Roma cuando todo el pueblo recibe por turno dinero o trigo, jamás colocó a los judíos en situación de desventaja en lo que respecta a la dispensa de esa gracia; antes bien, si se daba el caso de que la distribución

---

o fenicia— para contribuir al mantenimiento del Templo, ver *Ex.* 30,13; *Neh.* 10,32, o *Mt.* 17,24.

[65] Ver Flavio Josefo, *Bell. Iud.* VI,126.

[66] Flavio Josefo, *Ant. Jud.* XVI,162-165.

debía tener lugar durante el sagrado día sábado, día en que no nos está permitido ni recibir ni dar ni, en general, realizar menester alguno de los que miran a la subsistencia y de un modo especial los que persiguen fines lucrativos, los distribuidores tenían orden de guardar hasta el día siguiente el común y humanitario presente»[67].

Pese a todo, como podremos ver a continuación, también hubo períodos en los cuales el culto judío fue objeto de persecución por parte de los diferentes emperadores. En realidad, todas esas medidas tenían como finalidad poner freno o límite al proselitismo judío[68], respecto al cual son absolutamente reveladores los siguientes versos de Horacio:

> «Éste es uno de mis vicios medianos. Si no quisieras concederme esto, vendría una gran banda de poetas para prestarme ayuda (pues somos muchos más) y, como judíos, te obligaremos a pasarte a nuestras filas»[69].

Roma había llevado a cabo desde finales del siglo III a.C. una gran expansión territorial que había modificado la base social y moral de la vida tradicional romana; por otro lado, el contacto con la filosofía griega había hecho comprender a muchos que los primitivos actos ceremoniales de la religión pública romana eran simples acto de patriotismo, meras costumbres tradicionales que, como ha señalado la Prof. Pucci Ben Zeev[70], estaban vacías de todo significado espiritual. Ello condujo a numerosos grupos de ciudadanos hacia la búsqueda de otra verdad, de otro culto, muchos de los cuales se interesaron por la doctrina judía dada su simplicidad y pureza[71], concitándose simultáneamente a este movimiento la desconfianza o repulsa del resto de la sociedad hacia los judíos, pues

---

[67] Filón, *Leg. ad Gaium* XXIII,155-158.

[68] Como ha indicado García Iglesias, L., *op. cit.*, pág. 148 «La religión judía era proselitista, en tanto que movida al igual que el cristianismo por un afán de universalidad. Hubo, en verdad, al respecto polémicas y desacuerdos dentro del judaísmo, pero el hecho evidente es que se realizó por parte israelita una gran actividad misionera. El rabinismo consideraba positivamente, como un mérito, la actividad proselitista, aunque no faltaron las reticencias y las desconfianzas con referencia a los nuevos incorporados al cuerpo sinagogal». Además, El legislador judío, como afirma Flavio Josefo, *Contra Apión* II,28,209-210, acepta que sean admitidos en las costumbres judías aquellos que lo deseen, pues considera que el parentesco no se produce sólo por el linaje, sino también por la elección de la forma de vida. Ver *Deut.* 9,19; *Deut.* 23,7; *Ex.* 22,21; o, *Lev.* 19,33. En cualquier caso, compartimos la opinión manifestada por Simon, M.-Benoit, A., *El Judaísmo y el Cristianismo Antiguo*, Barcelona, 1972, p. 260, según la cual este proselitismo judío encontró dos importantes desventajas en su misión entre los paganos: su carácter de religión nacional y la carga de la ley ritual, desventajas de las cuales se liberó posteriormente el cristianismo.

[69] Horacio, *Sat.* I,4,138-143.

[70] Pucci Ben Zeev, M., *Cosa pensavano* cit., p. 342.

[71] Ver Kereszter, P., «The Jews, the Christians, and Emperor Domitian», *Vigiliae Christianae*, vol. 27, 1973, pp. 1-28.

éstos eran contemplados como un elemento disturbador de la religión tradicional[72]. En resumen, tal como ha afirmado el Prof. ISAAC[73], los judíos fueron considerados un pueblo legítimo, autorizado a practicar su religión ancestral; considerándose en cambio la conversión de quienes no eran judíos nociva, tomándose con frecuencia medidas tendentes a impedirla.

Junto a un intento por frenar el proselitismo judío, el segundo punto de enfrentamiento entre Roma y los judíos de la diáspora residió en la cuestión relativa al Culto Imperial[74], el cual en principio chocaba directamente con el carácter monoteísta de la religión judía[75]. Para evitar fricciones —como ha indicado el Prof. Churruca[76]— Roma y las autoridades judías buscaron una solución de compromiso, admitiéndose que los judíos no participaran en las manifestaciones públicas del culto imperial, como podían ser la aprobación de votos por el emperador, o el levantamiento de templos o estatuas dedicadas a los emperadores; si bien éstos —como manifestación de su lealtad política— elevaban oficialmente oraciones por el emperador en sus sinagogas, y en Jerusalén se ofrecían diariamente por él sacrificios en el Templo, los cuales —según Filón de Alejandría — fueron iniciados en época de Octavio y sufragados personalmente por él:

> «Tan piadosamente consideró nuestras cosas, que con la colaboración de toda su familia adornó nuestro Templo mediante suntuosas ofrendas[77], y estableció además que para siempre se cumplieran cada día sacrificios consistentes en holocaustos perfectos, pagados de su propio peculio, a título de primicias ofrecidas al altísimo Dios. Estos sacrificios se siguen llevando a cabo en nuestros días y se cumplirán siempre, como público

---

72 Ver sobre la actitud de Roma hacia el proselitismo judío, RABELLO, A.M., «The Attitude of Rome towards Conversations to Judaism (Atheism, Circumcision, Proselytism)», *Towards a New European Ius Commune. Essays on European Italian and Israeli Law in occasion of 50 years of the EU and of the State of Israel*, 1999, pp. 37-68.

73 ISAAC, B., «La política religiosa de Adriano y la segunda revuelta judía», *Adriano Augusto*, Sevilla, 2004, pp. 139-151.

74 Como ha indicado FERGUSON, J., *The Religion of the Roman Empire*, Londres, 1970, p. 95, el objeto del culto imperial era político; se buscaba introducir más fácilmente a las más recientes y alejadas provincias imperiales dentro del sistema político romano, buscando una asociación del poder romano con una especie de aura religiosa.

75 San Agustín, en su obra *Contra Fausto* 12,13, muestra su admiración, precisamente, por la resistencia del pueblo judío ante los intentos de imposición del culto imperial: «Hay algo que causa enorme admiración: como la totalidad de los pueblos subyugados por los romanos se han pasado al culto de los dioses romanos y han aceptado observar y celebrar sus mismos sacrificios, mientras que el pueblo judío ni bajo emperadores paganos ni bajo emperadores cristianos han perdido el distintivo de su ley, por la que se singulariza de las restantes razas y pueblos».

76 Ver DE CHURRUCA, J., *op. cit.* pp. 50-52.

77 Ver FLAVIO JOSEFO, *Bell. Iud.* V.562.

testimonio de los rasgos verdaderamente imperiales del carácter de Augusto»[78].

En todo caso, Octavio jamás participó personalmente en el culto judío, habiéndonos conservado Suetonio[79] un texto donde alaba a su nieto Cayo porque, durante su visita a Jerusalén, no rindió sacrificio al dios de los judíos.

Esta hábil política de equilibrios nos es descrita por Flavio Josefo en su conocido discurso *Contra Apión*, donde realiza un alegato en defensa de la religión judía frente a los ataques que recibía:

> «A nosotros Alejandro nos contó entre los ciudadanos, los reyes aumentaron nuestros privilegios y los romanos han tenido a bien mantenerlos siempre. Apión ha intentado que se nos derogaran porque no levantamos estatuas de los emperadores, como si éstos ignorasen o necesitasen la defensa de Apión. Debería mejor admirar la magnanimidad y la moderación de los romanos que no obligan a sus súbditos a transgredir las leyes de sus padres, sino que aceptan los honores que les ofrecen de manera piadosa y legítima, porque los honores que se tributan por necesidad o violencia carecen de agradecimiento. Así, los griegos y algunos otros creen que es bueno erigir estatuas, y se complacen haciendo pintar los retratos de sus padres, esposas e hijos; algunos, incluso, adquieren estatuas de personas que no tienen nada que ver con ellos; otros las hacen de sus esclavos favoritos. ¿Qué hay, pues, de extraño en verles rendir este honor a sus príncipes y señores? Ahora bien, nuestro legislador desaprobó esta práctica no como si en una profecía se nos hubiera prohibido honrar el poder romano, sino desdeñando algo que le parecía inútil para Dios y para los hombres, y por ello prohibió que se construyeran imágenes inanimadas de todo ser vivo y con mayor razón de Dios, como se probará después. Sin embargo, no ha prohibido honrar a los hombres de bien después de Dios con honores de otra clase con los cuales ensalzamos a los emperadores y al pueblo romano. Hacemos continuos sacrificios por ellos y celebramos tales ceremonias a expensas de todos los judíos todos los días, pero no ofrecemos nunca sacrificios a expensas de la comunidad. Solamente concedemos a los emperadores este honor supremo que negamos a cualquier otro hombre»[80].

Hemos de añadir a este respecto, en último lugar, que precisamente varias de las revueltas que se produjeron en Palestina con anterioridad al inicio de la Primera Guerra Judía tuvieron su origen en la conducta de los Procuradores o Legados romanos contraria a este respeto hacia las creencias religiosas judías. Podemos así citar la introducción por Pilatos en Jerusalén de los estandartes de sus tropas donde figuraba —lógica-

---

78 Filón de Alejandría, *Leg. ad Gaium* XXIII,157.

79 Ver Suetonio, *Vida de los Doce Césares. Augusto*, 93.

80 Flavio Josefo, *Contra Apión* II,73-77.

mente— la efigie del Emperador[81]; el depósito —también por Pilatos— en el Templo de Jerusalén de unos escudos de oro, en los cuales figuraba el nombre del autor y a quién estaban dedicados[82]; la destrucción por parte de un soldado romano de un Libro de las Leyes de Moisés[83]; o, el comportamiento indecente de un legionario durante la celebración de la Pascua[84].

La primera noticia que tenemos de una disposición imperial contraria a la tolerancia hacia el pueblo judío se remonta al año 19 d.C., cuando el emperador Tiberio ordenó la expulsión de Italia de todos los libertos que practicaban tanto cultos egipcios como judíos[85]. Del análisis conjunto de las diferentes fuentes que recogen el hecho[86], parece desprenderse que se distinguió a la hora de aplicar la medida entre quienes se encontraban en edad militar —los cuales fueron enrolados en diversas unidades pseudo-militares y destinados a Cerdeña para la represión de diversos grupos armados que estaban perturbando la paz en dicha provincia— y aquellos otros que no lo estaban, respecto de los cuales se decretó simplemente su destierro de Italia, a no ser que dejaran de practicar dichos ritos en un determinado plazo; ha de señalarse, además, que a aquellos que se negaron a incorporarse a las unidades militares por considerarlo incompatible con sus prácticas religiosas, se les impuso algún tipo de castigo, el cual desconocemos por no haber sido mencionado de modo expreso por Flavio Josefo.

En cualquier caso, creemos —al igual que el Prof. Churruca[87]— que esta medida de Tiberio estaba dirigida no tanto contra las prácticas religiosas judías, sino contra su proselitismo que se estaba empezando ya a dejar sentir en la ciudad de Roma. En apoyo de esta opinión, se encontraría la circunstancia de que la orden no se cumplió con todo su rigor y que un número muy importante de judíos siguió viviendo en las inmediaciones de Roma; así como, que esta medida no afectó para nada a los privilegios de que gozaban los judíos en el resto del Imperio. Por último, creemos que es de interés hacer mención a la opinión expresada —respecto a esta medida de Tiberio— por el Prof. Gruen, quien ha ela-

---

[81] Ver Flavio Josefo, *Ant. Jud.* XVIII,55-59; *Bell. Iud.* II,169-174.

[82] Filón de Alejandría, *Leg. ad Gaium* XXXVIII, 299-305. Ver también Flavio Josefo, *Bell. Iud.* II,224-227.

[83] Según nos relata Flavio Josefo, *Ant. Jud.* XX,113-117, el Procurador ante el riesgo de revuelta generalizada debió condenar a muerte a dicha soldado. Ver también Flavio Josefo, *Bell. Iud.* II.229-231.

[84] Flavio Josefo, *Ant. Jud.* XX,105-108.

[85] Sobre la expulsión decretada por Tiberio de egipcios y judíos, ver Moehring, H.R., «The persecution of the Jews and the adherents of the Isis cult at Rome A. D. 19», *Novum Testamentum*, 1959, pp. 293-304.

[86] Ver Tacito, *Ann.* II,85; Tertuliano, *Apolog.* 16; Dion Casio, *Hist. Rom.* 40,47,3 y 42,26,5; Suetonio, *Tiberio* 36; Flavio Josefo, *Ant. Jud.* XVIII,81-84.

[87] De Churruca, J., *op. cit.*, p. 53.

borado una muy original teoría, admitiendo —en todo caso— la ausencia de pruebas consistentes en apoyo de la misma. En concreto, este autor relaciona esta expulsión con otro episodio que acaeció ese mismo año: el fallecimiento en extrañas circunstancias de Germánico[88], el cual provocó un sentimiento de ira y rabia en una gran masa de la plebe de Roma, que veía en Germánico las mejores virtudes de los antiguos gobernantes[89].

No fue hasta el reinado de Calígula cuando volvieron a plantearse medidas contra los judíos. En este caso las dificultades por las que atravesaron los judíos estuvieron motivadas por la personalísima manera de concebir el culto imperial que tuvo este emperador, quien se consideraba a sí mismo como un Dios sobre la tierra[90], llegando a tal extremo su demencia, que incluso se vestía y actuaba como los dioses del panteón romano[91]. El conflicto surgió, en esta ocasión, en la ciudad de Alejandría, donde existía una numerosísima colonia judía, contemplada tradicionalmente con mucho recelo por la población de origen griego de la ciudad. Este elemento macedónico aprovechó la concepción personalísima que del culto imperial tenía el Emperador para en el año 38 d.C. iniciar los disturbios, al tratar de introducir en las Sinagogas estatuas del Emperador[92], esperando que el Gobernador Imperial —Flaco— permaneciera en una actitud pasiva para no incurrir él personalmente, en su caso,

---

88 Ver Tacito, *Anales* 2.69-76.

89 Gruen, E. S., *Diaspora. Jews amidst Greeks and Romans*, Harvard, 2002, pp. 33-34.

90 A este respecto, son muy reveladoras las palabras de FILÓN DE ALEJANDRÍA, *Leg. ad Gaium* XI,76: «En los comienzos de su descabellada pretensión discurría, según dicen, de la manera siguiente: «Así como entre los otros seres vivientes los guías de los rebaños, es decir, los cabrerizos y los pastores, no son ni bueyes, ni cabras, ni ovejas, sino hombres a quienes ha cabido un destino y una condición superior; del mismo modo, preciso es que a mí, el guía más importante de los rebaños, el rebaño de la raza humana, se me considere superior a ella y en nada igual al hombre, y que se entienda que me ha cabido un superior y más divino destino»». Su demencia llegó a tal extremo que incluso se vestía y actuaba como un Dios.

91 Filón de Alejandría,*Leg. ad Gaium* XIII.94-97: «Comenzaba por Hermes. Provisto de bastones de heraldo, sandalias y clámides, brindaba una grotesca exhibición del orden en medio del desorden, de lo coherente en medio de la incoherencia, y del discernimiento en medio de la insensatez. Luego, cuando le parecía bien, se despojaba de tales atavíos y se metamorfoseaba en Apolo cambiando sus atuendos. Circundaba su cabeza con radiantes coronas y empuñaba un arco y flechas en su mano izquierda, en tanto que en la derecha exhibía a las gracias, queriendo expresar que era propio de él dispensar libremente sus bienes y situarlos en la posición preeminente, que es la de la derecha; y el colocar en un plano inferior los castigos, asignándoles un lugar de menor jerarquía, sobre la izquierda. Acto seguido, presentábanse adiestrados coros cantando peanes en su honor, los que poco después lo llamaban Baco Evio y Lieo, y lo honraban con himnos, mientras él adoptaba posturas de Dioniso. Muchas veces, también, avanzaba cubierto con una coraza, espada en mano, con casco y escudo, proclamándose Ares».

92 Ver Filón de Alejandría, *In Flaccum* VI,41-42; *Leg. ad Gaium* XX.134-139.

en la ira del Emperador[93]. Efectivamente, Flaco no tomó ninguna medida contra dicho ataque a la libertad religiosa del elemento judío de la población, lo cual sólo consiguió enardecer cada vez más a los habitantes griegos, quienes procedieron a dar muerte a todo judío que encontraban por las calles[94], así como a saquear y apoderarse de sus propiedades[95], todo ello ante la pasividad del gobernador quien, por su parte, ordenó flagelar públicamente a numerosos miembros del senado judío de la ciudad[96], al mismo tiempo que permitió que en el teatro se obligase a mujeres judías a comer públicamente carne de cerdo[97].

La situación volvió a la calma tras la destitución y detención de Flaco, acusado en Roma por el Emperador, sin que probablemente dicha acusación tuviera nada que ver con su actuación en el conflicto judío. Posteriormente, en el invierno del año 39-40 d.C., fueron remitidas a Roma dos embajadas, la del elemento griego presidida por Apión y la judía por Filón, quienes expusieron ante el Emperador los respectivos puntos de vista de cada grupo étnico, cuyo resultado debió ser —probablemente, pues se ha perdido el final del discurso de Filón que nos relata la misma— negativo para los intereses judíos, dada la afirmación que sí se nos ha conservado según la cual:

> «No bien hubimos entrado, conocimos por la mirada y los movimientos de Cayo que no estábamos en presencia de un juez, sino de un acusador, más hostil aún que los que estaban en la posición adversa a nosotros»[98].

---

[93] Según parece, este gobernador imperial fue un excelente funcionario bajo Tiberio (ver Filón de Alejandría, *In Flaccum* I.2-5), sin embargo precisamente por esa relación de amistad y camaradería de que había gozado con el anterior Emperador, se sentía muy receloso de los sentimientos de Calígula hacia él, situación a la cual se añadía la circunstancia de que Flacco fue uno de los acusadores en el proceso que se siguió en Roma —a instigación de Tiberio— contra Agripina, la madre del nuevo Emperador: «Pero en el sexto, muerto ya Tiberio y proclamado emperador Cayo, comenzó a descuidar y a echar al abandono todos los asuntos. Tal vez se debió ello a su profundo dolor por la muerte de Tiberio; ya que, como bien lo hacían patente su persistente abatimiento y el torrente de lágrimas que, como de una fuente, no cesaba de brotar de él, encontrábase profundamente afectado a causa de quien había sido íntimo amigo suyo. O tal vez fuera porque no veía con buenos ojos al sucesor de éste, como que había sido partidario de los verdaderos descendientes de Tiberio, prefiriéndolos a los adoptados. O bien puede ser que su actitud se debiera al temor de ser considerado culpable por la circunstancia de haber estado entre los que habían atacado a la madre de Cayo en la época en que a ésta se le imputaron los cargos que fueron la causa de su muerte» (Filón de Alejandría, *In Flaccum* II,9).

[94] Ver Filón de Alejandría, *In Flaccum* IX,62-72.

[95] Ver Filón de Alejandría, *In Flaccum* IX,55-57.

[96] Ver Filón de Alejandría, *In Flaccum* X,73-85.

[97] Ver Filón de Alejandría, *In Flaccum* XI,96.

[98] Filón de Alejandría, *Leg. ad Gaium* XLIV, 349.

Durante el reinado de Calígula hemos de hacer mención a otro hecho, que si bien no llegó a tener lugar finalmente, produjo una gran incertidumbre y preocupación a toda la comunidad judía; nos estamos refiriendo a su decisión de erigir una estatua suya en el interior del Templo de Jerusalén[99], acontecimiento que finalmente no se produjo debido a la muerte del Emperador y al comportamiento sumamente respetuoso hacía el pueblo judío del procurador provincial —Petronio—, quien intentó por todos los medios a su alcance que no tuviera que cumplirse finalmente la orden recibida, incluso con riesgo de su propia vida[100], movido probablemente no sólo por un respeto hacia la libertad religiosa del pueblo judío, sino probablemente —y básicamente— por la conciencia de las consecuencias que para la paz en la región podía tener tal decisión:

> «Petronio se andaba tardo en poner manos a la obra. Consideraba cuán grande osadía implicaba la acción por emprender; y, habiendo congregado, como en una asamblea, todos los razonamientos de su alma, examinaba cuidadosamente el dictamen de cada uno. Y hallaba que todos eran unánimes en oponerse a cualquier alteración de lo que desde sus orígenes tenía un carácter sagrado; pesando en ello en primer lugar su natural inclinación a la justicia y a la piedad, y en segundo término el peligro que se cernía sobre él no sólo por parte de Dios sino también de parte de los ultrajados»[101].

La siguiente decisión restrictiva de derechos o libertades para la comunidad judía data del año 49 d.C., y fue una nueva expulsión de la ciudad de Roma, afirmando Suetonio[102] que la causa fueron los continuos tumultos instigados por un tal Cresto[103]; si bien, Dion Casio[104] afirma que, en realidad, dado el gran número de habitantes judíos en la ciudad y la imposibilidad de expulsarlos sin provocar graves perturbaciones de orden público, Claudio se habría limitado a privarles de su derecho de asociación.

---

[99] Ver Filón de Alejandría, *Leg. ad Gaium* XXIX,186-189; Flavio Josefo, *Ant. Jud.* XVIII,261-309.

[100] Ver Filón de Alejandría, *Leg. ad Gaium* XXXI,207-ss.

[101] Filón de Alejandría, *Leg. ad Gaium* XXXI.213. Sobre el movimiento judío de Palestina contra dicha decisión de Calígula, puede consultarse: Taylor, N.H., «Popular Opposition to Caligula in Jewish Palestine», *Journal for the Study of Judaism*, vol. XXXII, pp. 54-70.

[102] Ver Suetonio, *Claudio* 25,11.

[103] Se ha discutido mucho si esta referencia a «Chrestos» sería, en realidad, una primera referencia al cristianismo en Roma, habiéndose originado dicha expulsión como consecuencia de las disensiones existentes en la comunidad judía de Roma como consecuencia de la introducción en ella de los primeros partidarios del cristianismo, ver Santos Yanguas, N., *Cristianismo e Imperio Romano durante el siglo I*, Madrid, 1994, pp. 26-27.

[104] Dion Casio, *Hist. Rom.* 60,6,6.

En realidad, esta medida es bastante llamativa, pues Claudio se caracterizó por una política precisamente filojudaica, habiéndosenos conservado varios edictos suyos en los cuales se censuraban las medidas adoptadas por Calígula[105], y simultáneamente se les confirmaban a los judíos de la diáspora todos los derechos que les habían sido concedidos con anterioridad:

> «Tiberio Claudio César Augusto Germánico, Pontífice Máximo, dotado de poder tribunicio y que ha sido elegido cónsul por segunda vez, se manifiesta en los siguientes términos: al pedirme los reyes Agripa y Herodes, sumamente queridos por mí, que concediera también a los judíos residentes en todo el imperio romano, la posibilidad de mantener los mismos derechos que los de Alejandría, se lo concedí con sumo gusto, no sólo porque con ello hacía yo un favor a los que me lo pidieron, sino también por considerarlos merecedores de conseguir lo solicitado a causa de su lealtad y amor hacia los romanos, y sobre todo porque considero justo que tampoco ninguna ciudad griega pierda esos derechos cuando incluso en tiempos del divino Augusto los conservaron. Por todo ello, tengo a bien mandar que también los judíos residentes en cualquier región del mundo sometida a nosotros conserven sin impedimento alguno las normas propias, pero a ellos mismos también les advierto ya desde ahora que deben comportarse de una manera más acorde con el afecto de que les doy prueba con esta gracia y no menospreciar los sentimientos religiosos de las demás razas, sino que se limiten a conservar sus propias normas. En cuanto a este decreto dictado por mí, es mi deseo que los gobernadores de las diversas ciudades, colonias y municipios de Italia y de fuera de ella, así como los reyes y príncipes, tengan conocimiento de él por sus propios embajadores y lo fijen por escrito, y asimismo que lo tengan expuesto al público durante un período de tiempo no inferior a treinta días y a una altura tal que pueda ser leído fácilmente desde el suelo»[106].

Probablemente en la referencia que hace este decreto a la necesidad de una actitud también tolerante de los judíos frente al resto de cultos existentes en el Imperio[107], pueda encontrarse el motivo de la decisión del año 49. Debió tratarse de una medida destinada, al igual que en el año 19 d.C., a poner límite al proselitismo judío en la capital del Imperio, pero que no afectó en modo alguno a la situación que gozaban los judíos en el resto del Imperio[108]; además, no debió surtir el efecto esperado, pues Flavio Josefo hace referencia a que varias de las personas pertenecientes al

---

105 Ver Flavio Josefo, *Ant. Jud.* XIX,274-285.

106 Flavio Josefo, *Ant. Jud.* XIX,286-291.

107 En las fuentes literarias también se encuentran ejemplos de ese comportamiento intolerante de los judíos hacia otros pueblos, por ejemplo en Flavio Josefo, *Autobiografía* 23,113 se hace referencia a pretensión de un grupo de judíos de circuncidar por la fuerza a unos extranjeros.

108 Ver De Churruca, J., *op. cit.*, pp. 56-57.

círculo íntimo del siguiente Emperador —Nerón— eran partidarios o prosélitos del judaísmo, en concreto cita a su esposa Poppea y a Alítico[109].

La situación de los judíos de la Diáspora —durante los años que duró la Primera Guerra Judía— varió mucho de unas ciudades a otras, pero lo cierto es que en bastantes de ellas se produjeron, tal como nos relata Flavio Josefo, numerosos ataques a las minorías judías que terminaron en matanzas: Escitópolis, Ascalón, Ptolemaida, Hipo, Gadara,...[110], o en Antioquía[111], donde se les obligó a realizar sacrificios a la manera de los griegos si no querían ser ejecutados[112] y donde posteriormente tuvo una gran matanza tras haber sido falsamente acusada la comunidad judía de haber incendiado la ciudad[113], siendo quizás la razón para ello el deseo de los habitantes originarios de dichas ciudades de evitar la potencial ira de los gobernantes romanos, pues como ha señalado el Prof. Gruen: «Pragmatic and cynical considerations prevailed. Alexandrians, Antiochenes, and others were eager to distinguish themselves sharply from the Jews in their cities, in order to avoid the potential wrath of Rome»[114].

En cualquier caso, se trató de hechos aislados, cuya iniciativa no correspondió en ningún caso a la autoridad romana, quien normalmente actuó siempre castigando a los autores de dichos actos de violencia, pues es un hecho comprobado, como ha señalado igualmente el Prof. Gruen que: «Diaspora Jews themselves took little part in the conflagration of 66 to 70, which confined itself largely to Palestine and its environs. The fact bears notice. The revolt did not betoken smoldering discontent among Jews who had made their homes abroad»[115].

Es más, tras la finalización de esta Primera Guerra Judía, Vespasiano y Tito nuevamente dieron muestras de un total respeto y tolerancia hacia los judíos de la diáspora y sus creencias, pues pese a las peticiones que les hicieron desde ciudades como Alejandría o Antioquía[116], se negaron a revocar los derechos y prerrogativas de sus habitantes judíos:

> «Cuando Vespasiano y su hijo Tito se hicieron los amos del mundo, los habitantes de Alejandría y Antioquía les solicitaron que los derechos de ciudadanía ya no continuaran en posesión de los judíos, pero no consiguieron su propósito. Por este hecho se podría comprobar la benignidad y magnanimidad de los romanos, pero sobre todo de Vespasiano y Tito,

---

109 Ver Flavio Josefo, *Autobiografía* 3,16.

110 Ver Flavio Josefo, *Bell. Iud.* II.477-478.

111 Sobre la comunidad judía de Antioquía, ver M. SMALLWOOD, *The Jews under Roman Rule: from Pompey to Diocletian*, 1976, pp. 358-364.

112 Ver Flavio Josefo, *Bell. Iud.* VII,50-53.

113 Ver Flavio Josefo, *Bell. Iud.* VII.54-62.

114 Gruen, E. S., *Diaspora. Jews amidst Greeks and Romans*, Harvard, 2002, pág. 7.

115 Gruen, E. S., *op. cit.*, pág. 6.

116 Ver Flavio Josefo, *Bell. Iud.* VII,100-111.

puesto que, a pesar de haber sufrido muchos sinsabores en la guerra contra los judíos y estar irritados con ellos por no haberles entregado las armas y, en vez de ello, haber aguantado la guerra hasta el final, no los privaron de ninguno de los beneficios de que gozaban con la ciudadanía antes citada, ya que refrenaron a la vez tanto su cólera anterior como la invitación de los alejandrinos y antioquenos, pueblos importantísimos, con lo que no se dejaron arrastrar ni por halago a éstos ni por aborrecimiento a los que se habían enfrentado a ellos en guerra, a revocar ninguno de los prístinos beneficios que asistían a los judíos, sino que, tras afirmar que los que habían tomado las armas contra ellas y se les habían enfrentado en el campo de batalla ya habían pagado el correspondiente castigo, no consideraban justo privar de los bienes que les asistían a quienes no habían cometido delito alguno»[117].

La única medida de carácter general aplicada por los vencedores contra todos los judíos del Imperio fue la imposición por Vespasiano del llamado *Fiscus Judaicus*[118], consistente en la obligación para todo judío varón circunciso y practicante —ya fuera libre o esclavo— de pagar para el templo en Roma de Júpiter Capitolino la contribución de dos dracmas que con anterioridad pagaban para el templo de Jerusalén.

En realidad, esta medida más que como restrictiva de la libertad religiosa del pueblo judío, debe contemplarse dentro del marco de la amplia reforma fiscal iniciada por Vespasiano dirigida a sanear las exhaustas arcas imperiales.

La situación se mantiene estable durante veinte años, hasta los últimos años del mandato de Domiciano[119], cuando éste procede a extender de modo abusivo el pago del *Fiscus Iudaicus*[120], el cual pasa a exigirse a todos los judíos de nacimiento —aun cuando no fueran practicantes—, así como a aquellos que sin profesar la religión judía vivían *more judaico*, es decir, según las normas judías[121]; esto originó un clima de persecuciones y delaciones, que llevaron al extremo de someter a inspección corporal a un anciano de 90 años para comprobar si había sido o no circunci-

---

117 Flavio Josefo, *Ant. Jud.* XII.121-124.

118 Ver Flavio Josefo, *Bell. Iud.* VII.218

119 Con relación a Domiciano, pese a que se suele hablar de él como perseguidor de los judíos, GARCÍA IGLESIAS, L., *op. cit.*, pág. 17, afirma que la única medida que tomó contra éstos fue la extensión del «*Fiscus Iudaicus*» a los judíos no practicantes, medida además adoptada simplemente con una finalidad recaudatoria, buscando mayores ingresos para la hacienda imperial.

120 Sobre esta cuestión, puede consultarse: Kerseszter, P., «The Jews, the Christians, and Emperor Domitian, *Vigiliae Christianae*, 27, 1973, pp. 1-28 (espec. pp. 2-7); Goodman, M., «Nerva, the «Fiscus Judaicus» and Jewish Identity», *J.R.S.*, 1989, pp. 40-44; Smallwood, M., *The Jews in the Roman Empire* cit., pp. 371-376; Goodman, M., «The 'Fiscus Iudaicus' and Gentile Attitudes to Judaism in Flavian Rome, *Flavius Josephus and Flavian Rome*, Oxford, 2005, pp. 167-180.

121 Ver Suetonio, *Domiciano* 12,5.

dado[122], y venía a simbolizar la victoria romana sobre «el Dios de los Judíos».

Respecto a las actuaciones de Domiciano con respecto a los judíos, señalar que también le ha sido atribuida por EUSEBIO DE CESAREA, la orden de capturar a todos los descendientes de la familia de David por el posible peligro político que pudieran entrañar como cabecillas de una nueva rebelión, decretando a continuación su puesta en libertad al comprobar que se trataba de unos pobres labradores, políticamente inofensivos[123]. Por su parte, Dion Casio afirma que Domiciano condenó a muerte y/o confiscó su patrimonio a muchas personas acusadas de haber sido arrastradas a las costumbres judías[124]; en todo caso, gran parte de la doctrina considera que este texto hace referencia a los cristianos, antes que a los judíos; suponiendo, en todo caso, una muestra más de la actuación romana contra los intentos de proselitismo, ya fuera judío, ya cristiano.

En cualquier caso, todas estas medidas promulgadas por Domiciano fueron revocadas por su sucesor. Nerva, en su breve principado (96-98 d.C.), prohibió las delaciones por judaizar[125] y, si bien mantuvo el *Fiscus Iudaicus*, adoptó diversas medidas —de alcance desconocido— que terminaron con las prácticas abusivas en su recaudación, habiéndose acuñado una moneda en el año 96 con el siguiente lema: «*Fisci Iudaici calumnia sublata*».

Por lo que hace referencia al siglo II d. C., hemos de mencionar que en él tuvo lugar la última gran sublevación de la población judía de Palestina contra Roma. Ya en época de Trajano, hubo una pequeña rebelión de los judíos de Cirene, Egipto[126] y Chipre[127] en el año 115 d.C., a la cual se sumó en el 117 d.C., un movimiento de los judíos de Mesopotamia[128] en la retaguardia del emperador cuando éste se había adentrado en territorio parto[129], siendo reprimida con bastante dureza esta rebelión, pero limitándose la represión a las regiones y grupos que habían participado activamente. Pero, fue durante el mandato de Adriano cuando se inició en el año 132 d.C. la denominada *Segunda Guerra Judía*[130], bajo la direc-

---

[122] Ver SUETONIO, *Domiciano* 12,6.

[123] Ver EUSEBIO DE CESAREA, *Historia Eclesiástica* III.19-20.

[124] Ver DION CASIO, *Hist. Rom.* 67,14,2.

[125] Ver DION CASIO, *Hist. Rom.* 68,1,2.

[126] Sobre la revuelta judía en las provincias de Egipto y Cirene, ver SMALLWOOD, M., *op. cit.*, pp. 393-412.

[127] Respecto a este movimiento en Chipre, ver SMALLWOOD, M., *op. cit.*, pp. 412-415.

[128] Sobre la revuelta de los judíos de Mesopotamia, ver SMALLWOOD, M., *op. cit.* pp. 415-421.

[129] Ver DION CASIO, *Hist. Rom* 68,23-33; EUSEBIO DE CESAREA, *Historia Eclesiástica* 4,2,1-5.

[130] Ver: ISAAC, B., «La política religiosa de Adriano y la segunda revuelta judía», *Adriano Augustus*, 2004, pp. 139-151; RABELLO, A.M., «The Ban of Circumcision as

ción de Simon Bar Kokhba, y cuyo campo de operaciones fue nuevamente Palestina[131], suponiendo la victoria de Adriano en el año 135 d.C. el final de prácticamente cualquier vestigio judío en la Tierra de Canáan.

Las medidas adoptadas por Adriano fueron extremadamente duras: ordenó la destrucción de la ciudad, y la construcción en su lugar de una colonia romana bajo el nombre de *Aelia Capitolina*[132] —este nombre compuesto derivaba de «*Aelia*», por el nombre del emperador Aelio Adriano, y de «*Capitolinus*», por significar el triunfo de los dioses del Capitolio sobre el Dios abstracto e invisible de los judíos[133]; igualmente prohibió a los judíos la entrada a esta nueva ciudad[134]; procedió a una política de desjudificación de Palestina por medio de deportaciones masivas[135]; estableció la pena de muerte para quien practicara la circuncisión[136]; y, por último, prohibió la enseñanza de la ley judía, la ordenación de rabinos y el proselitismo.

La aplicación estricta de estas medidas habría supuesto una persecución implacable contra todos los habitantes judíos del Imperio. Sin embargo, en la práctica sucedió que las medidas más graves no se aplicaron en todo su rigor, tolerándose a los judíos la práctica de sus antiguos privilegios.

En realidad, la no aplicación de las medidas restrictivas previstas por Adriano tuvo lugar más por la vía de los hechos que por la de la expresa derogación; únicamente, fue derogada la prohibición de la circuncisión, si bien ésta fue restringida por el emperador Antonino Pío[137] a la efectuada por los judíos sobre sus propios hijos:

> «La circuncisión de los hijos se permite, por un rescripto de Antonino Pío, de consagrada memoria, tan sólo a los judíos, pues a los que no son de esa religión se les castiga, cuando lo hacen, con la misma pena de la castración»[138].

---

cause of Bar Kokhbah's Rebellion», *Israel Law Review*, 29, 1975, pp. 176-214; Eck, W., «The Bar Kokhba Revolt: the roman point of view», *JRS*, 1999, pp. 76-89.

131 Ver Dion Casio, *Hist. Rom.* 69,12-14; Eusebio de Cesarea, *Historia Eclesiástica* 4,6,14.

132 En San Jerónimo, *Chron. ad ann. Abrah.* 2152 se afirma, incluso, que los romanos esculpieron la imagen de un cerdo en la puerta sur de la ciudad, mirando hacia Belén.

133 Ver Klepfisz; H., *El Impacto Hebreo en la Cultura Occidental*, Panama, 1975, p. 142.

134 Ver Eusebio de Cesarea, *Historia Eclesiástica* 4,6,3.

135 Ver Eusebio de Cesarea, *Historia Eclesiástica* 4,6,4.

136 Ver S.H.A., *Hadr.* 14,2. En cualquier caso, esta medida se incluye dentro de una política más general de Adriano tendente a la represión del delito de castración. Ver D. 48,8,4,2. Por otro lado, hemos de señalar la existencia de diversos autores que defienden que la prohibición de la circuncisión no habría sido una consecuencia de la revuelta, sino una de las causas de ella, ver A. M. RABELLO, *ult. op. cit.*

137 Ver S.H.A., *Ant. P.* 5,4.

138 Ver D. 48,8,11,pr.

5. No será hasta finales del siglo IV d.C., y como consecuencia del reconocimiento del cristianismo como religión oficial del imperio en el año 380, cuando pueda comenzar a observarse una lenta, pero continuada, tendencia a restringir el amplio grado de libertad de que gozaban las comunidades judías y sus integrantes, si bien todavía conservaron ciertas prerrogativas y reconocimientos derivados de su condición religiosa[139].

Hasta esta época, como hemos podido observar, aunque existieron algunos episodios puntuales de represión o persecución a los mismos, todos ellos se caracterizan por su carácter episódico y limitado a circunstancias temporales muy concretas, y generalmente dirigidos a poner límite al proselitismo judío, tal y como sucedió durante el mandato del emperador Septimio Severo, con relación al cual puede leerse en la *Historia Augusta*:

> «Durante su viaje [...] prohibió bajo severas penas hacerse judío. Respecto al cristianismo estableció una prohibición semejante»[140].

Ahora bien, durante todo este período las autoridades romanas reconocieron amplísimos poderes al Patriarca judío, así gozaba de una jurisdicción independiente, la cual pervivió hasta el año 398 d.C., cuando fue suprimida por una constitución de los emperadores Arcadio y Honorio:

> «Los judíos, que viven bajo el derecho común de los Romanos, comparezcan en los tribunales según el uso general, y deduzcan y contesten todas las acciones por las leyes romanas, en las causas que conciernen tanto a su superstición, cuanto al fuero, a las leyes, y a los derechos. Mas si algunos de ellos, mediante pacto común, hubieren querido litigar, únicamente en negocio civil, al modo de los árbitros entre los Judíos, no se les vedará por el derecho público utilizar el juicio de aquellos»[141].

Por otro lado, el Patriarca judío fue incluso autorizado a recaudar un impuesto propio —el *aurum coronarium*— hasta aproximadamente el año 425[142], cuando tras la muerte sin descendencia de Gamliel IV —quien en el año 415 había ostentado la Prefectura honoraria—, se dictó una constitución imperial que aunque no suprimió tal impuesto, pasó a incluirlo dentro de los impuestos estatales, si bien dejando su recaudación en manos de los respectivos jefes de cada comunidad judía:

---

[139] Ver FERRARI DELLE ESPADE, G., «Privilegi degli ebrei nell'impero romano cristiano», *Scritti Giuridici*, III, 1956, pp. 267-277.

[140] S.H.A., *Severo* 17.1.

[141] C. 1.9.8, la cual reproduce —aunque con pequeñas modificaciones CTh. 2.1.10.

[142] Ver LINDER, A., *The Jews in Roman Imperial Legislation*, 1987, pp. 71-72.

> «Los primados de los judíos, que en los sanedrines de ambas Palestinas son elegidos, o los que en otras provincias moran, exijan bajo su responsabilidad, compeliéndoles los palatinos, de todas las sinagogas el canon anual en la forma que en otro tiempo lo pedían los patriarcas con el nombre de oro coronario; y lo que en las comarcas occidentales había sido costumbre entregar a los patriarcas, aplíquese al tesoro de nuestras limosnas»[143].

Del mismo modo, las sinagogas siguieron siendo catalogados como *loca religiosa*, según una constitución del 368[144], que se nos ha conservado en el Código de Justiniano, siendo también bastante numerosas las constituciones dirigidas a sancionar cualquier actuación dirigida a impedir el derecho de reunión de los judíos o a destruir sus sinagogas, siendo uno de los primeros supuestos de estas conductas por parte de los cristianos el conocido episodio de *Callinicum*, localidad próxima a la frontera persa, y donde en el año 388, tras el incendio sufrido por la sinagoga de la ciudad, el gobernador provincial condenó al obispo de la ciudad a correr con los gastos para la reconstrucción[145]. Así, podemos destacar una constitución promulgada por el emperador Teodosio en el año 393, donde puede leerse:

> «Está suficientemente establecido que la secta de los Judíos no está prohibida por ninguna ley. En consecuencia Nos sentimos muy molestos por el hecho de que sus asambleas han sido prohibidas en ciertos lugares. Por ello le ordenamos que, tras recibir esta orden, impida con la debida severidad los excesos de aquellas personas que, en el nombre de la religión cristiana, presumen de cometer actos ciertamente ilegales y de intentar destruir y despojar las sinagogas»[146].

Pese a ello, es un hecho cierto que los ataques contra las sinagogas judías siguieron produciéndose, motivo por el cual debieron seguir pro-

---

143 C. 1.9.17 (CTh. 16.8.29).

144 C. 1.9.4 (CTh. 7.8.2).

145 Esto habría motivado la reacción de Ambrosio —el prestigioso obispo de Milán—, quien se negó a subir nuevamente al altar hasta que el emperador no anulara el citado decreto. Este episodio es realmente interesante desde un doble punto de vista; en primer lugar, ya que los hechos acaecen apenas unos meses después de que el emperador Teodosio hubiera finalizado con éxito su campaña oriental contra el tradicional enemigo persa, dejando totalmente pacificada la zona —puede quizás aquí apreciarse una desconfianza por cierto sector de la población sobre la «fidelidad» al imperio de otro grupo; en segundo lugar, el obispo de Milán —lugar donde se encontraba la sede imperial en ese momento— lanza un reto al poder del emperador, quien terminará aceptando las pretensiones de Ambrosio; curiosamente, ese mismo año Magno Máximo se había sublevado en la Galia contra el poder de Teodosio. Ver: Neil B. McLynn, *Ambrose of Milan. Church and Court in a christian capital*, 1994, pp. 298-315.

146 CTh. 16.8.9.

mulgándose nuevas constituciones dirigidas a poner freno a tal comportamiento[147], si bien sólo una de ellas fue recogida en el Código de Justiniano, y de su lectura puede ya apreciarse un innegable cambio en la actitud del legislador:

> «No sea maltratado ningún judío, por serlo, siendo inocente, ni cualquier religión que sea o tenga expuesto a ultraje; no sean incendiadas sin motivo sus sinagogas o habitaciones, ni maltratadas depravadamente sin razón alguna, toda vez que, aún cuando alguno estuviera complicado en delitos, la eficacia de los juicios y la tutela del derecho público se hallan, no obstante, establecidas para esto, para que nadie pueda permitirse a si mismo la venganza. Mas así como queremos que en esto se haya mirado por las personas de los judíos, así también creemos que se ha de prevenir que no se ensoberbezcan acaso los judíos, y confiados en su propia seguridad hagan, deseosos de venganza, alguna cosa contra el respeto debido a los cristianos»[148].

No obstante, según nos ha conservado Procopio de Cesarea, el propio emperador Justiniano protagonizó la ocupación de una sinagoga para transformarla en Iglesia[149], mientras que en la segunda mitad del siglo VI d.C., durante el pontificado del papa Gregorio Magno, según él mismo relata en varias de sus cartas, se había convertido en práctica legal la ocupación de aquellas sinagogas cuando el eco de los cantos judaicos se escuchara en una iglesia vecina, si bien el Papa defendía en sus epístolas que los judíos no fueran privados de sus sinagogas sin justa razón[150].

Por otro lado, es también posible hallar varios ejemplos del respeto todavía reconocido por las autoridades romano-cristianas a las festividades judías.

Así, incluso una vez derogada la jurisdicción especial del patriarca, los judíos todavía gozaron de ciertos privilegios procesales derivados de su religión, tal y como atestigua una constitución del 412, en la cual se establecía:

> «Mandamos, que en sábado y en los demás días del tiempo en que los judíos guardan la veneración de su culto, ninguno debe hacer cosa alguna, o ser demandado en ninguna parte, pero de suerte, que tampoco a ellos se les dé licencia para demandar a los cristianos ortodoxos en dicho día [...]»[151].

En esta misma línea, se nos han conservado otras constituciones que evidencian como todavía se permitía a los judíos mantener y celebrar sus

---

[147] Pueden citarse, entre otras, CTh. 16.8.21; 25; 26; 27.
[148] C. 1.9.14 (CTh. 16.8.21).
[149] Procopio, *Aed.* 6.2.21-23.
[150] Ver Gregorio Magno, *Ep.* 2.6, 1.34, 8.25, 9.38, 9.195.
[151] C. 1.9.13 (CTh. 2.8.26).

fiestas tradicionales, como el festival de *Purim*, si bien sometiéndolo a ciertas condiciones: que no se llevara a cabo ninguna conducta que menospreciara la fe cristiana:

> «Prohíban los gobernadores de las provincias, que los judíos quemen en cierta solemnidad de su festividad para recuerdo del suplicio de otro tiempo, la estatua de Amau, y que con sacrílega mente reduzcan a cenizas en menosprecio de la fe cristiana un disimulado remedo de la santa cruz, y que no introduzcan en sus locales el siglo de nuestra fe, sino que conserven sus rituales sin menoscabo de la ley cristiana, habiendo de perder indudablemente lo que hasta hoy se les ha permitido, si no se abstuvieren de lo que les es ilícito»[152].

Hechas las precisiones anteriores, ha de señalarse que durante el Imperio Romano Cristiano, fueron muy numerosas las restricciones experimentadas por las personas que profesaban la religión judía en cuanto a su capacidad de obrar, y esto en gran parte como consecuencia de la influencia ejercitada sobre los emperadores por algunos de los más destacados obispos de su tiempo: Ambrosio de Milán, Juan Crisóstomo o Agustín de Hipona, en cuyos escritos es posible encontrar numerosas críticas a los judíos y la amenaza que constituían para el cristianismo[153], razón última de las diversas constituciones que prohibieron la construcción de nuevas sinagogas[154], manteniéndose aquí la línea ya existente durante los siglos anteriores de impedir el proselitismo judío.

En realidad, la jerarquía eclesiástica consideraba que la presencia de los que profesaban la religión judía en posiciones de prestigio no sólo podría ocasionar un daño político, sino también moral para los cristianos que no podían acceder por sí mismos a determinados puestos de relevancia. Siguiendo el principio que los escritores eclesiásticos establecieron en el código de comportamiento social, debía quedar vedado para los judíos ejercer cualquier tipo de autoridad sobre los cristianos; así, por medio de la sutil influencia de la Iglesia, el poder imperial promulgaría diversas constituciones dirigidas a corregir estos pretendidos «desajustes sociales».

Ahora bien, dichas limitaciones no sólo afectaron al acceso a cargos u oficios públicos, sino también a la propia esfera personal de los individuos.

---

152 C. 1.9.12 (CTh. 16.8.18).

153 Ver, entre otros, San Agustín, *La Verdadera Religión* 5.9, 6.10; *Tratado contra los Judíos* 7.9, 9.12-10.15; *Tratados sobre el Evangelio de San Juan*, 3.19.

154 Así, en C. 1.9.19(18).1 se estableció expresamente tal prohibición, si bien se reconocía al mismo tiempo el derecho a reparar las ya existentes: «Atendiendo a igual consideración de motivo mandamos, que no se levante de nueva fábrica una sinagoga judaica, habiéndose concedido licencia para reparar las antiguas, que amenazan ruina» (=Nov. Theod. 3.3).

Así, ya en época del emperador Constantino[155], y posteriormente de su hijo Constancio, se promulgaron constituciones que prohibían a los judíos la posesión y libre disposición de esclavos que profesaran el cristianismo:

> «El judío ni deberá comprar un esclavo cristiano, ni lo adquirirá por liberalidad, u otro título cualquiera. Pero si algún judío tuviere un esclavo cristiano, o creyere que podía poseerlo por cualquier causa siendo de otra secta o nación, y lo hubiere circuncidado, no solamente sea castigado con la pérdida del esclavo, sino condenado también a la última pena, dándose al mismo esclavo la libertad como premio»[156].

Por otro lado, y también desde época constantiniana, se arbitraron medidas tendentes a proteger a los eventuales conversos procedentes del judaísmo:

> «Queremos prevenir a los judíos, y a sus mayores y patriarcas, que si alguno se atreviere, después de publicada esta ley, a maltratar con piedras, o con otra especie de inquina, como hemos sabido que se hace ahora, a quien hubiere abandonado la bárbara secta de ellos, y se hubiere convertido al culto de Dios, ha de ser entregado inmediatamente a las llamas, y quemado con todos sus cómplices»[157],

mientras que otra constitución del emperador Constancio había prohibido y sancionado duramente la conversión de cristianos al judaísmo:

> «De acuerdo con la venerable ley que ha sido establecida, ordenamos que si cualquier persona se hubiera convertido del cristianismo al judaísmo y unido a sus sacrílegos rituales, cuando la acusación sea probada, sea condenado a la confiscación de sus bienes»[158].

Igualmente, quedaron prohibidos los matrimonios mixtos entre judíos y cristianos, siguiendo aquí los preceptos ya fijados a principios del siglo IV por el canon 16 del Concilio de Elvira, según queda constancia en una constitución de Teodosio conservada en el Código de Justiniano:

> «Ningún judío tome en matrimonio una mujer cristiana, ni el cristiano se una matrimonialmente con judía. Pues si alguien tal hiciere, semejante crimen tendrá la consideración de adulterio cometido, habiéndose dejado también al público libertad para acusarlo»[159].

---

155 CTh. 16.9.1.

156 C. 1.10.1 (CTh. 16.9.2).

157 C. 1.9.3 (CTh. 16.8.1).

158 CTh. 16.8.7.

159 C. 1.9.6. Ver Martinez Vela, J.A., «Algunas notas con relación al pueblo judío y el matrimonio en el ámbito del Derecho Romano», *Matrimonio Religioso y Derecho español concordado*, Granada, 2016, pp. 1-23 (especialmente pp. 22-23).

En todo caso, las constituciones imperiales dirigidas a apartar a los judíos de los distintos puestos de la administración imperial comienzan en su gran mayoría tras el fallecimiento del emperador Teodosio, y el acceso al poder de sus hijos Honorio y Arcadio, los cuales —tal y como señala el Prof. Avi-Yonah no fueron tan fuertes como su padre para resistir las presiones de la jerarquía eclesiástica[160]. Así, entre los años 404 y 438 se les fue prohibiendo de modo gradual el acceso a diversos oficios, en primer lugar al de *agentes in rebus*, después el poder actuar como *defensor civitatis*, el poder servir en el ejército o ante los tribunales[161], y finalmente fueron excluidos de todo oficio público que no les hubiera sido expresamente permitido ejercitar, tal y como se desprende de la siguiente constitución de Teodosio II y Valentiniano III:

> «Mandamos por esta ley, en todo tiempo valedera, que ningún judío, para quien todas las administraciones y dignidades están prohibidas, pueda ejercer por lo menos el cargo de defensor de la ciudad; y tampoco le permitimos arrogarse el honor de padre, para que prevalido de la autoridad del cargo para sí adquirido, no tenga facultad alguna para juzgar o sentenciar contra los cristianos y principalmente contra los mismos prelados de la sagrada religión, como insultando a nuestra fe»[162].

Dentro de esta línea, hay que hacer mención a una constitución del emperador Justiniano, del año 537, donde trata de fijar un criterio definitivo con relación al acceso o no de los judíos, junto con personas pertenecientes a otras sectas religiosas, a la dignidad de curial, la cual comportaba importantes beneficios, al mismo tiempo que también suponía una pesada carga para quien la desempeñaba. La solución alcanzada por Justiniano es realmente terrorífica para quienes no profesan el cristianismo, pues se les considerará pertenecientes a la curia para todo aquello que implique un deber o una carga, pero no podrán gozar de los honores o recompensar que tal oficio implica:

> «desempeñen todos estos los cargos curiales, y aunque se lamenten demasiado estén sujetos a las funciones curiales, así como también a las de los oficiales, según antes se dispuso, y ninguna religión los exima de tal condición. [...] Y como las leyes conceden muchos privilegios a las curias, para que no sean azotados ni conducidos a otra provincia, y otros muchos más, no disfruten de ninguno de ellos, pero sí respecto a los curiales se escribió algo, que no confiere privilegio, tenga ello validez también, en cuanto a éstos, y desempeñen las cargas corporales y pecuniarias, y no les exima de ellas ninguna ley; mas no disfruten de ningún honor, sino estén

---

160 AVI-YONAH, M., *The Jews under Roman and Byzantine Rule*, 1984, p. 213.
161 CTh. 16.8.24.
162 C. 1.9.19.pr.

> en el estado torpe de su condición, en que quieren que también esté su alma»[163].

Por último, señalar que en materia testifical es posible encontrar otro ejemplo de este «dualismo» usado por las autoridades romanas con los judíos, pues su declaración no era admisible en caso de ser hostil frente a un cristiano, pero sí en caso de serle favorable, o bien cuando declarara con relación a un curial que se ha evadido de sus obligaciones fiscales, pues en tal caso, afirma una constitución de Justiniano, los intereses del *fiscus* compensan la ortodoxia del testigo[164].

---

163 Nov. 45.pr.

164 Nov. 45.1; C. 1.5.15.

CAPÍTULO 2
BASES TEÓRICAS DE LA AUTONOMÍA DE LA IGLESIA CATÓLICA Y SU ESTATUTO LEGAL EN ESPAÑA

ANTONIO ESCUDERO RODRÍGUEZ

Investigador. Universidad de Castilla-La Mancha

1. IGLESIA CATÓLICA, LIBERTAD RELIGIOSA Y LAICIDAD

La Iglesia Católica no tiene el mismo fin que el Estado ni que la Democracia, su finalidad va más allá de una determinación espacio-temporal-política. Su fin es espiritual sin dejar de ser netamente material: el ser humano en su realidad integral. Su salvación espiritual (también su cuerpo) y su transcurrir temporal construyendo la ciudad perfecta a imagen de «la ciudad de Dios».

La Iglesia ha convivido a lo largo de la Historia de la civilización occidental con la pluralidad y la originalidad de su organización social y política, siempre en una adaptación o consensualización que estaba basada en la persona[1] como principio vertebrador.

---

[1] «La Iglesia es consciente de que la vía de la democracia, aunque sin duda expresa mejor la participación directa de los ciudadanos en las opciones políticas,

Junto a esa defensa de la persona humana se suma también y como consecuencia de ella velar por el bien común, es decir de todas y cada una de las personas en un conjunto[2].

La cultura occidental es deudora del genio cristiano de tantas personas anónimas que han sido fermento de progreso, «...la civilización greco-romana inspirada y radicalmente transformada por el cristianismo. Los valores, pero también las instituciones (jurídicas, educativas, económicas...) provenientes, no de manera exclusiva, del cristianismo, constituyen el alma y la condición de vitalidad de la civilización occidental»[3].

En la época moderna[4] descubrimos una Iglesia que afirma constantemente una clara separación entre política y religión. Ha desaparecido la pretensión de imponer una «sociedad perfecta» basada en los principios cristianos, ha descubierto el principio de la autonomía «la iglesia comprende y asume la laicidad de la política y de las instituciones democráticas...y afirma que el Estado laico o secular constituye un valor adquirido y reconocido por la Iglesia que pertenece al patrimonio de civilización que se ha alcanzado»[5].

Para la Iglesia la libertad religiosa, denominada libertad de conciencia y libertad de culto, estuvo unida a la verdad. Con el famoso axioma: «únicamente la verdad tiene derechos, no el error», se limitaba la posibilidad de libertad religiosa plena para las otras confesiones en los Estados confesionales o católicos[6]. No podía aceptarse un Estado, un poder político, indiferente ante la verdad religiosa[7].

---

sólo se hace posible en la medida en que se funda sobre una recta concepción de la persona». CONCILIO VATICANO II, Constitución Pastoral *«Gaudium et spes»*, n.º 25.

[2] Muchos hablan de bien común como suma de bienes personales, como interés general, como ejercicio de la justicia, como reconocimiento de la conveniencia de tener en cuenta las consecuencias de las acciones propias sobre los demás (externalidades de la acción), instrumento de diálogo social o de negociación entre contrarios, pero para la Doctrina social de la Iglesia es algo más: es como una llamada a todos a asumir sus responsabilidades comunes. Cfr. BENEDICTO XVI, 2009. *«Caritas in veritate»* n.º 17 y ARGANDOÑA, A. El Bien común. En http://www.iese.edu/research/pdfs/di-0937.pdf.

[3] RHONHEIMER, M. *Cristianismo y laicidad*. Ed. Rialp. Madrid 2009, p. 15.

[4] No corresponde a este trabajo hacer un estudio histórico ciertamente interesante, valga como muestra esta obra para su estudio: PAOLETTI, L. (ed.*) L'identità in conflitto dell'Europa. Cristianesimo, laicità, laicismo*. Ed. Il Mulino, Bologna 2005.

[5] CONGREGACIÓN PARA LA DOCTRINA DE LA FE. «Nota doctrinal acerca de algunas cuestiones relativas al compromiso y al comportamiento de los católicos en la vida púbica», 24 noviembre 2002, n.º 8.

[6] PIO IX, Encíclica *Quanta cura* (1864) condena la libertad religiosa, conminando a los Estados católicos a la protección de la fe.

[7] Los Estados católicos caerían entonces en una apostasía por conceder libertad religiosa o de conciencia o de culto. Por ello el Papa Pío VI condena la Declaración francesa de los Derechos del hombre y del ciudadano.

Fue un verdadero problema conciliar lo que ahora llamamos laicidad-autonomía política y social y la verdad de la Iglesia sobre esa misma vida política y social.

Después de algunos intentos pragmáticos de soslayar el problema, la verdadera solución llegó con la Declaración *Dignitatis humanae* del Concilio Vaticano II sobre la libertad religiosa[8].

El peso de la cuestión se desplaza desde la lógica de la razón a la conciencia subjetiva, es decir, desde el derecho de la verdad hasta la propia conciencia personal que busca libre y sin injerencias del Estado su religión.

Aunque para la Iglesia católica esa libertad religiosa en la sociedad no está basada en que toda religión o creencia religiosa, aún las erróneas y perniciosas, esté basada en el valor más o menos igual de todas ellas. Esto no es cierto si hacemos un profundo estudio de sus contenidos religiosos y morales. Sino que se encuentra en la dignidad humana que lleva a buscar en conciencia la verdadera religión sin opresiones ni errores[9].

La Iglesia rompe la unión entre libertad religiosa y verdad para asentarla en libertad religiosa y conciencia. Es la comprensión de que la libertad religiosa no era un juicio valorativo que el Estado hace sobre las religiones, sino la declaración del respeto a la conciencia de cada uno[10].

En definitiva los derechos no los tiene la verdad ni el error sino el hombre, acierte o se equivoque. Por eso la libertad religiosa es un derecho natural que ningún Estado puede negar.

Joseph Ratzinger, poco después de la clausura del Concilio Vaticano II, consideró que con la promulgación de la *Dignitatis Humanae* se cerraba una época de la historia de la Iglesia y se abría otra: «tiempos vendrán en que el debate sobre la libertad religiosa será contado entre los acontecimientos más relevantes del Concilio... En este debate estaba presente en la basílica de San Pedro lo que llamamos el fin de la Edad media, más aún, de la era constantiniana»[11].

Para el Estado la libertad religiosa está basada en la igualdad de todas las confesiones en el hecho religioso. Todas las religiones positivas son iguales por lo que es indiferente optar por una o por otra. Por eso el Es-

---

[8] Tras la primera sesión (1962) Juan XXIII encargó al Secretariado para la Unión de los Cristianos la redacción de un texto sobre la libertad religiosa. Se discutió en la segunda y tercera sesión (1963 y 1964) incorporando las enmiendas presentadas. La resistencia a las novedades hizo que algunos Padres Conciliares pidiesen más tiempo antes de proceder a la votación y fue aprobada en 1965 con 2.308 votos positivos, 70 negativos y 6 nulos.

[9] Cfr. CONGREGACIÓN PARA LA DOCTRINA DE LA FE, op. cit. n.º 8.

[10] Departamento de Pensamiento Social Cristiano, *Una nueva voz para nuestra época*. Publicaciones Universidad Pontificia de Comillas. Madrid 2006, p. 389.

[11] RATZINGER, J. *Resultados y perspectivas en la Iglesia conciliar*, Ed. Paulinas. Buenos Aires 1965, p. 41.

tado debe garantizar la libertad de conciencia. En Europa, al contrario de los Estados Unidos de América[12], la argumentación de esta libertad no se basa inicialmente en los derechos de la conciencia, sino en la igualdad de todas las religiones. Desde esa misma perspectiva defienden que el Estado no debe ser confesional ni favorecer a ninguna religión. La ley civil no tiene que tener en cuenta ni la legislación de la Iglesia ni la moral, así el Estado reivindica la exclusividad en actividades que antes eran también de las confesiones religiosas: matrimonio, enseñanza, beneficencia...[13].

Ciertamente los Estados han de ser neutrales en las cuestiones religiosas, pues sería una intromisión ilegítima que una autoridad civil tomara decisiones en asuntos religiosos. Del mismo modo los poderes públicos han de respetar la decisión que en esta materia tomen los ciudadanos y ello, a sabiendas de que para ellos es nada menos que un asunto de conciencia.

Y tampoco se puede concluir que la neutralidad del Estado le confiere a este un papel de árbitro entre las distintas confesiones religiosas, al modo que opera con las sociedades mercantiles en beneficio de la competencia. No se trata de favorecer a unas religiones con menos fieles para fomentar la competencia entre ellas. Esta actuación, que sería legítima y conveniente en el ámbito del derecho mercantil u otro, en el ejercicio de la libertad religiosa es improcedente. El papel del Estado es favorecer el libre ejercicio de la libertad religiosa y debe respetar la libre elección de religión de los ciudadanos, aunque ello conlleve que una de ellas sea abrumadoramente mayoritaria. A la vez como venimos afirmando el Estado debe garantizar el libre ejercicio de la libertad religiosa, también de los ciudadanos que opten por religiones minoritarias[14].

La posición del Estado respecto de las confesiones religiosas de neutralidad o la «indiferencia política del Estado y de las personas públicas respecto de la verdad religiosa», no significa «que el Estado no pueda, más aún, no deba ayudar a las comunidades religiosas y a sus fieles...a crear las condiciones que les permitan vivir conforme a su creencia religiosa; sobre todo en materia de culto y de educación»[15].

Ya sabemos que neutralidad no significa ateísmo ni laicidad militante. Como dice Schooyans: «Un laicismo rechazable es aquel que espera que la instituciones políticas sean garantes de un racionalismo radical que rechace a priori la misma posibilidad de una Revelación, entonces se

---

[12] Cfr. SHAH, T. *Libertad Religiosa. Una urgencia global*. Ed. Rialp. Madrid 2103, p. 112.

[13] Ibídem, p. 388.

[14] Cfr.http://www.iuscanonicum.org/index.php/derecho-eclesiastico/el-derecho-a-la-libertad-religiosa/456-la-declaracion-dignitatis-humanae-ante-la-doctrina-tradicional-de-la-iglesia.html#_ftn63.

[15] RHONHEIMER, M. op. cit. p. 109s.

vuelve a una situación similar a la que existía antes de que se admitiese la laicidad. El César, es decir el poder político, también es 'papa' es decir cabeza de la religión civil, impone su racionalismo y su religión secular, como principio exclusivo de integración social. Cualquier referencia a otros principios está abocada a ser declarada irracional y condenada a la exclusión»[16].

¿Entonces qué significa neutralidad del Estado?

Es lo mismo que posición neutral, «abstenerse de cualquier valoración veritativa de una u otra postura que se defienda»[17].

La neutralidad viene derivada de la imposibilidad para el Estado de que una verdad religiosa sea fuente normativa, con respecto a las confesiones, el Estado, es imparcial y neutral y se relaciona con ellas desde la denominada 'justicia política'[18].

La postura contraria sostiene que las creencias por ser personales, de conciencia, deben ser relegadas al ámbito de la propia conciencia. El ámbito estatal no es foro para la expresión y la práctica de una religión. Pertenece al ámbito privado de los ciudadanos. Así, libertad religiosa significaría más bien 'liberación religiosa', es decir, «ausencia del Estado y de la esfera pública de la religión y de su influjo»[19]. En esta tesitura podemos afirmar que «el Estado podría elegir cualquier ideología menos el cristianismo»[20]: así la fulgurante ideología de género.

El término laicidad, que parece tener su origen en la Francia de finales del s. XIX, como 'laïcité' y 'laïcisme', como antítesis de 'clericalismo', realmente es un término religioso que fue adoptado por la filosofía política. El término procede del griego 'laos' que significa pueblo y designa «a cualquier miembro del pueblo, el uso cristiano— introducido, en contexto litúrgico, por s. Clemente Romano en su Carta a los Corintios del año 95— entiende por laico a un miembro del pueblo de Dios que no tiene función de gobierno. A partir del s. V se va introduciendo la distinción tripartita 'clérigo-monje-laicos', según la cual el laico se distingue no solo del clérigo por razón de ordenación, sino también del monje por estilo de vida»[21].

---

[16] SCHOOYANS, M. «Tolerancia e inquisición laica» en *Lexicon*. Ed. Palabra. Madrid 2006, p. 1129.

[17] RHONHEIMER, M. op. cit. p 110.

[18] RHONHEIMER, op. cit. p. 116. Es decir: «el reconocimiento, incluso en los planes educativos, de la importancia de la dimensión religiosa en cuanto fuente de cultura y de orientación moral para los ciudadanos y en cuanto acicate del compromiso social».

[19] Ibídem, p. 112.

[20] GUTIÉRREZ, A. *Laicismo y nueva religiosidad*. Ed. Mensajero. Bilbao 2012, p. 25s. y además señala: «...parten del hecho de que la religión es el refugio de los débiles y la fuente de todas las supersticiones, fanatismos e irracionalidades que obstaculizan el progreso».

[21] PELLITERO, R. «Laicos», IZQUIERDO, C. (dir.) y otros, *Diccionario de Teología*. Ed. Eunsa. Pamplona 2006, p. 547.

Así pues laicidad y libertad religiosa no están en oposición sino que guardan una relación superior a las meramente jurídicas.

En conclusión a este apartado que enlaza con el resto, podemos subrayar, según la Sentencia Tribunal Constitucional 101/2004, de 2 de junio en su FJ 3, que la libertad religiosa comporta dos exigencias: la neutralidad, ínsita en la aconfesionalidad y la cooperación[22]. Y por ello podemos hablar de una laicidad positiva, que no significa perder un ápice de neutralidad por unas monedas de cooperación[23].

2 La comprensión de la relación Iglesia-Estado en Martin Rhonheimer[24]

Me ha parecido excelente la tesis del Prof. Rhonheimer sobre la complejidad de la relación Iglesia y Estado que encaja perfectamente en el tema de la posición jurídica de la Iglesia Católica en las democracias actuales, incluida España.

La conclusión de la exposición sería que, ante la imposibilidad de que la Iglesia viva en plena armonía con el Estado laico o se introduzca en él adaptándose a la lógica política y jurídica del Estado, la Iglesia quiere más bien coexistir con ese Estado[25]. Esto quiere decir que quiere conservar su propia identidad, su libertad organizativa y su independencia[26].

La relación de una 'omnipretensión', una concepción de la vida y del mundo (Weltanschauung), como es el Cristianismo con la cultura política reinante, laica, multiculturalista y democrática está cargada de problemas y tensiones[27]. La Iglesia no es una ONG más. No es una simple porción de la sociedad, un mero grupo social, un fenómeno asociativo «que trata de hacer triunfar su agenda en competencia con otras instituciones similares, no siendo nada más que un actor en la escena pública mundial»[28].

La causa de estas dificultades es la doble característica de la Iglesia. Es doctrina sabida que la Iglesia es realidad histórica y espiritual a la vez.

---

[22] Cfr. https://www.boe.es/boe/dias/2004/06/23/pdfs/T00009-00013.pdf.

[23] Cfr. BLANCO, M. «Laicidad del Estado y cooperación. El derecho pacticio a examen», Rev. *Persona y Derecho* n.º 56. 2007, p. 170.

[24] RHONHEIMER, M. *Cristianismo y laicidad*. Ed. Rialp. Madrid 2009. Segunda parte: «¿Iglesia libre en Estado libre?», pp. 135-144.

[25] Más que introducirse o ser fagocitado.

[26] «Mediante instrumentos como concordatos, que presuponen el reconocimiento como sujeto de derecho internacional, o a nivel nacional, buscando un estatuto de derecho público en el campo del derecho eclesiástico del Estado». Ibídem. p. 143

[27] «Siempre ha sido así, a lo largo de toda la historia de la presencia de la Iglesia en este mundo; pertenece a la índole de las relaciones entre la verdad cristiana y la Iglesia, por un lado y el mundo». Ibídem. p. 136.

[28] Ibídem.

Por un lado se halla y obra en este mundo y por otro no es de este mundo porque está constituida como un poder por encima de él. «La Iglesia de hoy no intenta obligar a nadie, tampoco al Estado, a reconocer la verdad de esta autocomprensión»[29].

La Iglesia se concibe a sí misma como un poder[30], frente a los poderes político-temporales y a todos los poderes de este mundo. Pero este poder ha de ser entendido como autoridad sagrada, como autoridad moral, reservada a la conciencia de los creyentes. «Es un poder que pretende poder emitir juicios morales, criticas y valoraciones acerca del ejercicio del poder temporal...»[31].

Para poder ejercer ese poder en las circunstancias socio-políticas actuales la Iglesia ha acertado con el camino a seguir, después de muchos años de búsqueda incierta, con la denominada libertad religiosa. Ese poder espiritual no existe desde el Estado que reconoce su condición de posibilidad, sino en virtud de un derecho a la libertad religiosa de todos los creyentes.

Es por ello que la Iglesia pide libertad e independencia, incluida la organizativa: «que le hace capaz de ejercer, sin impedimentos ni miras políticas, todo lo que está convencida de que tiene obligación de llevar a cabo por mandato divino»[32].

Interesante el ejemplo que plantea el autor en pos de sus afirmaciones y se refiere a la denominada «Cuestión Romana»[33]. Se refiere concretamente a la solución planteada por Cavour: «*Chiesa libera in libero Stato*»[34].

En un principio podría parecer correcta la idea de una Iglesia libre en un Estado libre, que presupone la igualdad e independencia de cada uno. Pero esto no fue así. La Iglesia pasaba a ser reducida a simple fenómeno asociativo dentro de la sociedad y sometida a la regulación de las leyes

---

[29] Ibídem.

[30] Según la formulación Gelasiana: «Auctoritas sacrata». Según LE TOURNEAU, D. *El Derecho de la Iglesia*. Ed. Rialp, Madrid 1997, p. 104: «Gelasio I escribiendo desde Occidente al Emperador de Oriente hizo por primera vez una exposición teórica de las relaciones Iglesia-mundo de acuerdo con la doctrina de la Iglesia. El documento dirigido al Emperador Atanasio I contiene un desarrollo muy lineal de la visión no monista sino dualista del gobierno de los hombres: dos sociedades, dos poderes; uno dirigido a la salvación de las almas y el otro dirigido a resolver los asuntos del bien común temporal».

[31] Ibídem. p. 137.

[32] Ibídem. p. 138. Citando CONCILIO VATICANO II, *Declaración Dignitatis humanae*, n.º 13.

[33] En los años del Risorgimento, la Cuestión Romana adquiere un carácter de vital importancia por el hecho de que, existiendo en Roma un gobierno pontificio, se ponía un obstáculo gravísimo al proceso de unificación italiano, con la lógica consecuencia de que si se quería unir Roma a Italia era necesario encontrar una solución que no se limitase al modo de entrar en aquella ciudad, capital necesaria del naciente Estado, sino también que garantizase, al mismo tiempo, la libertad de la Santa Sede.

[34] Cfr. Nota 33 del cap. segundo del libro comentado.

civiles «con lo que quedaba liberada de su patrimonio y consiguientemente de su independencia organizativa y pastoral»[35]. La Iglesia acabaría así como un ente dentro del Estado, que no goza de ninguna autonomía corporativa propia y debe organizarse según las directrices de la legislación civil. «Iglesia libre, pero libre conforme a las reglas formuladas por el Estado liberal y laico»[36].

La Iglesia rechazó esta posibilidad porque no se correspondía con la idea que la Iglesia tiene de sí misma, de ser regulada por los poderes temporales.

La idea más acertada de esa relación, según el autor, estuvo representada por el político de la época y protagonista de los hechos Minghetti, que fue jefe de gobierno y seguidor de la corriente denominada 'jurisdiccionalismo'.

Dice que con el liberalismo moderno queda definitivamente superada la idea de dos poderes, no puede ser la Iglesia una potestad que entra en relación con el Estado. No es potestad porque no tiene la facultad de dictar leyes acompañadas de una sanción coactiva, capaces de obligar a los ciudadanos a observarlas también por la fuerza. Decir que hay dos potestades seria admitir dos Estados coexistentes en el tiempo y en el espacio y por tanto un conflicto entre sí.

La Iglesia es de otra índole que debe granjearse una adhesión espontánea y, además, el Estado es incompetente en materia dogmática y religiosa. Con estas dos premisas, recordando a Marsilio de Padua, pensó haber resuelto el problema. Así se sigue que frente al Estado, la Iglesia no puede ser más que una asociación total—o parcial— de ciudadanos, volcada en una determinada finalidad religiosa que no ofenda ni a los derechos de otros ni a la seguridad del Estado mismo.

Son los elementos necesarios para la actual solución, aceptando que la Iglesia es más que una asociación; es un poder: «un poder espiritual independiente, que representa una verdad superior y definitiva, salvífica e iluminadora incluso de las cosas de este mundo»[37].

Continúa el autor sacando las consecuencias de estas premisas y dice que para conseguir llevar a cabo ese cometido la Iglesia reivindica libertad e independencia. La solución de la Cuestión Romana culminó con los Pactos Lateranenses de 2 de febrero 1929.

La libertad de la Iglesia comporta la posesión de un estatuto que le asegure la plena independencia de organización interna y de acción pastoral, tanto a nivel local como universal y a la vez la libertad del Estado, la laicidad, su plena autonomía político-jurídica o su soberanía respecto al poder eclesiástico y al poder espiritual de cualquier otra instancia o comunidad religiosa.

---

[35] Ibídem. p. 138.
[36] Ibídem. p. 140.
[37] Ibídem. p. 141.

La Iglesia siempre se opondrá a cualquier política o medida legal que trate de impedir organizarse y obrar conforme a su finalidad. Solicita la *libertas Ecclesiae*, amenazada, ahora, por un integrismo laicista que desea alejarla de la vida pública y someterla a su control o declararla socialmente irrelevante.

A su vez la Iglesia respeta plenamente las normas del Estado laico, con la salvedad de aquellas 'intromisiones' en la vida pública en defensa del derecho natural. No es una intromisión en el gobierno de los países, «no interfiere para nada en la autonomía y soberanía del Estado laico, ni en el proceso democrático»; «se trata, podemos decir, de un poder cultural: de una influencia real en la cultura del país, en las opiniones de los ciudadanos y en sus modos de pensar si ellos mismos aceptan dejarse influir de esta forma. La Iglesia actúa en la sociedad e influye en la sociedad... ¡y particularmente en una cultura democrática!»[38].

La presencia de la Iglesia en la sociedad en definitiva es efectiva en cuanto los ciudadanos católicos responsables y en condiciones ejerzan sus derechos civiles en consonancia con su fe.

3. Posición juridica de la iglesia católica

La Iglesia y las otras confesiones reconocidas se insertan en el quehacer del Estado por medio del derecho fundamental de libertad religiosa.

Desde el art. 18 de la Declaración Universal de Derechos Humanos[39] se expande este derecho y es reproducido literalmente en el art. 9 del Convenio Europeo para la Protección de los Derechos Humanos y de las Libertades Fundamentales, texto que a su vez corresponde aplicar al Tribunal Europeo de Derechos Humanos.

En nuestra Constitución su reconocimiento se efectúa en el art. 16.1: *«Se garantiza la libertad ideológica, religiosa y de culto de los individuos y las comunidades sin más limitación, en sus manifestaciones, que la necesaria para el mantenimiento del orden publico protegido por la ley»*. Y su inciso segundo:

«Nadie podrá ser obligado a declarar sobre su ideología, religión o creencias».

Este derecho es especialmente importante porque su contenido esta directamente conexo con la parte espiritual del hombre, con su intimidad personal y por lo tanto de más débil protección. Esa característica en

---

[38] Ibídem. pp. 143 y 151.

[39] «Toda persona tiene derecho a la libertad de pensamiento, de conciencia y de religión; este derecho incluye la libertad de cambiar de religión o de creencia, así como la libertad de manifestar su religión o su creencia, individual y colectivamente, tanto en público como en privado, por la enseñanza, la práctica, el culto y la observancia».

nuestro ordenamiento lo hace, según palabras del Tribunal Constitucional, de singular importancia[40]. También es así catalogado por el Tribunal Europeo de Derechos Humanos:

> «...tal y como la garantiza el art. 9 la libertad de pensamiento, de conciencia y de religión representa uno de los fundamentos de una sociedad democrática en términos de Convenio. Figura, en su dimensión religiosa, entre los elementos más esenciales de la identidad de los creyentes y de su concepción de la vida, pero ésta también un bien para los ateos, los agnósticos, los escépticos y los indiferentes. Se trata del pluralismo, conseguido de manera muy costosa a lo largo de los siglos, que no podría disociarse de tal sociedad»[41].

Se puede decir que la libertad religiosa es un principio constitucional configurador e incluso matriz[42] del Estado según la sentencia del Tribunal Supremo 24/1982, de 13 de mayo que así lo considera[43]. Por lo tanto se entiende el párrafo 3 del art.16:

> «Ninguna confesión tendrá carácter estatal. Los poderes públicos tendrán en cuenta las creencias religiosas de la sociedad española y mantendrán las consiguientes relaciones de cooperación con la Iglesia Católica y las demás confesiones».

Los principios de cooperación, de aconfesionalidad y neutralidad, dan contenido al principio vertebrador de libertad religiosa, que, constitucionalmente, rigen las relaciones del Estado español con las confesiones religiosas.

Queremos entender que estos principios marcan el actuar de la Administración del Estado con respecto a cualquier grupo religioso existente en España.

Para que esa cooperación sea posible es necesario que el Estado constate previamente que se encuentra delante de unas creencias de tipo religioso porque otro tipo de creencias o ideas, por muy abstractas que sean, pertenecen al ámbito de las ideas o creencias filosóficas o ideológicas que escapan a este tipo de regulación religiosa, por más que la propia Cons-

---

40 STC 46/2001, de 15 de febrero FJ 7.

41 Sentencia TEDH, Caso Kokkinakis contra Grecia, n.º31. http://idpbarcelona.net/docs/actividades/seminarioddff/caso_kokkinakis.pdf

42 GONZÁLEZ DEL VALLE, J. M. *Derecho eclesiástico español* 5.ª ed. Madrid 2002, p.239; MANTECÓN SANCHO, J. *El Derecho fundamental de libertad religiosa. Textos, comentario, bibliografía*. Eunsa. Pamplona 1996, p.81s. Opina lo contrario CARRETERO SÁNCHEZ, S. «Comentario a la STC 46/2001, de 15 de octubre. Libertad religiosa. El Registro de las entidades solicitantes. La ideología como criterio diferenciador de los Magistrados». Anuario Derechos Humanos. Ucm. Vol.3, 2002, p. 60.

43 Cfr. PRIETO ÁLVAREZ, T. *Libertad religiosa y espacios públicos*. Ed. Thomson Reuters. Navarra 2010, p. 33ss.

titución los equipare (art. 16.1): «Se garantiza la libertad ideológica, religiosa y de culto de los individuos y las comunidades...»[44].

Y que, en su apartado tercero, este artículo lo que sí hace es reconocer constitucionalmente que ese principio de cooperación es *ab initio* con la Iglesia Católica y yo diría incluso que por ese carácter también *stabiliter*[45].

Con respecto a cualquier otra confesión religiosa, que no menciona explícitamente, se requiere un previo reconocimiento de sus creencias para poder ser sujetos de tales relaciones, pero, creo, tampoco es suficiente con estar en la presencia de una confesión religiosa cualquiera que esta sea, es también necesario que el Estado valore la necesidad de esta relación, es decir elevarla a la categoría jurídica correspondiente, con las consiguientes implicaciones, todo ello atendiendo «a las creencias religiosas de la sociedad española», según inciso constitucional.

El Estado posee un procedimiento denominado 'reconocimiento' que está basado en la identificación e inscripción del grupo religioso, es una práctica europea y que posibilita no solo la igualdad sino también la transparencia de las confesiones, tan necesaria[46].

Es el denominado «notorio arraigo», requisito previo al acuerdo de cooperación, que depende de un acto administrativo o a veces judicial basado en la Ley Orgánica de Libertad Religiosa[47]. Por lo tanto estas requieren un doble reconocimiento estatal al necesitar su inscripción en el Registro de Entidades Religiosas y una declaración estatal de «notorio arraigo»[48]. Ciertamente nos encontramos con el poder discrecional del Estado ante una realidad social, que no es creada por él, y que a él le corresponde, desde la supremacía estatal, reconocer como sujeto de relaciones jurídicas.

---

44 Entre otras cosas porque a las creencias religiosas se les aplica la Ley Orgánica 7/1980, de 5 de julio, de libertad religiosa y además se establecen unos acuerdos con las distintas Confesiones religiosas que difieren muchos de las relaciones que el Estado pueda tener con otras organizaciones. Así lo expresa su art. 3.2: *«Quedan fuera del ámbito de protección de la presente Ley las actividades, finalidades y Entidades relacionadas con el estudio y experimentación de los fenómenos psíquicos o parapsicológicos o la difusión de valores humanísticos o espiritualistas u otros fines análogos ajenos a los religiosos»*. Así opina MARTÍN SÁNCHEZ, I. «El Derecho de libertad religiosa en la jurisprudencia del Tribunal Constitucional Español». *Ius Canonicum*, n.º 33, 1993, p. 66.

45 Establemente, ordinariamente, en el tiempo.

46 Cfr. MARTÍ SÁNCHEZ, J. M. «Pluralismo y reconocimiento de las instituciones religiosas». *Anuario de Derecho Eclesiástico del Estado*. Vol. 27. 2011, p. 280 y además: «El reconocimiento de determinadas confesiones es compatible con la libertad religiosa en la medida en que se empleen criterios de selección homologables con la Constitución».

47 Ley Orgánica 7/1980, de 5 de julio, de libertad religiosa, art. 7.1 y Real Decreto 593/2015, de 3 de julio, por el que se regula la declaración de Notorio arraigo de las confesiones religiosas.

48 Cfr. CAMARASA CARRILLO, J. *La personalidad jurídica de las entidades religiosas en España*. Marcial Pons, Madrid 1995, p. 16.

Así, tras el reconocimiento del Estado de la personalidad jurídica civil de la entidad religiosa y su notorio arraigo, esta puede actuar libremente en el campo jurídico. Y desde ese momento puede el Estado desarrollar ese principio de cooperación con la confesión correspondiente.

La Iglesia Católica, tiene, por reconocimiento que puede denominarse *ministerio legis*, una personalidad jurídica y un sistema peculiar. Es excluida de ese reconocimiento estatal debido a su personalidad jurídica internacional (de la Santa Sede), en cuanto sujeto de Derecho Internacional y además, por el Acuerdo concordatario sobre Asuntos Jurídicos de 3 de enero 1979. También la Conferencia Episcopal y las entidades territoriales han sido excluidas de ese procedimiento bastando para estas la mera notificación al Estado.

4. Naturaleza juridica de la iglesia católica en el ordenamiento juridico español

La naturaleza jurídica de las confesiones religiosas es un debate todavía no cerrado. Parece que pueden ser definidas por su carácter institucional o asociativo. Para algunos autores la primera consideración parece una postura anacrónica[49] y por lo tanto parecen inclinarse a una naturaleza de carácter asociativo que, aunque con relevancia constitucional, son un tipo de asociación más[50].

Esta conclusión no se puede aplicar a las entidades católicas. El Estado no puede imponer un modo organizativo determinado ni incluso básico, como puede hacerlo a las demás asociaciones generales, entre otras razones, porque el Acuerdo Jurídico de 1979 presenta un estatuto propio y diferenciado[51]. El art.1 les dota de personalidad, aunque con diferentes regímenes jurídicos según su naturaleza y derecho aplicable, y además

---

[49] POLO SABAU, J. «Notas sobre el estatuto de las confesiones religiosas en la Ley Orgánica del Derecho de Asociación». *Revista Española de Derecho Constitucional*. n.º 97 2013, p. 201 y además: «y ajena a la vigencia del principio personalista que inspira nuestro sistema constitucional de derechos».

[50] Ibídem. p. 202, además dice: «desde la óptica del ordenamiento español, como una más de las manifestaciones del fenómeno asociativo que se desarrolla, del mismo modo que lo hacen las restantes asociaciones de relevancia constitucional, al abrigo tanto de su legislación especial —en este caso de la L.O. de Libertad Religiosa— como de la garantía común asociativa en la Constitución y su desarrollo directo en la L.O. del Derecho de Asociación».

[51] Así TEDH: Caso *Iglesia Católica de Canea contra Grecia de 16 diciembre de 1997*: «mis à part les difficultés d'adaptation d'une église à ce genre de structures et les problèmes procéduraux qui pourraient surgir à l'occasion d'un litige devant les tribunaux, l'observation tardive des règles du droit interne en la matière risquerait d'être interprétée comme un aveu que d'innombrables actes accomplis dans le passé par l'église requérante ne seraient pas valables».(40). http://hudoc.echr.coe.int/fre?i=001-62687#{«itemid»:[«001-62687»]}

esta prevenido en la misma Ley Orgánica del Derecho de Asociación, en su segundo inciso ya que el artículo 1.3, dispone que: «*las asociaciones constituidas para fines exclusivamente religiosos por las iglesias, confesiones y comunidades religiosas se regirán por lo dispuesto en los tratados internacionales y en las leyes específicas, sin perjuicio de la aplicación supletoria de las disposiciones de la presente Ley Orgánica*».

Diremos también que los Acuerdos con la Santa Sede no son una ley ordinaria sino cualificada (si bien con una cualificación de distinta naturaleza que la de las leyes orgánicas), porque los Tratados internacionales, al haber autorizado su ratificación las Cortes generales, según lo dispuesto por el art. 94 de la Constitución, sólo pueden ser modificados de acuerdo con lo previsto en el art. 96 de la misma, por lo que no resultarán afectados por aquellas normas de desarrollo y aplicación de la Ley Orgánica que contravengan alguna de las disposiciones del Acuerdo.

La naturaleza jurídica de la Iglesia Católica en el Derecho español[52] posee notables diferencias, respecto del sujeto del que estemos hablando pero siempre el Acuerdo jurídico con la Iglesia «preserva suficientemente su autonomía»[53].

En el nivel internacional la Sede apostólica o Santa Sede. Para el Derecho español posee personalidad jurídica internacional. Este reconocimiento, en nuestro Derecho, de la subjetividad internacional de la Santa Sede y la sujeción a Derecho Internacional de los tratados y acuerdos firmados, es lo que diferencia el régimen jurídico respecto de otras Confesiones religiosas como indica claramente nuestra jurisprudencia en la STS 10 diciembre de 2008[54]:

> «*así dispone las consiguientes relaciones de cooperación que en el caso de la Iglesia Católica se articulan mediante un Acuerdo que tiene valor de Tratado Internacional al reconocer el Estado español la personalidad jurídica internacional de estado soberano reconocida a la Santa Sede, mientras que, en el resto de las confesiones, esos acuerdos de cooperación se instrumentan mediante una ley (FJ 3)*».

Consecuencia de ello son los Acuerdos firmados, que cronológicamente[55] son:

---

[52] MOTILLA, A. *Contribución al estudio de las Entidades religiosas en el Derecho español.* Ed. Comares. Granada 2013. Al que seguimos, en este epígrafe, en sus líneas generales.

[53] MARTÍ SÁNCHEZ, J. M. «Puntos de fricción entre los Acuerdos de 1979 y la Ley Orgánica de 1980», CAPARRÓS, M. C y otras (eds.). *XXX años de los Acuerdos entre España y la Santa Sede*. Actas IV Simposio Internacional de Derecho Concordatario. Ed. Comares. Granada 2010, p. 141.

[54] STS 36/2007.

[55] Existe un Convenio del año 1962 sobre el reconocimiento, a efectos civiles, de los estudios de ciencias no eclesiásticas realizados en España en Universidades de la Iglesia. www.boe.es/diario_boe/txt.php?id=BOE-A-1962-13394#analisis

— Acuerdo Estado Español-Santa Sede de 28 de julio de 1976, sobre comunicación al Gobierno del nombramiento de Arzobispo y Obispos, sobre terna presentada al Rey y elección del Vicario General Castrense[56] y renuncia al foro eclesiástico[57].
— Acuerdo Estado Español- Santa Sede de 3 de enero de 1979, compuesto de cuatro Acuerdos: sobre Asuntos Jurídicos, sobre Enseñanza y Asuntos Culturales, sobre Asistencia religiosa a las Fuerzas Armadas y servicio militar de clérigos y religiosos y el cuarto, sobre Asuntos Económicos.
— Acuerdo Estado Español- Santa Sede de 21 de diciembre de 1994 sobre Asuntos de interés común en Tierra Santa.
— Canje de Notas Estado Español-Santa Sede de 2007 en materia económica por la que la Iglesia renuncia a la exención del IVA en la adquisición de objetos de culto y se incrementa el porcentaje de la asignación tributaria en la Renta Personas Físicas suprimiendo el complemento que recibía de los Presupuestos Generales del Estado. Fue una reforma del Acuerdo anterior, realizado con el procedimiento usual[58].

Por otro lado, en un nivel territorial inferior, nos encontramos con otro sujeto de relación con el Estado. A nivel nacional, la Conferencia Episcopal Española.

El art.1.3 del Acuerdo sobre Asuntos jurídicos dice:

> «El Estado reconoce la personalidad jurídica civil de la Conferencia Episcopal Española, de conformidad con los Estatutos aprobados por la Santa Sede».

A otro nivel de relación nos encontramos con el sujeto denominado «diócesis». Son comunidades de fieles bajo el cuidado de un obispo con la cooperación de sacerdotes. Se circunscriben a un territorio determinado. Así:

> 1.2.» La Iglesia puede organizarse libremente. En particular, puede crear, modificar o suprimir diócesis, parroquias y otras circunscripciones territoriales, que gozarán de personalidad jurídica civil en cuanto la tengan canónica y ésta sea notificada a los órganos competentes del Estado»

El Estado reconoce el derecho de la Iglesia a organizarse libremente, creando, modificando o suprimiendo diócesis, con la prohibición de la

---

56 Hoy Arzobispo Castrense.

57 www.boe.es/buscar/doc.php?id=BOE-A-1976-18294

58 El 21 de diciembre de 2007 la Nunciatura Apostólica remite Nota al Ministerio de Asuntos Exteriores y al día siguiente el Ministerio contesta con otra Nota diplomática expresando su conformidad con lo convenido.

inclusión de territorio extranjero[59]. Las diócesis adquieren personalidad jurídica civil en cuanto tengan personalidad canónica por decreto eclesiástico correspondiente y lo notifiquen a los órganos competentes del Estado. No tienen necesidad de inscribirse en el Registro de entidades religiosas, pues basta, con efecto *ad validitatem*, notificar su personalidad canónica a la Dirección General de Cooperación Internacional y de Relación con las Confesiones del Ministerio de Justicia que acusará recibo de notificación. Esa notificación es meramente declarativa.

Las diócesis (también se aplica a las parroquias) tienen ciertos derechos como son la inviolabilidad de sus archivos, registros y documentos (art. 1.6 del Acuerdo), exenciones fiscales y deducciones por las donaciones recibidas, también aplicables a las entidades sin ánimo de lucro y carácter benéfico (Art. 4.2).

Las parroquias, por otro lado, como entidades territoriales mínimas de la Iglesia, también son reconocidas por el ordenamiento desde el art.2, arriba transcrito. Como personas jurídicas no están sujetas al trámite de la inscripción registral sino que basta la notificación de la personalidad canónica a la sección correspondiente.

Las Órdenes religiosas también son entidades canónicamente erigidas por la Iglesia para el cumplimiento de sus fines. Cada instituto religioso se regula por medio de unas normas propias, aprobadas, y con diferente denominación.

Cualquiera que sea su naturaleza canónica: órdenes religiosas, congregaciones o institutos de vida consagrada adquieren personalidad jurídica civil mediante su inscripción en el Registro de Entidades Religiosas. Esta personalidad jurídica puede atribuirse tanto a la orden o institución en sí como a sus diferentes divisiones organizativas: Provincias, Casa, demarcaciones etc.

Las Asociaciones de fieles, para la consecución de sus fines, pueden también ser reconocidos por la Iglesia. Canónicamente pueden ser de dos tipos: públicas y privadas. Las primeras erigidas por la autoridad competente de la Iglesia a través de un decreto que además otorga personalidad jurídica y las otras nacen de un acuerdo privado de los fieles que necesitan que sus estatutos sean reconocidos por la autoridad de la Iglesia y posteriormente podrán adquirir personalidad jurídica por decreto emanado de la misma autoridad.

Las Asociaciones canónicas, tanto públicas como privadas, que hayan obtenido personalidad jurídica conforme al Derecho de la Iglesia pueden asimismo obtener la personalidad jurídica civil conforme a lo dispuesto en el art. 1.4 del Acuerdo de 3 de enero 1979.

Ese mismo artículo determina que gozarán de esa personalidad aquellas asociaciones y entidades que gozaran de ella en la fecha de entrada

---

[59] Excepción Diócesis de Urgel que abarca territorio del Principado de Andorra. Cfr. art.1.2 del Acuerdo.

en vigor del Acuerdo (es decir todas aquellas constituidas antes y después del anterior Concordato) si se notificó en su tiempo a los órganos competentes del Estado. La disposición transitoria 1.ª del Acuerdo da un plazo de tres años para que estas asociaciones y similares se inscriban en el Registro de entidades religiosas a efectos de poder justificar esa personalidad mediante certificación del Registro.

Por otro lado todas aquellas erigidas o aprobadas por la Iglesia y sin personalidad jurídica civil a la entrada en vigor del Acuerdo y las posteriores solo adquirirán personalidad jurídica si se inscriben en el Registro oportuno.

Por su parte las Fundaciones, instituciones jurídicas de base patrimonial, aprobadas por la Iglesia, por su ajuste a Derecho, son reconocidas por el Estado[60] la personalidad jurídica y la plena capacidad de obrar según el inciso del art. 1.4 y Disposición transitoria, análogo al supuesto anterior de las asociaciones canónicas.

Las Fundaciones como las Asociaciones e instituciones constituidas se regirán por sus normas estatutarias, teniendo estos efectos por haber adquirido la publicidad registral oportuna[61].

5 La posición juridica de la Iglesia católica en sentencias recientes

Es interesante a nuestros efectos saber cómo la jurisprudencia reciente trata la posición de la Iglesia, es una parte de la praxis de cuánto hemos expuesto.

La primera en analizar es la Sentencia del Tribunal Supremo 7/2016, de 25 de enero, la cual declara conforme a derecho la Sentencia dictada por la Audiencia Provincial de Madrid en el año 2013[62].

En ella se sustanciaba, a grosso modo, una demanda del Arzobispado de Madrid a la Fundación de Santa Rita de Casia, Asociación civil Santa Rita de Casia-Madrid 1834 y Fundación Real Fábrica de Tapices con una acción declarativa de dominio y acción reivindicatoria de la propiedad y posesión de 23 tapices (bienes históricos donados por D.ª Lina en el año 1869), alegando que dichos tapices fueron legados a la Asociación Canónica Santa Rita de Casia, asociación extinguida según resolución del Tribunal Supremo de la Signatura Apostólica y pide que dichos tapices en poder ahora de la Fundación de Santa Rita de Casia, Asociación civil Santa Rita de Casia-Madrid 1834, pertenecen y son propiedad del Arzobispado de Madrid siendo nulo el título de propiedad que pretenden os-

---

60 Solo las fundaciones pías autónomas son relevantes, por su naturaleza jurídica, para el Derecho Civil al ostentar personalidad jurídica propia.

61 Art. 37 Código civil.

62 Sentencia Audiencia Provincial de Madrid 15674/2013 de 11 octubre 2013.

tentar y, por lo tanto, entregar a dicho Arzobispado la efectiva e inmediata posesión de esos bienes.

En este asunto nos interesan los siguientes aspectos conexos con nuestro tema:

—El Arzobispado de Madrid dicta un decreto de extinción de la Asociación de fieles Santa Rita de Casia disponiendo el traspaso de bienes a dicho Arzobispado (porque así consta en los estatutos) y declarando la nulidad de los actos de disposición de la asociación canónica disuelta. El caso, por recursos posteriores, se eleva al Tribunal Supremo de la Signatura Romana que resolvió en 2007 inadmitiendo el recurso y confirmando todos los extremos del Decreto del Arzobispado de Madrid.

Seguidamente dicho Arzobispado promovió el procedimiento de *exequátur*[63] para la ejecución en España del Decreto definitivo del Tribunal Supremo de la Signatura de la Santa Sede, correspondió el conocimiento al Juzgado Primera Instancia n.º 50 de Madrid que denegó dicho procedimiento «por no ser susceptible de *exequátur*». La sentencia de instancia acierta en su argumentación porque es evidente que se trata de una resolución eclesiástica en una materia a la que el Acuerdo entre el Estado español y la Santa Sede no atribuye eficacia civil porque ese reconocimiento de sentencia solo se reconoce a las resoluciones que decidan sobre la declaración de nulidad del matrimonio celebrado según las normas canónicas o la decisión pontificia sobre matrimonio rato y no consumado.

Aunque la sentencia se pronunció en este sentido la ley permite, al menos, una posibilidad de exequátur, no sujeta al tenor de los Acuerdos suscritos, sino como elemento susceptible de la ejecución de sentencia por medio de la cooperación internacional como indica el Artículo 523 de la Ley 1/2000, de 7 de enero, de Enjuiciamiento Civil, entonces vigente en esta materia[64].

Empezamos analizando como resuelve la cuestión de la personalidad jurídica de una Asociación canónica y posteriormente el papel que juega en el ordenamiento el derecho canónico.

La Asociación Santa Rita de Casia, como titular del derecho de propiedad de los 23 tapices donados, es una asociación canónica erigida en 1834. Adquiere personalidad jurídica por Real Despacho de 21 de febrero de 1856, estando en vigor el Concordato de 1851. Esta Asocia-

---

[63] «El procedimiento para declarar a título principal el reconocimiento de una resolución judicial extranjera y, en su caso, para autorizar su ejecución se denominará procedimiento de exequátur». Art. 42.1 de la Ley 29/2015, de 30 de julio, de Cooperación jurídica internacional en materia civil.

[64] «Para que las sentencias firmes y demás títulos ejecutivos extranjeros lleven aparejada ejecución en España se estará a lo dispuesto en los Tratados internacionales y a las disposiciones legales sobre cooperación jurídica internacional». Hoy en esta materia está vigente la Ley 29/2015, de 30 de julio, de cooperación jurídica internacional en materia civil.

ción poseía personalidad jurídica civil y plena capacidad de obrar, según lo dicho, al estar inserta en el apartado 3.1 del Acuerdo de 1979. Los estatutos establecen que la Asociación «*tiene como objeto el culto divino y sus fines espirituales y cultuales con estatutos y ordenanzas aprobadas por el Diocesano en lo tocante a la jurisdicción eclesiástica y por el Ministerio de Gracia y Justicia en el resto*». Dichos estatutos fueron revisados de conformidad con el nuevo Código Derecho Canónico de 1983, aprobándose posteriormente dicha revisión inscribiéndose como Asociación Privada de fieles e inscrita en el Registro de Entidades Religiosas de la Dirección General de Asuntos Religiosos del Ministerio de Justicia.

Los estatutos revisados contienen la salvedad de que respecto a los bienes se establece su carácter de «*bienes eclesiásticos*» (art. 26 Estatutos) por lo tanto sometidos al régimen de control y vigilancia de la Autoridad eclesiástica competente (al modo de las Asociaciones Publicas del Derecho Canónico) y, además, así se hace notar en la inscripción registral.

Es una Asociación canónica y por lo tanto tiene un régimen de derecho estatutario que es el Derecho canónico.

Dice la sentencia que el Derecho de la Iglesia no es fuente del Ordenamiento Jurídico español, «*pero sí los Acuerdos celebrados entre el Estado español y la Iglesia Católica que, dado que fueron ratificados por Instrumentos de la misma fecha y publicados en el BOE son de plena aplicación en España en virtud de los dispuesto en el artículo 1.5 del Código civil*».

Así, el art. I, número 4, párrafo 2, dice que las asociaciones de carácter religioso inscritas en el Registro correspondiente tienen personalidad jurídica que «*surte plenos efectos en el derecho interno español, tanto frente al Estado como frente a los demás entes públicos*». Además añade en este FJ 8 la siguiente afirmación, que no pocos operadores jurídicos han olvidado, «*por ello esa inscripción hace innecesario que aquellas entidades, en el caso estudiado las Asociaciones, se inscriban en los registros Generales de Asociaciones del Estado y de las Comunidades Autónomas, pues la inscripción en el Registro de Entidades Religiosas surte los mismos efectos*».

Podríamos preguntarnos si la inscripción en el Registro del Estado de aquellas asociaciones es constitutiva, vista la insistencia tanto del Acuerdo en sus disposiciones transitorias como el RD 142/1981, de 9 enero entonces vigente.

La respuesta aparece en el mismo fundamento jurídico de la sentencia: «*aunque sea irregular tal omisión administrativa...la misma solo tiene una mera función de publicidad más no constitutiva. (Cfr. STS 6 de octubre de 1997)*». Lo que facilita es ser el medio único de justificación o acreditación de la personalidad jurídica de la asociación, ya existente, ante terceros, en su tráfico jurídico.

—El Derecho canónico como derecho estatutario de las Asociaciones canónicas:

Ya dijimos que la legislación canónica no es fuente en el ordenamiento estatal. La Ley Orgánica de Libertad Religiosa 7/1980, de 5 de julio viene a garantizar el derecho de libertad religiosa y en su artículo 2.2: «*comprende el derecho de las Iglesias, Confesiones y Comunidades religiosas a establecer lugares de culto o de reunión con fines religiosos, a designar y formar a sus ministros, a divulgar y propagar su propio credo, y a mantener relaciones con sus propias organizaciones o con otras confesiones religiosas, sea en territorio nacional o en el extranjero*», concretado en el artículo 6: «*Las Iglesias, Confesiones y Comunidades religiosas inscritas tendrán plena autonomía y podrán establecer sus propias normas de organización, régimen interno y régimen de su personal. En dichas normas, así como en las que regulen las instituciones creadas por aquéllas para la realización de sus fines, podrán incluir cláusulas de salvaguarda de su identidad religiosa y carácter propio, así como del debido respeto a sus creencias, sin perjuicio del respeto de los derechos y libertades reconocidos por la Constitución, y en especial de los de libertad, igualdad y no discriminación*».

Por lo tanto el régimen jurídico de esta asociación venia establecido en el Código de Derecho Canónico y no en normas de Derecho Civil, «*de tal modo que correspondía a la jurisdicción canónica y no a la civil, interpretar y aplicar dichas normas*». La sentencia continua (FJ 10): «*Ahora bien, que la decisión eclesiástica no pueda ser objeto de homologación o reconocimiento con el fin de obtener su ejecución por los tribunales civiles no quiere decir que carezca de cualquier efecto o eficacia*».

Y es así porque las resoluciones dictadas por los órganos eclesiásticos en el ejercicio de sus funciones y materias que les son propias producen plenos efectos en el seno de la Iglesia Católica.

El propio Estado español reconoce esa autonomía jurisdiccional interna en el Acuerdo Internacional firmado en 1979, integrado en nuestro ordenamiento, «*por lo que se reconoce las decisiones de la jurisdicción eclesiástica como plena eficacia interpartes —relaciones dentro del propio seno de las personas jurídicas de la Iglesia o con la jerarquía eclesiástica— en materia que sea de su competencia*»[65].

Así lo expresaba la Sentencia del Tribunal Supremo de 10 de mayo de 2004[66]: «*los límites de la competencia jurisdiccional entre la potestad ecle-*

---

[65] FJ 11.

[66] STS 3137/2004 FJ 3. Así también Auto Audiencia Provincial de Huesca de 4 de marzo de 2011 en recurso de apelación sobre una denegación de exequátur: «...las decisiones intraeclesiales en cualquiera de sus ámbitos de gobierno o jurisdicción, son respetadas, sin necesidad de homologación alguna, por todos los órganos del Estado, si bien ello no obedece a la santidad de la cosa juzgada, en el caso de las decisiones jurisdiccionales eclesiásticas, sino a la entrada en acción de la autonomía

siástica y la civil se determinan por razón de la materia del juicio y de las personas que en él intervienen, juzgando la potestad eclesiástica de acuerdo con el primer criterio y con exclusión de la autoridad civil todas las causas espirituales, y también las que van inseparablemente unidas a las causas espirituales, aunque por su misma naturaleza no lo sean».

También la Sentencia del Tribunal Supremo de 19 de junio de 2008[67]: *«Es cierto que la sentencia impugnada, en su fundamento de derecho primero, parece negar cualquier eficacia para las relaciones jurídicas de carácter civil al Código de Derecho Canónico, lo que no resulta exacto en tanto que el mismo disciplina, entre otras materias, las propias instituciones de la Iglesia Católica que, en cuanto a su régimen jurídico, se rigen por dicho código con la plena eficacia que les viene atribuida por los Acuerdos celebrados entre el Estado Español y la Iglesia Católica de 3 de enero de 1979, que vinieron a sustituir al Concordato hasta entonces vigente de 27 de agosto de 1953; siendo así que tales instituciones se rigen por las normas propias del derecho canónico, sin perjuicio de la inscripción en el correspondiente Registro de Entidades Religiosas que se exige para adquirir plena personalidad jurídica civil».*

Lo anterior no debe confundirse con que la determinación de si es o no materia propia de la jurisdicción eclesiástica puede y debe ser objeto de control e interpretación del Juez civil español[68].

Es por ello y como conclusión del caso expuesto que el tribunal civil reconoce que las autoridades eclesiásticas resolvieron bien sobre una cuestión interna estatutaria *«pudiendo la Iglesia decidir libremente sobre aquella materia conforme al derecho canónico aplicable y los estatutos de la Asociación a la vista del Acuerdo sobre asuntos jurídicos de 1979».*

Otra sentencia actual digna de mención por la cuestión que plantea es la Sentencia Tribunal Supremo 531/2016, de 18 de febrero, en ella se sustancia la impugnación de un socio de la Hermandad San Isidro Labrador de Estepona (Málaga) de una parte de los acuerdos adoptados en Asamblea (Cabildo) General y Elecciones, los hechos ocurrieron en septiembre del año 2009.

---

interna de la Iglesia en los términos convenidos en el Acuerdo entre el Estado español y la Santa Sede, sobre asuntos jurídicos de 3 de enero de 1979».

[67] STS 3115/2008, FJ 4.

[68] El Tribunal Constitucional ha reconocido la plenitud jurisdiccional de los Jueces y Tribunales en el orden civil, en cuanto exigencia derivada del derecho a la tutela judicial efectiva (art. 24.1 CE) y ha afirmado que los efectos civiles de las resoluciones eclesiásticas, regulados por la Ley civil, son de exclusiva competencia de los Jueces y Tribunales civiles, como consecuencia de los principios de aconfesionalidad del Estado (art. 16.3 CE) y de exclusividad jurisdiccional (art. 117.3 CE), en las sentencias SSTC 1/1981, de 26 de enero, 6/1997, de 13 de enero, FJ 6, y 38/2007, de 15 de febrero, FJ 7 y que no cabe aceptar por lo tanto que los efectos civiles de una decisión eclesiástica puedan resultar inmunes a la tutela jurisdiccional de los órganos del Estado».

La instancia resuelve dando la razón al socio demandante entre otras argumentaciones como ejercicio de la acción de nulidad prevista en el artículo 2.5 L.O 1/2002, de 22 de marzo reguladora del derecho de Asociación y otros. Recordamos que dicha norma legal es desarrollo de un derecho fundamental: el de asociación del artículo 22 de la CE.

Curiosamente el recurso de apelación subsiguiente es estimado por la Audiencia Provincial de Málaga revocando la sentencia de instancia por «*no ser competente el orden jurisdiccional civil para el conocimiento del asunto litigioso, correspondiendo al eclesiástico...*».

Se plantea ante el Supremo recurso extraordinario por infracción procesal. Se sustancia una infracción de normas sobre jurisdicción.

La Hermandad en su demanda interpuso una declinatoria de jurisdicción afirmando que la competencia para conocer el litigio correspondía a la jurisdicción eclesiástica y no a la civil. Así lo afirmó la sentencia de la Audiencia de Málaga, en aplicación de la jurisprudencia anterior: «... *la cuestión planteada debía quedar resuelta en el estricto ámbito jurisdiccional eclesiástico, puesto que surgía en el propio seno de la Hermandad demandada y afectaba de forma exclusiva a su régimen de funcionamiento interno*».

En su el FJ 2, sobre admisibilidad del recurso, el Tribunal Supremo dice que no estamos ante una simple infracción de normas estatutarias de la Hermandad, como esta arguye, sino ante la vulneración de derechos fundamentales de naturaleza asociativa, según la demanda formulada. Entonces la Sala entra a conocer el planteamiento de la Hermandad en una pieza, FJ 4, que titula: El principio de exclusividad de la jurisdicción estatal.

Después de presentar el elenco normativo dice: «*No es posible estimar una declinatoria de jurisdicción para privar del conocimiento de un asunto a la jurisdicción civil y atribuírsela a la jurisdicción eclesiástica porque esta no es una jurisdicción estatal reconocida en nuestra Constitución y en nuestras leyes orgánicas y procesales*».

Entra en cierta contradicción no solo con el artículo 1 y 2 del Acuerdo de 1979 y sobre la autonomía y el poder de autoorganización pleno de la Iglesia Católica en sus asuntos y materias sino también con otra sentencia del mismo Tribunal, la 339/2004, de 10 de mayo, que declaró la falta de competencia de la jurisdicción civil para conocer de la impugnación de un nombramiento eclesial por considerar que era competente la jurisdicción eclesiástica.

Entonces, podríamos preguntarnos, ¿cuál es el alcance del control que un órgano jurisdiccional del Estado puede realizar del funcionamiento interno de una asociación canónica?

La Audiencia cometió el error de declinar la jurisdicción, ya sabemos que la jurisdicción eclesiástica no está reconocida como tal por la Ley Orgánica del Poder Judicial, y por eso debería haber considerado, más bien, que la cuestión planteada afectaba al ámbito de autoorganización reconocido a las asociaciones religiosas.

Así lo hace la Sala y plantea un cambio en la argumentación procesal que declara la falta de competencia de la jurisdicción civil para conocer de estos litigios en los que se demanda a personas jurídicas constituidas en el seno de las confesiones religiosas reconocidas por el Estado y «*residenciar la solución al problema en el reconocimiento de un amplio ámbito de autoorganización a las asociaciones religiosas que determine que la demanda no pueda prosperar cuando la pretensión afecte a este ámbito en el que las asociaciones religiosas pueden autoorganizarse, sin que sea posible la intervención de las autoridades estatales, y en concreto las judiciales*»[69].

Parece más correcta la argumentación del Supremo en este campo al ajustarse con esta tesis a los Acuerdos y a la Ley Orgánica de Libertad Religiosa que a una pretendida jurisdicción.

6. La inscripción en el Registro de Entidades Religiosas de las entidades católicas

6.1. Introducción

Hemos visto los planteamientos teóricos y jurisprudenciales sobre la autonomía de la Iglesia Católica. Ahora nos adentramos en uno de los elementos jurídicos que permiten su juego en el sistema. Pasamos de la teoría a la práctica administrativa como ejemplo de un cauce jurídico concreto.

La Ley Orgánica 7/1980, de 5 de julio, de Libertad Religiosa dispone en su artículo 5.1 que: «*Las Iglesias, Confesiones, y Comunidades religiosas, y sus Federaciones, gozarán de personalidad jurídica una vez inscritas en el correspondiente registro público que se crea, a tal efecto, en el Ministerio de Justicia*».

El mecanismo jurídico de la inscripción en un Registro es necesario, pero también puede ser elemento distorsionador, al menos, cuando se exige para el ejercicio de algunos derechos fundamentales. Recordamos la preocupación de la ONU en la *Resolución 6/37 sobre la Eliminación de todas las formas de intolerancia y discriminación fundadas en la religión o en las creencias*[70], donde subraya estar «*profundamente preocupado también por el uso indebido de los procedimientos de registro como medio de limitar el derecho a la libertad de religión o creencias de los miembros de ciertas comunidades religiosas...*» y por ello insta a los Estados que «*examinen, cuando proceda, las prácticas de registro existentes para garantizar el derecho de todas las personas a*

---

[69] FJ 4.

[70] http://ap.ohchr.org/Documents/S/HRC/resolutions/A_HRC_RES_6_37.pdf

profesar su religión o sus creencias, individual o colectivamente y en público o en privado».

El Registro es un arma de doble filo. La doctrina eclesiasticista dividida y ahora un poco más apaciguada en este tema[71] se sigue preguntando si la inscripción es esencial o no en el derecho de libertad religiosa en su vertiente colectiva en el Estado español.

Paradigmática fue la sentencia del Tribunal Constitucional 46/2001 conocida como la sentencia de la «Secta Moon», de errática doctrina, que reflejaba dos aspectos: la necesidad de concretar los criterios del Estado con respecto al contenido esencial de un derecho fundamental porque este no puede hacerse depender de criterios ajenos cuanto faltan elementos jurídicos y los efectos que produce la inscripción de una entidad en el Registro de Entidades Religiosas.

En lo que nos afecta, estableció una relación directa entre la inscripción y el derecho colectivo de libertad religiosa y además dijo que:

> *«El específico status de entidad religiosa que confiere la inscripción en el Registro no se limita al indicado ámbito interno, a través del reconocimiento de una capacidad de autoorganización del sujeto colectivo, sino que se proyecta también en una vertiente externa, en el sentido de que las concretas manifestaciones que, en el ejercicio del derecho fundamental, realicen los miembros del grupo o comunidad inscrita, se vean facilitadas, de tal manera que se permita el ejercicio colectivo de la libertad religiosa con inmunidad de coacción, sin trabas ni perturbaciones de ninguna clase»* (FJ. 7.°).

No dice que las únicas confesiones o grupos religiosos titulares del derecho de libertad religiosa colectiva sean los inscritos en el registro, pero sí que ostentan plenamente el contenido del derecho fundamental[72], los no inscritos tienen otro estatuto jurídico[73].

El caso, recordamos se refiere a la pretensión de la «Iglesia de la Unificación» de ser reconocida en España como entidad religiosa inscrita en el Registro de entidades religiosas. Se produce una denegación de inscripción por la Dirección General correspondiente en base a dos motivos uno referido precisamente al control sobre inscripción en el Registro de las sectas instado por el Congreso al Gobierno y el otro a la

---

[71] Cfr. LÓPEZ-SIDRO LÓPEZ, A. «El sistema de reconocimiento del Registro de Entidades Religiosas» en *Entidades Eclesiásticas y Derecho de los Estados*. Actas II Simposio Internacional de Derecho Concordatario, Almeria. Ed. Comares, Granada 2006, p. 47.

[72] RODRÍGUEZ BLANCO, M. «Libertad religiosa y registro de entidades religiosas. (A propósito de la STC 46/2001, de 15 de febrero)». *Revista Española de Derecho Constitucional*. N. 68. Mayo-Agosto 2003, p. 342.

[73] Cfr. CATALÁ RUBIO, S. *El derecho a la personalidad jurídica de las entidades religiosas*. Ed. Alderabán, Cuenca 2004, p. 163ss.

dudosa naturaleza religiosa de la citada Iglesia al faltar los requisitos que precisa la L.O 7/1980, de 15 de julio de Libertad Religiosa en su art. 3.2.

Interpuesto recurso de casación el Tribunal Supremo lo desestimó en sentencia de 14 de julio de 1996 aduciendo, entre otras, que la Administración está facultada para realizar un control sobre los fines perseguidos por las entidades religiosas solicitantes de inscripción y en este caso, dado el historial delictivo de esta Iglesia en otros países, preservando el riesgo futuro contra el orden público, denegó la inscripción.

La Sala del Constitucional, por el contrario, entendió que la concepción del Registro debía tener un sentido amplio: la inscripción no es preventiva o restrictiva sino que cumple el deber de cooperación con las confesiones según la Constitución, por lo que el Estado no controla la legitimidad de las creencias que se le someten sino que comprueba que la entidad no está excluida por el art.3.2 de la Ley Orgánica de Libertad Religiosa.

El límite para la no inscripción es que esas actividades sean contrarias a la seguridad, salud o moral pública. La Administración no se mueve por un ámbito de discrecionalidad sino que su actividad es reglada[74]. El delicado tema del control administrativo[75].

El componente religioso de la entidad solicitante es esencial, la Administración no puede juzgar el mismo[76] solo puede comprobar sus estatutos, fines, objetivos, no hay una actividad limitativa o de policía sino la necesidad de regular, desde el Estado, el factor religioso en su ámbito. Pero si la administración no puede valorar el contenido religioso en sí mismo (porque no tiene criterios legales para hacerlo y por lo tanto excede su ámbito de control), entonces la valoración debe ser externa y ciertamente para ello solo puede contar con elementos aportados por la propia entidad y su adecuación a los parámetros que están contemplados en el art. 6 apartados a) y d) del RD.

Así lo reconoce el Tribunal Europeo de Derechos Humanos, que salvo excepciones, el Estado no puede valorar la legitimidad de los credos y

---

[74] El Registro de Entidades Religiosas —concluyó el Tribunal Constitucional— «no se mueve en un ámbito de discrecionalidad que le apodere con un cierto margen de apreciación para acordar o no la inscripción solicitada, sino que su actuación en este extremo no puede sino calificarse como reglada» (FJ 8.º).

[75] Cfr. CATALÁ RUBIO, S. op. cit. p. 197s.

[76] Así LÓPEZ-SIDRO LÓPEZ, A. «La protección de la libertad religiosa a través de la inscripción en el Registro de entidades religiosas. Examen de la actividad registral de control y la jurisprudencia», DE LA HERA, A. y otros (eds.) *El ejercicio de la libertad religiosa en España. Cuestiones disputadas*. Ministerio de Justicia, Madrid 2003, p. 94: «...no controla (el Registro) la libertad religiosa para limitarla...sino para asegurar que no se utilice este derecho de forma fraudulenta y para que sea respetado en armonía con el conjunto de derechos que están en la base del sistema constitucional español».

ritos de las confesiones religiosas: sentencia sobre el caso Manoussakis y otros contra Grecia, de 26 de septiembre de 1996[77]

Opino, por lo tanto, que la inscripción no es parte del contenido esencial del derecho de libertad religiosa, la constitución de la entidad y la adquisición de personalidad no es requisito imprescindible para el ejercicio de la libertad religiosa según doctrina consolidada de los Tribunales: Sentencias de la Audiencia Nacional de 8 de noviembre de 1985 y 30 de septiembre de 1993; y Sentencia Tribunal Supremo de 14 de junio de 1996[78].

También la STC 46/2001, anteriormente mencionada dice, en su FJ 7, que la inscripción en el Registro implica no solo reconocer su personalidad jurídica sino también facilitar[79] las manifestaciones externas de dicha libertad. Es cierto que puede facilitar el ejercicio en su vertiente externa, pero afirmando que la inscripción en el registro no constituye la condición de posibilidad[80].

---

77 N.º 38: «La Cour note que les requérants se plaignent moins du traitement dont ils ont été eux-mêmes victimes en l'espèce que de l'obstruction générale faite aux témoins de Jéhovah lorsque ceux-ci souhaitent établir une église ou un lieu de culte. Ils attaquent donc pour l'essentiel les dispositions de la législation interne pertinente.

Cependant, la Cour ne juge pas nécessaire en l'occurrence de trancher la question de savoir si l'ingérence litigieuse était «prévue par la loi», car de toute manière ladite ingérence se révèle incompatible avec l'article 9 (art. 9) à d'autres égards (voir, mutatis mutandis, l'arrêt Funke c. France du 25 février 1993, série A no 256-A, p. 23, par. 51) (paragraphe 53 ci-dessous)». http://hudoc.echr.coe.int/fre#{«languageisocode»:[«FRE»],»appno»:[«18748/91»],»documentcollectionid2»:[«CHAMBER»],»itemid»:[«001-62629»]}

78 STS 3646/1996, FJ 4.º: «... pues en definitiva la confesión religiosa como entidad subjetiva, se asienta en un previo fenómeno de asociación, siendo en realidad una manifestación colectiva de la libertad religiosa; lo que se evidencia por el dato de que el Art. 2.1.d) de la L.O. 7/1989, recoge, como uno de los 7 contenidos de esa libertad, el derecho de toda persona. Es sobre la base de ese previo derecho de asociación, como se explica la misma existencia de las Iglesias, Confesiones y Comunidades religiosas y sus federaciones, y el reconocimiento de su personalidad jurídica una vez inscritos en el correspondiente Registro público, a que se refiere el Art. 5.º de la citada Ley Orgánica».

79 A este efecto parece favorecer el art. 523 de Código Penal: «El que con violencia, amenaza, tumulto o vías de hecho, impidiere, interrumpiere o perturbare los actos, funciones, ceremonias o manifestaciones de las confesiones religiosas inscritas en el correspondiente registro público del Ministerio de Justicia e Interior, será castigado con la pena de prisión de seis meses a seis años, si el hecho se ha cometido en lugar destinado al culto, y con la de multa de cuatro a diez meses si se realiza en cualquier otro lugar» y también el artículo 59 del Código Civil dispone que «el consentimiento matrimonial podrá prestarse en la forma prevista por una confesión religiosa inscrita, en los términos acordados con el Estado, o, en su defecto, autorizados por la legislación de éste», y el artículo 60 del mismo Código prevé que «el matrimonio celebrado en cualquiera de las formas religiosas previstas en el artículo anterior produce efectos civiles».

80 Cfr. RODRÍGUEZ BLANCO, M. op.cit. p. 342 y «Naturaleza y posición jurídica de las confesiones religiosas en el ordenamiento español». En *Entidades eclesiásti-*

Posteriormente y gracias a esta sentencia, el Consejo de Estado evacuó un Dictamen, 520/2015, sobre el Proyecto de Real Decreto por el que se regula el Registro de entidades religiosas[81]. Diciendo que: (el RD) «*circunscribe las funciones de este Registro a la mera constatación del cumplimiento de los requisitos legales exigibles para la inscripción, sin que el mismo pueda, por tanto, realizar un control de la legitimidad de las creencias religiosas*».

Dicho lo anterior el Registro específico de entidades religiosas en el gran *maremágnum* de asociaciones de todo tipo cumple mejor la labor de publicidad y además de transparencia que posibilita la seguridad en el tráfico jurídico, pero no parece ser el fundamento de la titularidad del ejercicio del derecho de libertad religiosa. La inscripción es un derecho no un deber[82].

Ahora bien, para acceder al régimen previsto en la LOLR y poder actuar válidamente en derecho como tal Entidad religiosa es necesario adquirir personalidad jurídica y, por tanto, inscribirse en el Registro del Ministerio de Justicia, actualmente dentro de la Dirección de Cooperación Jurídica Internacional y Relaciones con las Confesiones y dependiente de la Subdirección General de Relaciones con las Confesiones.

Desde el 3 de diciembre de 2015 está en vigor la nueva Resolución de la Dirección General de Cooperación jurídica Internacional y Relaciones con las Confesiones sobre la inscripción de las entidades católicas en el Registro de Entidades Religiosas[83], (RER) que sustituye a

---

cas y Derechos de los Estados. Actas III simposio Internacional de Derecho Concordatario. Almería noviembre 2005. Ed. Comares. Granada 2006, p. 26. Además, CARRETERO SÁNCHEZ, S. «Comentario a la STC 46/2001, de 15 de octubre. Libertad religiosa. El Registro de las entidades solicitantes. La ideología como criterio diferenciador de los Magistrados», *Anuario Derechos Humanos. Ucm*. Vol. 3, 2002. Dice que: «Se reconoce que las entidades religiosas inscritas gozan de una considerable protección especial, pero no parece relevante la inscripción, lo que es paradójico», p. 58.

[81] Aprobado 18/6/2015. http://www.boe.es/buscar/doc.php?id=CE-D-2015-520. Dice: «Esta misma posición ha sido defendida por la jurisprudencia del Tribunal Europeo de Derechos Humanos, en el marco de los derechos de asociación y a la libertad religiosa reconocidos en el Convenio Europeo para la Protección de los Derechos Humanos y las Libertades Fundamentales, y también ha sido recientemente auspiciada por las Orientaciones de la Unión Europea sobre el fomento y la protección de la libertad de religión y creencias, aprobadas por el Consejo de la Unión Europea de 24 de junio de 2013, y por las Directrices fijadas por la OSCE/ODIHR (Organization for Security and Co-operation in Europe/Office for Democratic Institutions and Human Rights) en su quincuagésima novena sesión plenaria, celebrada en junio de 2004, y actualizadas en la que tuvo lugar durante los pasados días 13 y 14 de junio de 2014».

[82] «Así pues el derecho a la adquisición de la personalidad jurídica es un derecho que va ligado consustancialmente al derecho de libertad religiosa y al de asociación, y, por tanto, debe ser ejercido libremente, sin intromisiones públicas o privadas y en condiciones de plena igualdad». CATALÁ RUBIO, S. op. cit., p. 16.

[83] https://www.boe.es/boe/dias/2015/12/23/pdfs/BOE-A-2015-14045.pdf

otra anterior de 11 de marzo de 1982 de la Dirección General de Asuntos Religiosos, y que opera como reglamento del también novedoso Real Decreto 594/2015, de 3 de julio (en adelante RD) que regula dicho Registro. En su Disposición final cuarta autoriza al Ministerio de Justicia para dictar las disposiciones precisas para su aplicación y desarrollo.

Dentro de las posibilidades que el tema nos ofrece nos decantamos por el estudio más pormenorizado del Reglamento aplicable a la Iglesia Católica, objeto de nuestro estudio, en comparación con el anterior. A fin y al cabo es la aplicación práctica del Registro de Entidades Religiosas a una confesión concreta.

6.2. Descripción

El estudio de la Resolución de 3 diciembre de 2015 comporta la exposición del nuevo procedimiento que rige la inscripción de las entidades católicas en el Registro, como es evidente se desarrolla teniendo presente el artículo I del Acuerdo de asuntos jurídicos de 3 de enero 1979.

Paralelamente al RD sobre Registro de Entidades Religiosas que comienza enumerando las entidades inscribibles y entre ellas la Iglesia Católica, la Resolución comienza contemplando, en este orden, primero las circunscripciones territoriales, segundo, los Institutos de Vida Consagrada y Sociedades de Vida Apostólica, tercero, las Entidades asociativas y cuarto, las Fundaciones religiosas. El párrafo quinto queda reservado a las disposiciones comunes y documentación necesaria relativos a las entidades de los apartados segundo, tercero y cuarto de esta Resolución y el apartado sexto certifica que lo anterior es conforme al Acuerdo y con la prevención de que en la aplicación del Real Decreto 594/2015, de 3 de julio, a las entidades de la Iglesia Católica se procederá siempre de conformidad con lo establecido en el Acuerdo entre el Estado español y la Santa Sede de 1979.

Veamos cada uno de estos apartados.

Las circunscripciones territoriales no están sujetas al trámite de inscripción en el Registro y así lo afirma la Resolución 1.ª-2: «*gozarán de personalidad jurídica civil en cuanto la tengan canónica y ésta sea notificada por la Autoridad eclesiástica competente al Registro de Entidades Religiosas del Ministerio de Justicia*». El instrumento utilizado será la notificación, la cual podrá ser acreditada por cualquier medio como prueba admitida en Derecho y entre ellas certificación expedida por el Registro.

El inciso tercero de este primer apartado amplia la posibilidad de acreditación de las anteriores existentes antes del 4 diciembre de 1979 donde incluye, entre otras posibilidades, certificación de la competente Autoridad eclesiástica en la que se acredite que se ha procedido a la citada notificación, así como por la oportuna certificación del Registro.

Los dos posteriores incisos abren la llamada vía digital al solicitar que las notificaciones al Registro deben ser acompañadas por archivo electrónico, solicitando además una actualización de dichas circunscripciones por parte de la Conferencia Episcopal también en archivo informático.

Con respecto a los Institutos de Vida y Sociedades (los regulados por el canon 573 y otros) dice que su inscripción o modificación en el Registro puede formularse individualmente o en global. La primera posibilidad siempre que esté acreditada la personalidad jurídica civil de los Institutos de Vida Consagrada y Sociedades de Vida Apostólica al que pertenezcan y la segunda remitiendo junto a la petición la documentación referente a todas y cada una de las entidades menores que pretendan adquirir personalidad jurídica civil propia. Y junto a ello la documentación del apartado quinto de esta Resolución, visados por la Autoridad eclesiástica competente.

Sobre estas instituciones no será aplicable el art. 9 del RD que versa sobre la inscripción de entidades de origen extranjero con una serie de cauciones de tipo documental con la obligación de que sean constituidas en forma canónica. Además sobre las casas de residencia y actividad deben contar con la autorización del Obispo de la diócesis donde se pretendan establecer.

Podrán ser inscritos como representantes legales aquellos necesarios para el buen desenvolvimiento de las actividades de estos Institutos y Sociedades e indica que puede inscribirse esta nota de modulación en la capacidad de obrar: «*Esta inscripción queda sujeta al régimen de autorizaciones propio del Instituto de Vida Consagrada o Sociedad de Vida Apostólica, a los efectos de determinar la extensión y límites de su capacidad de obrar según lo dispuesto en el artículo I.4 del Acuerdo sobre Asuntos Jurídicos suscrito por el Estado español y la Santa Sede*».

Termina este apartado reconociendo a las Conferencias de superiores mayores como si fuera un Instituto de Vida Consagrada más y autorizar a la entidad eclesial en la que estén integrados sus Superiores para presentar ante Notario los documentos que deban ser elevados a público.

Con respecto a las Asociaciones reguladas por el Derecho Canónico en el canon 298 y otros, dice que la inscripción se ajustará, en cuanto a sus requisitos y procedimientos, a lo dispuesto en los artículos 7 y 8 del RD.

Esos artículos obligan a presentar en escritura pública los datos identificativos más relevantes como son la denominación, domicilio, ámbito territorial de actuación, expresión de sus fines religiosos, régimen de funcionamiento, órganos representativos y de gobierno, requisitos para su valida designación, relación nominal de sus representantes legales y testimonio literal autenticado de acta de constitución junto a documento de la Iglesia por la que se erige, constituye o aprueba y, si lo hubiere, la conformidad del órgano supremo de la entidad en España.

El artículo 8 del RD se refiere a la inscripción de Federaciones exponiendo que se aplicará el art. 5 sobre solicitud de inscripción de Iglesias, Confesiones y Comunidades religiosas, además de los requisitos anteriormente expuestos. Y añadir acta fundacional en la que deberá constar la denominación, domicilio y número registral de cada una de las entidades fundadoras y *«b) Cada una de las entidades que se integren en la Federación deberán acreditar en la escritura pública de fundación de la misma, la certificación del acuerdo adoptado para su integración, expedido por las personas o cargos con facultad para certificar, en el que se expresará la aceptación de los estatutos de la Federación y la designación de la persona o personas que represente a la entidad religiosa en el acto constitutivo de la Federación»*.

Cumplidos los requisitos reclamados por el RD, la Resolución indica que las solicitudes deberán ir acompañadas por los documentos correspondientes, mencionados en el apartado quinto de esta resolución, y deberán ser visados por la Autoridad eclesiástica competente.

Para terminar las Fundaciones reguladas canónicamente por el canon 115 y otros, en lo referente a su inscripción o modificación se regirán por lo previsto en el Real Decreto 589/1984, de 8 de febrero, sobre Fundaciones religiosas de la Iglesia Católica.

Las solicitudes de procedimientos relativos a las fundaciones religiosas deberán ir acompañadas por los documentos mencionados en el apartado quinto de esta Resolución, además de los señalados, en su caso, en el artículo 1 del Real Decreto 589/1984, de 8 de febrero, sobre Fundaciones religiosas de la Iglesia Católica, y ser visados por la Autoridad eclesiástica competente.

El apartado quinto se refiere a las Disposiciones comunes y documentación necesaria relativos a las entidades de los apartados segundo, tercero y cuarto de esta Resolución.

En primer lugar, define lo que considera autoridad competente en los documentos requeridos en la Resolución, para ello remite al Código de Derecho Canónico. De todos modos a la Conferencia Episcopal Española corresponde ofrecer los criterios orientadores para cada caso.

Además a los solicitantes por primera vez se exige una serie de documentos añadidos a los señalados anteriormente; a saber: Decreto de erección canónica de la entidad, Decreto de aprobación de los estatutos, documentación expedida por la autoridad eclesiástica competente en la que conste la identidad de su representante legal, permiso del Obispado correspondiente para el establecimiento de la entidad, salvo que no sea procedente en Derecho Canónico, cuando se trate de entidades religiosas de Derecho Pontificio, se requerirá diligencia de autenticación de los documentos provenientes de la Santa Sede por parte de la Nunciatura Apostólica en España y por ultimo si la entidad fuera de carácter federativo, se acompañará, en la escritura pública, certificación expedida por la Autoridad eclesiástica competente en la que se enumeren todas las entidades que la componen, con expresión de su correspondiente número de inscripción en el Registro de Entidades Religiosas si lo hubiere.

Aparte de la inscripción, para otros actos administrativos que se pueden suscitar como son la modificación y la cancelación prevé lo siguiente.

Para la modificación cuando afecten a los fines, régimen de funcionamiento o a los órganos representativos y de gobierno será preciso aportar solicitud firmada por su representante legal en la que deberá constar el número registral de la entidad y documento público que incluya el Decreto de aprobación de la modificación expedido por la Autoridad eclesiástica competente que contenga las modificaciones aprobadas, haciendo constar, en diligencia extendida al final del documento, la relación de artículos modificados y la fecha del acuerdo en que se adoptó su modificación.

Para el caso de que la modificación se refiera a los representantes legales será aplicable lo establecido en el artículo 14 del Real Decreto 594/2015, de 3 de julio, debiendo acompañar a la solicitud de inscripción, el certificado de la autoridad eclesiástica competente para aprobar o autorizar dicha modificación.

Y en segundo lugar, para la cancelación será preciso aportar: solicitud firmada por su representante legal, en la que conste el número registral de la entidad, documento público que acredite la supresión de la entidad, recogiendo la decisión del órgano competente de la entidad y aportando el Decreto expedido por la Autoridad eclesiástica competente acreditativo de la cancelación, indicando la fecha en la que se produjo. Pero si la disolución ha tenido lugar por sentencia judicial firme, será necesario aportar, por la Autoridad correspondiente, testimonio de la resolución judicial por la que se dicta la disolución de la entidad.

Este apartado termina con el inciso sexto que recoge los términos del art. 7.2 in fine del RD*: «… si lo hubiere, la conformidad del órgano supremo de la entidad en España», que con respecto a la Iglesia Católica se hará mediante la diligencia de autenticación, expedida por la Conferencia Episcopal Española, como interlocutora de la Iglesia Católica ante el Estado, sin perjuicio de su derecho a delegar y de la competencia propia de cada Autoridad eclesiástica y además el plazo de tres meses previsto en el artículo 12.3 del citado RD comenzará a contar desde la fecha en que se haya producido la citada diligencia de autenticación»*.

6.3. Perspectiva comparada

Hacemos una comparativa entre Resoluciones para descubrir la nueva aportación, no encontramos más requisitos que los exigidos en el RD correspondiente pero sí un interés de adaptación y de singularidad con la

Iglesia católica por parte del Estado[84], sin menoscabo de ninguna confesión y con posibilidad de extensión a otras.

Con respecto a la anterior Resolución de 11 de marzo de 1982 el apartado primero, ahora es denominado «Circunscripciones territoriales de la Iglesia Católica», pero su contenido es idéntico en ambos. La actual redacción añade los incisos cuatro y cinco referidos a las notificaciones que deben acompañarse al impreso papel y que será un archivo electrónico, se supone que informático. Asimismo se solicita de la Conferencia Episcopal otro archivo informatizado para cotejar/actualizar las circunscripciones territoriales existentes con capacidad jurídica civil. Puede significar, entre otras hipótesis, que la base de datos existente en la subdirección general de Relaciones con las Confesiones, esté desfasada o sea errónea.

Desde el punto de vista de su gestión, se ha avanzado en la implantación de una nueva forma de gestión con procedimientos electrónicos para sustituir el formato papel, generando una praxis administrativa más ágil y eficaz, en consonancia con las necesidades de los grupos religiosos y de la transparencia en la gestión administrativa. Con estos objetivos el 1 de septiembre de 2014 se implantó una nueva aplicación informática de gestión del RER.

El apartado segundo en la actual Resolución viene titulado más correctamente y además especifica a que entidades de la legislación se refiere, canon 573 y concordantes, que coincide con su canónica denominación: «De los institutos de vida consagrada y de las sociedades de vida apostólica»; la anterior se refería genéricamente a «Órdenes, Congregaciones religiosas y otros Institutos de vida consagrada».

En la anterior Resolución era la CONFER la entidad que visaba las solicitudes, la actual se refiere genéricamente a la Autoridad eclesiástica, que será aquella con competencia sobre los Institutos de Vida Consagrada y Sociedades de Vida Apostólica, con carácter de órgano supremo y son, para las casas, los Superiores mayores provinciales, y para estos, el general o su representante en España. Sólo para el caso de un primer establecimiento de un Instituto Vida Consagrada o Sociedad Vida Apostólica en España dicha Autoridad será otra: Nunciatura en los Institutos de Derecho Pontificio, Obispo diocesano donde se va a establecer, o la Conferencia Episcopal en virtud de la habilitación que se hace en esta Resolución[85].

---

[84] Cfr. MANTECÓN SANCHO, J. «Breve nota sobre la Resolución de 3 de diciembre de 2015, de la Dirección General de Cooperación Jurídica Internacional y Relaciones con las Confesiones, sobre inscripción de Entidades Católicas en el Registro de Entidades Religiosas», *Revista General de Derecho Canónico y Derecho Eclesiástico del Estado*, n.º 40, enero 2016, p. 6.

[85] Cfr. http://www.confer.es/852/activos/texto/wcnfr_pdf_5344-XZCRTucX8T-J9ENjw.pdf

Hay, además, una previsión nueva; así, se establece que no será aplicable lo dispuesto en el art. 9 del Real Decreto 594/2015, de 3 de julio, sobre inscripción de entidades de origen extranjero, en los casos en los que dichos entes se hayan constituido conforme a Derecho Canónico y, cuando la erección de las casas de estas entidades, cuenten con la autorización del Obispo de la diócesis donde se pretendan establecer.

La alusión a los monasterios femeninos de clausura desaparece en la nueva Resolución encuadrados en la normativa general.

La diferencia más importante entre las dos Resoluciones estudiadas reside en la incorporación en la nueva Resolución de una parte importante de entidades como son las entidades asociativas y fundaciones religiosas recogidas respectivamente en los cánones 298 y 115 y concordantes.

Las primeras reguladas según las normas del anterior RD 142/1981, de 9 de enero y las fundaciones religiosas ni siquiera estaban reflejadas seguramente porque se creía suficiente con su RD[86], ahora en proyecto de reforma y, además, en tanto no se regulen con carácter general, las fundaciones de las entidades religiosas, el Registro mantendrá la Sección de Fundaciones.

Con carácter general en la actual normativa no se exige la certificación de los fines religiosos por parte de la entidad mayor que decía así: «La certificación exigida en el apartado c) del número 2 del artículo 3.º del Real Decreto de 9 de enero de 1981 para acreditar los fines religiosos de las Entidades asociativas peticionarias de la inscripción», lo que parece coherente con la praxis administrativa y judicial ya que dicha certificación carecía de fuerza probatoria plena ante el registro.

El anterior RD del Registro de 1981 no se preveía nada al respecto a la modificación de representantes legales y por lo tanto la Resolución tampoco, pero en la vigente y conforme al nuevo artículo 14 del Real Decreto 594/2015, de 3 de julio, se establece la necesidad de escritura pública donde constasen los datos de los nuevos representantes así como del acuerdo, la fecha y otros datos[87].

Respecto al número de entidades inscritas, en el año 2013 el porcentaje de inscripciones pertenecientes a la Iglesia Católica era del 76,58% y en el año 2014 representa el 76,07%. En el RER, a fecha 24 de junio de 2015, están inscritas 12.987 entidades católicas[88].

---

[86] Real Decreto 589/1984, de 8 de febrero, sobre Fundaciones religiosas de la Iglesia Católica.

[87] Tan importante era la ausencia de control que unos meses antes del nuevo RD. del Registro se aprobó una Instrucción de 4 de junio de 2014 de la Dirección General de Cooperación Jurídica Internacional y Relaciones con las Confesiones, por la que se establecen determinados procedimientos en el Registro de Entidades Religiosas, en el aparecen diversas normas sobre los representante legales.

[88] http://www.mjusticia.gob.es/cs/Satellite/Portal/1292427795780?blobheader=application%2Fpdf&blobheadername1=ContentDisposition&blobheadername2=Grupo&blobheadervalue1=attachment%3B+filename%3DInforme_anual_sobre_la_situa-

7. *Conclusiones*

Hay un conflicto presente siempre entre el ideal y la realidad, entre el Cristianismo y la cultura política laica y querer encontrar «una solución institucional límpida y perfecta para resolverlo o hacerlo desaparecer es ilusorio»[89].

Por ello la autonomía de los dos órdenes (Iglesia-Estado) es la solución histórica dada a los conflictos, incluso sangrientos. No debemos olvidar, a estas alturas, que ambos tienen como centro a la persona[90] y sus derechos son inviolables[91].

Debemos tener en cuenta que la libertad y la autonomía de la Iglesia Católica para llevar a cabo su misión en los Estados actuales necesita poder organizarse libremente. Esta libertad y autonomía se puede concretar en su personalidad internacional y en España por un Acuerdo con rango de Tratado Internacional que incide en la personificación jurídica civil como necesaria para actuar en y ante el Estado.

Sin alejarme mucho, desde el año 2004, y después de la STC 101 de 2 de junio, se tiene más evidente todavía en la doctrina y en la jurisprudencia que el art.16.3 de la Constitución ordena a los poderes públicos mantener relaciones de cooperación con la Iglesia Católica y las demás confesiones.

El problema surge ante lo que puede denominarse laicidad agresiva contra laicidad positiva[92], que hace surgir en el ámbito social (medios de comunicación) y, las menos, en el ámbito judicial, casos de vulneraciones de la libertad religiosa que tienen que resolver los tribunales en última instancia.

Aunque el derecho español reconoce suficiente grado de autonomía a la Iglesia Católica existen las llamadas cuestiones mixtas[93]: materias

---

cion_de_la_libertad_religiosa_en_Espana_2014.PDF&blobheadervalue2=Docs_Llibertad+religiosa

[89] RHONHEIMER, M. op. cit. p. 159.

[90] La religión y la política son ámbitos distintos, aunque no separados pues el hombre religioso y el ciudadano se funden en la misma persona, que está llamada a cumplir tanto sus deberes religiosos cuanto sus deberes sociales, económicos y políticos.

[91] Cfr. PELAYO OLMEDO, J. D. «La personalidad jurídica de las confesiones religiosas y la actividad registral», en MARTÍN SÁNCHEZ, I., GONZÁLEZ SÁNCHEZ, M. (Coords.), *Algunas cuestiones controvertidas del ejercicio del derecho fundamental de libertad religiosa en España*, Fundación Universitaria Española, Madrid, 2009, p. 6.

[92] NAVARRO VALLS, R. «Iglesia-Estado en la España de hoy». *Revista General de Derecho Canónico y Derecho Eclesiástico del Estado* n.º 32, 2013, p. 25.

[93] «La Iglesia respeta la legítima autonomía del orden democrático; pero no posee título alguno para expresar preferencias por una u otra solución institucional o constitucional, ni tiene tampoco la tarea de valorar los programas políticos, si no es por sus implicaciones religiosas y morales». *Compendio de la Doctrina Social de la Iglesia*. PONTIFICIO CONSEJO «JUSTICIA Y PAZ» n.º 424. Bac, Madrid, 2005.

en que tanto la Iglesia como el Estado deben intervenir desde sus respectivas competencias y finalidades, como pueden ser, entre otras, la educación, el matrimonio, la comunicación social y la asistencia a los necesitados y aunque debe existir un cauce de diálogo permanente en las cuestiones que interesan a las dos partes aquí es especialmente necesaria la colaboración y puede ocurrir que esto no sea así, al menos por ahora.

Con respecto al matrimonio surgen las discrepancias con la regulación matrimonial del Estado, sobre todo con la aprobación del matrimonio homosexual, afirmando que con esta Ley se desfiguraba la institución del matrimonio en algo tan elemental como es su constitución por un hombre y una mujer, considerándola radicalmente injusta y perjudicial para el bien común[94].

Con respecto a la educación de los hijos, también en materia religiosa, corresponde a los padres por derecho natural; son ellos quienes deben determinar el tipo de enseñanza que desean para sus hijos y los medios de los que se servirán para ese fin, los conflictos están constantemente en el candelero, hoy día en las competencias educativas de las que son titulares las Comunidades Autónomas. Parece que revive el pretendido monopolio de la enseñanza pública.

Y además, la Iglesia tiene también derecho a promover iniciativas sociales que sean congruentes con su misión religiosa (hospitales, medios de comunicación, orfanatos, centros de acogida) y a que el Estado reconozca estas obras «católicas» en las mismas condiciones que las demás iniciativas de este tipo promovidas por particulares (exenciones fiscales, titulación del personal, subvenciones, colaboración de voluntarios, posibilidad de recaudar donativos, etc.).

Finalmente hay un interés de algunos partidos políticos de denunciar los Acuerdos entre el Estado español y la Santa Sede. Todo es posible, pero lo que no puede admitirse es que un gobierno, por vía de modificación de su legislación interna y unilateral pueda hacerlo, como se pretendió con la reforma de la Ley Orgánica de Libertad Religiosa.

¿Cuando se sentirán la Iglesia y el Estado más cómodos?

Pues creo que sobre todo cuando se avance en una mayor comprensión de lo que significa y supone la libertad religiosa; cuando se reconozca la posibilidad de intervención de la Iglesia en materias de su interés sin provocar escándalo «farisaico»; cuando las comisiones de trabajo y resolución de problemas entre la Iglesia y la Administración funcionen convenientemente; en definitiva hablando y plasmando jurídicamente lo consensuado.

---

[94] Cfr. «Matrimonio, familia y uniones homosexuales». Nota de la Comisión Permanente de la Conferencia Episcopal Española con ocasión de algunas iniciativas legales recientes. Madrid, 24 de junio de 1994.

Es lo que denomina Navarro Valls, «una formula estabilizadora»[95], la llegada a entendimientos pactados que en su día dieron origen a los Acuerdos Jurídicos entre el Estado Español y la Iglesia Católica que por su estabilidad y beneficios a la sociedad son ejemplo de buen hacer en el bien común.

---

[95] «Eclosión de fórmulas pactadas entre Iglesia y Estado para prevenir sus problemas viene propiciada por el hecho de que es preferible que ambas organizaciones pacten sus diferencias a la luz pública, más que relegarlas a un discutible sistema de intrigas y presiones a través de los llamados «pactos subterráneos». NAVARRO VALLS, R. «La eclosión de los pactos entre la Iglesia y el Estado». *Revista General de Derecho Canónico y Eclesiástico del Estado* n.º29, 2012.

CAPÍTULO 3.
LA AUTONOMÍA DE LAS CONFESIONES RELIGIOSAS MINORITARIAS EN ESPAÑA. REPERCUSIÓN DE LA REFORMA NORMATIVA REGULADORA DEL REGISTRO DE ENTIDADES RELIGIOSAS

María del Mar Moreno Mozos

Facultad de Derecho y Ciencias Sociales
Universidad de Castilla La Mancha

SUMARIO: **1. Introducción.—2. Aspectos sustanciales objeto de las modificaciones reglamentarias. 2.1. Entidades y actos inscribibles. 2.2. Procedimientos de inscripción. 2.3. Estructura y funcionamiento. 2.4. Publicidad. 2.5. Cuestiones novedosas introducidas por las disposiciones que cierran la normativa reglamentaria.—3. Consideraciones conclusivas.**

1. Introducción

El 3 de julio de 2015 se publicó oficialmente un nuevo reglamento regulador del Registro de entidades religiosas [RER][1], que, tras siete lustros de paralización normativa introduce novedades de entidad respecto a la práctica de los diferentes asientos por parte de las confesiones religiosas con el fin de adaptar sus funciones a la nueva realidad de la liber-

[1] Real decreto 594/2015, de 3 de julio, que sustituye al Real decreto 142/1981, de 9 de enero, sobre organización y funcionamiento del Registro de entidades religiosas. [En adelante, RD de 2015 y RD de 1981, respectivamente].

tad religiosa en España, a la práctica registral y a las necesidades de las entidades religiosas[2].

La normativa anterior ha quedado obsoleta debido, principalmente, a los siguientes factores. Por una parte, las circunstancias sociales y jurídicas que presenta hoy la libertad religiosa en España son radicalmente diferentes a las que caracterizaban el ejercicio del derecho fundamental hace ya más de tres décadas. Por otra, el carácter específico de determinadas actuaciones solicitadas al RER no encontraba en todo caso una atención eficiente con la aplicación supletoria de la normativa sobre el procedimiento administrativo común. Además, el marco reglamentario vigente tiene como referencia la línea jurisprudencial concretada por la Sentencia del Tribunal Constitucional 46/2001, de 15 de febrero[3], afirmando la naturaleza de la función del Registro de entidades religiosas como de simple constatación, y no de calificación, circunscrita a la comprobación de que la entidad solicitante de la práctica del asiento no aparece entre las excluidas en la Ley orgánica de libertad religiosa de 1980 [LOLR], ni excede de los límites previstos en el mismo texto orgánico, sin que pueda llevar a cabo un control de la legitimidad de las creencias religiosas[4].

Del mismo modo, la reforma normativa analizada se ubica en el marco referencial de los parámetros conformados por organismos internacionales, y por el propio Tribunal de Derechos Humanos al reconocer la re-

---

[2] Es preciso poner de manifiesto la elaboración de numerosos proyectos de actualización normativa llevados a cabo a lo largo de ese periodo temporal que no llegaron a su aprobación efectiva. Al respecto, vid. GARCÍA GARCÍA, R., *La necesaria reforma del Registro de Entidades Religiosas*, en Martín, M.M., *Entidades eclesiásticas y Derechos de los Estados*, Comares, Granada, 2006, pp. 340-366.

[3] El pronunciamiento resuelve el recurso de amparo interpuesto contra la Sentencia del Tribunal Supremo, de 14 de junio de 1996, relativa a la denegación de la práctica del asiento de inscripción por parte de la Iglesia de Unificación. En esta decisión judicial se desestima el recurso de casación presentado contra la Sentencia de la Audiencia Nacional, de 30 de septiembre de 1993, en la que se enjuicia la Resolución de la Dirección General de Asuntos Religiosos, de 22 de diciembre de 1992, que deniega la solicitud de inscripción en el RER. Al respecto, el Alto Tribunal entiende vulnerado el artículo 16 de la Constitución declarando la nulidad de la resolución y sentencia anteriores, así como la inscripción de la entidad religiosa en el registro mencionado.

Para un análisis detallado del caso, vid. RODRIGUEZ BLANCO, M., *Libertad religiosa y Registro de entidades religiosas*, Revista Española de Derecho Constitucional, año 23, número 68. Mayo-Agosto 2003, pp. 337-354.

[4] El artículo 3 establece que «1. El ejercicio de los derechos dimanantes de la libertad religiosa y de culto tiene como único límite la protección del derecho de los demás al ejercicio de sus libertades públicas y derechos fundamentales, así como la salvaguardia de la seguridad, de la salud y de la moralidad pública, elementos constitutivos del orden público protegido por la Ley en el ámbito de una sociedad democrática.

2. Quedan fuera del ámbito de protección de la presente Ley las actividades, finalidades y Entidades relacionadas con el estudio y experimentación de los fenómenos psíquicos o parapsicológicos o la difusión de valores humanísticos o espiritualistas u otros fines análogos ajenos a los religiosos», Ley 7/1980, de 5 de julio, de libertad religiosa.

levancia de la inscripción en el RER en el ámbito de reconocimiento y garantía de los derechos de asociación y libertad religiosa[5].

Por último, la normativa vigente responde a la necesidad de dotar a la función y organización registrales de la agilidad que resulta de la aplicación de las nuevas tecnologías incorporando los cauces propios de la administración electrónica.

Respecto a las confesiones religiosas distintas a la Iglesia católica la importancia del acceso al RER es significativa toda vez que de ella derivan efectos de entidad práctica significativa; a saber, la adquisición de personalidad jurídica civil[6], y el reconocimiento estatal de autonomía propia, y por ende, de capacidad de autonormarse.[7] Por tanto, la repercusión de la práctica del asiento en orden a la posibilidad de actuación en el tráfico jurídico civil y en la gestión de la autonomía interna de los grupos confesionales minoritarios justifica el análisis de las modificaciones introducidas por la nueva normativa.

2. Aspectos sustanciales objeto de las modificaciones reglamentarias

La normativa vigente introduce cambios de entidad mediante la regulación de determinadas materias divididas en la siguiente estructura normativa: el título I se dedica a las entidades y actos inscribibles; el título II, a los procedimientos de inscripción que se tramitan en el Registro de entidades religiosas; el titulo III se refiere a su estructura y funcionamiento, y el titulo IV regula la publicidad de aquel. Por su parte, las prescripciones reglamentarias concluyen con cinco disposiciones adicionales, dos transitorias, una derogatoria y cinco finales.

2.1. Entidades y actos inscribibles

El título I define el objeto de regulación de la normativa, y enumera las entidades y actos inscribibles implantando una mayor precisión en la misma.

---

[5] Vid. Preámbulo del Real decreto 594/2015, de 3 de julio.

[6] El artículo 5 de la LOLR establece que «las Iglesias, Confesiones y Comunidades religiosas y sus Federaciones gozarán de personalidad jurídica una vez inscritas en el correspondiente Registro público, que se crea, a tal efecto, en el Ministerio de Justicia».

[7] Según el artículo 6 de la LOLR: «Las Iglesias, Confesiones y Comunidades religiosas inscritas tendrán plena autonomía y podrán establecer sus propias normas de organización, régimen interno y régimen de su personal. En dichas normas, así como en las que regulen las instituciones creadas por aquéllas para la realización de sus fines, podrán incluir cláusulas de salvaguarda de su identidad religiosa y carácter propio, así como del debido respeto a sus creencias, sin perjuicio del respeto de los derechos y libertades reconocidos por la Constitución, y en especial de los de libertad, igualdad y no discriminación».

Por lo que respecta al objeto, los términos utilizados por ambas reglamentaciones son similares, haciendo referencia a su creación por la Ley orgánica de libertad religiosa de 1980, su ubicación y dependencia del Ministerio de Justicia, así como su carácter de registro general y público[8].

Y en cuanto a las entidades susceptibles de inscripción, los conjuntos normativos analizados coinciden en incluir a las iglesias, confesiones y comunidades religiosas; órdenes, congregaciones e institutos religiosos; entidades asociativas religiosas constituidas como tales en los ordenamientos internos, y sus respectivas federaciones[9]. Sin embargo, el RD de 2015 incluye las circunscripciones territoriales de la iglesia, confesión o comunidad religiosa inscrita; congregaciones, secciones o comunidades locales; entidades de carácter institucional que formen parte de la estructura de aquellas; asociaciones con fines religiosos que creen o erijan, así como sus federaciones; seminarios o centros de formación de sus ministros de culto; centros superiores de enseñanza que impartan con exclusividad enseñanzas teológicas o religiosas; comunidades monásticas o religiosas y las órdenes o federaciones en que se integren; institutos de vida consagrada y sociedades de vida apostólica, sus provincias y casas, así como sus federaciones, y cualesquiera otras entidades susceptibles de inscripción según lo preceptuado en los acuerdos concluidos entre el Estado español y las confesiones religiosas[10].

Respecto a los actos inscribibles, el real decreto vigente relaciona los siguientes: «La fundación o establecimiento en España de la entidad religiosa; modificaciones estatutarias; identidad de los titulares del órgano de representación de la entidad; incorporación y separación de las entidades a una federación; disolución de la entidad; lugares de culto; ministros de culto y cualesquiera otros actos que sean susceptibles de inscripción o anotación conforme los Acuerdos entre el Estado español y las confesiones religiosas»[11].

Con las reformas introducidas en el bloque de materias referenciadas anteriormente, el legislador ha pretendido la adecuación de la norma a la realidad de las confesiones religiosas que presentan modelos de organización interna de difícil encuadre en la normativa anterior. En cuanto a los actos susceptibles de proceder a la práctica del asiento, incluye la enumeración de los mismos según la práctica ordinaria registral, concretando aquellos que se anotaban con carácter general por los diferentes entes confesionales, como es el caso de la adhesión a las federaciones o los lugares de culto; o bien, introduciendo otros de novedosa inscripción, como el caso de los ministros de culto.

---

[8] Vid. artículos 1 de cada disposición reglamentaria.

[9] Al respecto, vid. artículo 2 del RD de1980, y artículo 2. 1 del RD de 2015.

[10] Vid. artículo 2.2.

[11] Artículo 3.

2.2. Procedimientos de inscripción

Continuando con el interés en suplir las lagunas de la normativa anterior, el título II del RD de 2015 se destina a la regularización de procedimientos registrales. En primer lugar, se procede a la especificación de los requisitos que han de cumplimentar las entidades que pretenden la práctica del asiento.

Al respecto, el RD de 1981 se pronunciaba en los siguientes términos: «La inscripción se practicará a petición de la respectiva Entidad, mediante escrito al que se acompañe el testimonio literal del documento de creación debidamente autenticado o el correspondiente documento notarial de fundación o establecimiento en España.

Son datos requeridos para la inscripción:

a) Denominación de la Entidad, de tal modo que sea idónea para distinguirla de cualquier otra.
b) Domicilio.
c) Fines religiosos con respeto de los límites establecidos en el artículo tercero de la Ley Orgánica siete/mil novecientos ochenta, de cinco de julio, de Libertad Religiosa, al ejercicio de los derechos dimanantes de la libertad religiosa.
En el caso de las Entidades asociativas religiosas a que hace referencia el apartado c) del artículo anterior, el cumplimiento de este requisito deberá acreditarse mediante la oportuna certificación del Órgano Superior en España de las respectivas Iglesia o Confesiones.
d) Régimen de funcionamiento y Organismos representativos, con expresión de sus facultades y de los requisitos para su válida designación.
e) Potestativamente, la relación nominal de las personas que ostentan la representación legal de la entidad. La correspondiente certificación registral será prueba suficiente para acreditar dicha cualidad.

En lo no previsto en este Reglamento, las inscripciones y anotaciones correspondientes a Iglesias, Confesiones y Comunidades religiosas que tengan establecido Acuerdo o Convenio de Cooperación se practicarán de conformidad con lo que en los mismos se disponga»[12].

Por su parte, el RD de 2015, respecto a la solicitud de inscripción, y con carácter general, preceptúa que «se dirigirá al Registro de Entidades Religiosas del Ministerio de Justicia y se podrá presentar ante las oficinas y registros a que se refiere el artículo 38.4 de la Ley 30/1992, de 26 de noviembre, de Régimen Jurídico de las Administraciones Públicas y del

---

[12] Artículo 3.

Procedimiento Administrativo Común, o por medios electrónicos en los términos previstos en la Ley 11/2007, de 22 de junio, de acceso electrónico de los ciudadanos a los Servicios Públicos.

La solicitud deberá especificar qué tipo de entidad de las enumeradas en el artículo 2 se pretende inscribir y adjuntar los documentos que se especifican en los artículos siguientes, según el tipo de entidad cuya inscripción se solicite. Los documentos fehacientes que deban aportarse podrán ser originales o copias compulsadas de los mismos en los términos previstos por el artículo 46 de la Ley 30/1992, de 26 de noviembre»[13].

Respecto a las iglesias, confesiones y comunidades religiosas, la normativa vigente establece que la inscripción «se iniciará por sus representantes legales o personas debidamente autorizadas mediante solicitud que deberá acompañarse de documento elevado a escritura pública en el que consten los siguientes datos:

a) Denominación, que no podrá incluir términos que induzcan a confusión sobre su naturaleza religiosa. No serán admisibles las denominaciones que incluyan expresiones contrarias a las leyes. Tampoco podrá coincidir o asemejarse, de manera que pueda crear confusión, con ninguna otra previamente inscrita en el Registro de Entidades Religiosas. Los solicitantes aportarán su traducción al castellano o a alguna de las lenguas cooficiales de las comunidades autónomas para el caso de que la denominación de la entidad no figure en castellano o en alguna de las lenguas cooficiales de las comunidades autónomas. Dicha traducción no formará parte de la denominación de la entidad. En todo caso, las denominaciones deberán estar formadas con letras del alfabeto en castellano o en cualquiera de las lenguas cooficiales.
b) Domicilio.
c) Ámbito territorial de actuación.
d) Expresión de sus fines religiosos y de cuantos datos se consideren necesarios para acreditar su naturaleza religiosa. A estos efectos pueden considerarse como tales, sus bases doctrinales, la ausencia de ánimo de lucro y sus actividades religiosas específicas representadas por el ejercicio y fomento del culto, el mantenimiento de lugares y objetos de culto, la predicación, la intervención social, la difusión de información religiosa, la formación y enseñanza religiosa y moral, la asistencia religiosa, la formación y sustento de ministros de culto, y otros análogos.
e) Régimen de funcionamiento, órganos representativos y de gobierno, con expresión de sus facultades y de los requisitos para su válida designación.

---

[13] Artículo 5.

f) Relación nominal de los representantes legales. En el caso de que éstos fuesen extranjeros deberán acreditar su residencia legal en España en los términos establecidos por la legislación vigente.

Será necesario presentar, además, el acta de la fundación o establecimiento en España en documento elevado a escritura pública. En dicha acta se podrá hacer constar la relación nominal de, al menos, veinte personas mayores de edad y con residencia legal en España que avalan la fundación o establecimiento de la Iglesia, Confesión o Comunidad religiosa»[14].

Por otra parte, el RD de 2015 establece que para proceder a la práctica del asiento de entidades creadas por una iglesia, confesión o comunidad religiosa ya inscrita «deberán aportarse, en escritura pública, los datos previstos en el apartado 1 del artículo anterior [artículo 6]. Además, se requerirá la aportación del testimonio literal, debidamente autenticado, del acta de constitución, así como del documento de la Iglesia, Confesión, Comunidad religiosa o Federación, por la que se erige, constituye o aprueba y, si lo hubiere, la conformidad del órgano supremo de la entidad en España»[15].

Respecto a la inscripción de federaciones, la normativa vigente preceptúa que «será de aplicación ... lo establecido en los artículos 5 y 6.1 de este real decreto respecto de la inscripción de Iglesias, Confesiones y Comunidades religiosas.

Será necesario aportar, además, los siguientes documentos:

a) Acta fundacional en la que deberá constar la denominación, domicilio y número registral de cada una de las entidades fundadoras, salvo que estén pendientes de inscripción, así como los datos de identificación de los representantes legales de cada una de éstas.
b) Cada una de las entidades que se integren en la Federación deberán acreditar en la escritura pública de fundación de la misma, la certificación del acuerdo adoptado para su integración, expedido por las personas o cargos con facultad para certificar, en el que se expresará la aceptación de los estatutos de la Federación y la designación de la persona o personas que represente a la entidad religiosa en el acto constitutivo de la Federación»[16].

Por último, respecto a la inscripción de una entidad religiosa dependiente de otra establecida en el extranjero «se deberá aportar, además de los requisitos previstos en los artículos 5 y 6, los siguientes:

---

[14] Artículo 6.
[15] Artículo 7.
[16] Artículo 8.

a) Copia de los estatutos vigentes de la entidad extranjera.
b) Certificado de la entidad extranjera que contenga la identidad de sus representantes legales o de los titulares de sus órganos de representación en el país de origen y de quienes hayan sido designados como tales en España.
c) Certificado o documento que acredite que la entidad extranjera está legalmente reconocida en su país de origen.

Los documentos a que hace referencia el apartado anterior deberán estar debidamente legalizados y traducidos, en su caso, de acuerdo con los convenios internacionales sobre la materia que sean aplicables»[17].

En segundo lugar, la nueva normativa incorpora la presentación de la documentación en soporte informático. Al respecto, el RD de 2015 establece que «las solicitudes de inscripción o anotación en el Registro, junto a la documentación que deba acompañarse, podrán presentarse en formato y con firma electrónicos, sin perjuicio de lo dispuesto en la disposición adicional tercera»[18].

Por último, se regula la tramitación de los nuevos procedimientos; y en este sentido, el real decreto derogado reconoce que «examinada la petición de inscripción, el Ministro de Justicia acordará lo procedente, previo informe cuando lo solicite de la Comisión Asesora de Libertad Religiosa. Al propio tiempo que se notifica a los interesados dicha resolución, si ésta es positiva, se les comunicará los datos de identificación de la inscripción practicada.

La inscripción sólo podrá denegarse cuando no se acrediten debidamente los requisitos a que se refiere el artículo tercero»[19]. Sin embargo, la normativa vigente establece que «solo podrá denegarse la inscripción cuando no se reúnan los requisitos establecidos en la Ley Orgánica 7/1980, de 5 de julio, de Libertad Religiosa o en el presente real decreto»[20]. Y respecto a la instrucción de los expedientes de inscripción se preceptúa que corresponderá a la Subdirección General de Relaciones con las Confesiones.

El órgano competente podrá recabar informe a la Comisión Asesora de Libertad Religiosa así como cualquier otro que considere necesario acerca de la solicitud de inscripción»[21]. Además, el dictado de la resolución será competencia del Ministro de Justicia, y en ella se indicará a los interesados, en caso de ser favorable, los datos de identificación de la inscripción realizada[22]. Y, por último, se establece el plazo de seis meses,

---

[17] Artículo 9.
[18] Artículo 21.
[19] Artículo 4.
[20] Artículo 4.2.
[21] Artículo 10.
[22] Vid. artículo 11.1.

a contar desde la fecha en que la solicitud se haya presentado, si no se hubiese dictado y notificado resolución, se entenderá estimada, según lo dispuesto en el artículo 43 de la Ley 30/1992, de 26 de noviembre[23].

Centrando la atención en los procedimientos nuevos regulados por la normativa vigente, y en relación a la inscripción de la modificación de los estatutos a que se refiere el artículo 6.1, se establece que «deberá ser comunicada al Registro de Entidades Religiosas en el plazo de tres meses desde que se haya adoptado el acuerdo de modificación en la forma prevista por los estatutos de la entidad.

Junto con la solicitud deberán aportarse los siguientes documentos:

a) Documento público que contenga, bien el acta de la reunión, bien la certificación del acuerdo del órgano competente para adoptar dicha modificación. En todo caso, el documento deberá recoger el acuerdo adoptado por el que se modifican los estatutos, los artículos modificados, el quórum de asistencia cuando sea exigido por los estatutos, el resultado de la votación y la fecha de su aprobación.
b) En las modificaciones de estatutos que afecten a los fines o al régimen de funcionamiento, órganos representativos y de gobierno de la entidad, será preciso aportar el texto íntegro de los nuevos estatutos y el documento público que incluya las modificaciones aprobadas, haciendo constar, en diligencia extendida al final del documento, la relación de artículos modificados y la fecha del acuerdo en que se adoptó su modificación.

No se tramitarán las solicitudes de modificaciones estatutarias que se presenten transcurrido el plazo de tres meses desde la adopción del acuerdo correspondiente sin perjuicio de que, reiterada la modificación por los órganos competentes de la entidad, se vuelva a presentar la solicitud en plazo»[24].

Respecto al procedimiento, «la inscripción de las modificaciones estatutarias se sujetará a los mismos requisitos que para su inscripción, salvo la relativa al cambio de los representantes legales que se hará en la forma prevista en el artículo siguiente.

Las modificaciones serán inscritas por resolución del titular de la Dirección General de Cooperación Jurídica Internacional y Relaciones con las Confesiones y producirán los oportunos efectos legales desde el momento de su inscripción.

Transcurrido el plazo de tres meses a partir de la fecha en que la solicitud haya tenido entrada en cualquiera de los Registros del Ministerio de Justicia, si no se hubiese dictado y notificado resolución, se entenderá

---

23 Vid. artículo 11.2.

24 Artículo 12.

estimada, de acuerdo con lo dispuesto en el artículo 43 de la Ley 30/1992, de 26 de noviembre»[25].

Por otra parte, la modificación de la identidad de los titulares de los órganos de representación es considerada susceptible de inscripción debiendo ser comunicada «al Registro de Entidades Religiosas en el plazo de tres meses desde que se haya adoptado el acuerdo de modificación»[26]. Asimismo, «la solicitud de inscripción de dicha modificación deberá acompañarse del documento público que contenga bien el acta de la reunión, bien la certificación del acuerdo adoptado por el órgano competente en los que deberá constar, además de la fecha en que se hubiera adoptado el acuerdo, los siguientes datos:

a) Los nombres, apellidos, DNI o NIE y domicilio de los nombrados.
b) La fecha del nombramiento y, en su caso, de la ratificación y aceptación por los titulares.
c) La fecha de la revocación y del cese, en su caso, de los titulares salientes.
d) Las firmas de los titulares y de los titulares salientes. Si no pudieran o no quisieran firmar se hará constar esta circunstancia en el documento»[27].

El RD de 2015 posibilita la solicitud de anotación en el RER de la adhesión de una entidad religiosa a una federación exigiendo la presentación «por el representante legal de la Federación o persona debidamente autorizada en el plazo de tres meses desde que se haya adoptado el acuerdo.

Para la anotación de la adhesión de entidades religiosas a una Federación deberá aportarse, junto con la solicitud, bien el acta de la reunión, bien el certificado del acuerdo de la entidad federativa, según el procedimiento que se haya determinado en sus estatutos, en los que deberá constar, además de la fecha en que se haya adoptado, los siguientes datos:

a) La denominación y el domicilio de la entidad federativa que representa el solicitante.
b) La denominación y número registral, salvo que esté pendiente de inscripción, de la entidad que se incorpora a la Federación.
c) Por cada una de las entidades religiosas que se incorporen a la Federación, una certificación, expedida por las personas o cargos con facultad para certificar, del acuerdo adoptado por la entidad para su integración en la Federación.

---

[25] Artículo 13.
[26] Artículo 14.1.
[27] Artículo 14.2.

Las adhesiones serán anotadas por resolución del titular de la Dirección General de Cooperación Jurídica Internacional y Relaciones con las Confesiones. Transcurrido el plazo de tres meses a partir de la fecha en que la solicitud haya tenido entrada en cualquiera de los Registros del Ministerio de Justicia, si no se hubiese dictado y notificado resolución, se entenderá estimada, de acuerdo con lo dispuesto en el artículo 43 de la Ley 30/1992, de 26 de noviembre»[28].

Del mismo modo se prevé la solicitud de cancelación de la adhesión de una entidad a una federación siempre que se presente «por el representante legal de la entidad o persona debidamente autorizada en el plazo de tres meses desde que se haya adoptado el acuerdo en la forma establecida estatutariamente. La entidad aportará, junto con la solicitud, bien el acta de la reunión, bien el certificado del acuerdo, haciendo constar la fecha en que se haya adoptado y la comunicación realizada a la Federación respectiva de la formalización de su baja o de haber cumplimentado los requisitos establecidos en los estatutos de la Federación para la baja de sus miembros.

Cuando la solicitud de cancelación de la adhesión de una entidad se produzca a instancia de la propia Federación, la solicitud se presentará por el representante legal de la Federación o persona debidamente autorizada en el plazo de tres meses desde que se haya adoptado el acuerdo en la forma establecida estatutariamente. Junto a la solicitud deberá aportarse, bien el acta de la reunión, bien certificado de dicho acuerdo, haciendo constar la fecha en que se haya adoptado, así como la comunicación a la entidad afectada de la formalización de su baja.

La resolución de cancelación de la adhesión a una Federación se dictará por el titular de la Dirección General de Cooperación Jurídica Internacional y Relaciones con las Confesiones. Transcurrido el plazo de tres meses a partir de la fecha de entrada de la solicitud en cualquiera de los Registros del Ministerio de Justicia si no se hubiese dictado y notificado resolución, se entenderá estimada, de acuerdo con lo dispuesto en el artículo 43 de la Ley 30/1992, de 26 de noviembre»[29].

Respecto a la solicitud de anotación de los lugares de culto, la normativa vigente establece que la misma se podrá llevar a cabo por las entidades inscritas en el RER, sin que dicha anotación otorgue personalidad jurídica propia[30]. Y, respecto al sujeto encargado de su presentación, se concreta el representante de la entidad o persona debidamente autorizada, exigiendo la concurrencia de los siguientes documentos: «a) Copia del título de disposición.

b) Certificado que acredite su condición de lugar de culto por su dedicación principal y permanente al culto y la asistencia religiosa, con la

---

[28] Artículo 15.

[29] Artículo 16.

[30] Vid. artículo 17.1.

conformidad, en su caso, del órgano competente en España de la Iglesia, Confesión o Comunidad religiosa a la que pertenece»[31].

Del mismo modo, «la solicitud de cancelación de los lugares de culto se presentará por el representante legal de la entidad o persona debidamente autorizada acompañada del certificado que acredite su desafección como lugar de culto de dicha entidad»[32]. La resolución respectiva se dicta por el subdirector general de relaciones con las confesiones religiosas[33]; se prevé un plazo de tres meses a partir de la fecha en que la solicitud haya tenido entrada en cualquiera de los registros del Ministerio de Justicia, y si no se hubiese dictado y notificado resolución, se entenderá estimada, de acuerdo con lo dispuesto en el artículo 43 de la Ley 30/1992, de 26 de noviembre»[34].

La anotación de la condición de ministro de culto se conforma en uno de los procedimientos novedosos introducidos por la normativa vigente, y para ello, se exige que ostente residencia legal en España, siendo obligatoria la de los ministros habilitados para realizar actos religiosos con eficacia civil[35].

El procedimiento se iniciará con la presentación por parte de los representantes legales de la entidad de la certificación de la iglesia, confesión o comunidad religiosa a que pertenezcan acreditando tal condición; si lo hubiere, también el consentimiento del órgano supremo en España de la entidad conforme a sus propias normas[36]. No obstante, si se trata de «entidades integradas en una Federación inscrita, será necesario también el visto bueno del órgano competente de la respectiva Federación cuando así se disponga en sus estatutos, sin perjuicio de lo dispuesto en los Acuerdos de Cooperación con el Estado respecto de las entidades o Federaciones firmantes de los mismos»[37].

La regulación del procedimiento concluye con la exigencia de comunicación por parte de las entidades al RER de las bajas de los ministros de culto, así como la solicitud de su cancelación en el plazo de un mes desde que aquella se produjo[38]. Por último, «la resolución de la anotación y cancelación de ministros de culto de las entidades religiosas se dictará por el titular de la Subdirección General de Relaciones con las Confesiones. Transcurrido el plazo de tres meses a contar desde la fecha en que la solicitud haya tenido entrada en cualquiera de los Registros del Ministerio de Justicia, si no se hubiese dictado y notificado resolución, se enten-

---

[31] Artículo 17.2.
[32] Artículo 17.3.
[33] Vid artículo 17.2.
[34] Ibidem.
[35] Vid. artículo 18.1.
[36] Vid. artículo 18.2.
[37] Artículo 18.3.
[38] Ibidem.

derá estimada, de acuerdo con lo dispuesto en el artículo 43 de la Ley 30/1992, de 26 de noviembre.

La certificación registral de la anotación del ministro de culto será prueba suficiente para acreditar dicha cualidad. El certificado tendrá una vigencia de dos años pudiendo ser renovado por iguales periodos»[39].

Respecto a la cancelación de la inscripción de entidades religiosas, el RD de 2015 determina que sólo puede llevarse a cabo «a petición de sus representantes legales debidamente facultados, y en cumplimiento de sentencia judicial firme»[40]. Además, «producirá efectos desde la fecha de su resolución y dará lugar al traslado de la entidad a la Sección Histórica del Registro»[41].

En el ámbito del procedimiento de cancelación solicitada por la entidad, la normativa reglamentaria vigente establece el plazo de tres meses desde que se haya producido la causa que determine la disolución de la entidad, debiendo dirigirse la solicitud de cancelación de su inscripción al RER[42].

Por otra parte, «la solicitud de cancelación deberá acompañarse de los documentos siguientes: a) Si la disolución es consecuencia de la decisión de los miembros de la entidad adoptada por el órgano competente según sus estatutos, documento público que contenga bien el acta de la reunión, bien el certificado de aquélla expedido por las personas o cargos con facultad para certificar, en que conste la fecha en la que se ha adoptado, el quórum de asistencia y el resultado de la votación; b) Si la disolución ha tenido lugar por sentencia judicial firme, testimonio de la resolución judicial por la que se dicta la disolución de la entidad»[43].

Por último, y una vez examinada la solicitud, el Ministro de Justicia dictará la resolución correspondiente[44]. Al igual que en supuestos anteriores, «transcurrido el plazo de tres meses a partir de la fecha en que la solicitud haya tenido entrada en cualquiera de los Registros del Ministerio de Justicia, si no se hubiese dictado y notificado resolución, se entenderá estimada, de acuerdo con lo dispuesto en el artículo 43 de la Ley 30/1992, de 26 de noviembre»[45].

El título II del RD de 2015 finaliza con la relación de unas disposiciones comunes relativas a las materias que siguen: respecto a la subsanación de errores, se establece que «cuando se adviertan defectos formales en la solicitud se requerirá al interesado para que en un plazo de 10 días subsane la falta o acompañe los documentos preceptivos con

---

39 Artículo 18. 4 y 5.
40 Artículo 19.1
41 Artículo 19.2.
42 Vid. 20.1.
43 Artículo 20.2.
44 Vid. artículo 20.3.
45 Ibidem.

indicación de que, si así no lo hiciera, se le tendrá por desistido de su petición, previa la correspondiente resolución, conforme a lo previsto en el artículo 71 de la Ley 30/1992, de 26 noviembre»[46]; «la facultad de certificar las actas y los acuerdos de los órganos de las entidades religiosas corresponde al representante legal de la entidad y, si estuviera previsto en sus estatutos, al secretario de la misma, en cuyo caso, se emitirán siempre con el visto bueno del representante legal de la entidad. Para la inscripción de los acuerdos contenidos en la certificación deberá haberse inscrito, previa o simultáneamente, el cargo del certificante»[47].

Por otra parte, respecto a la posibilidad de interponer recursos, la normativa preceptúa que «las resoluciones del Ministro de Justicia agotan la vía administrativa y podrán ser recurridas potestativamente en reposición ante el mismo órgano que las hubiera dictado o ser impugnadas directamente ante el orden jurisdiccional contencioso-administrativo ... Contra las resoluciones del titular de la Subdirección General de Relaciones con las Confesiones procederá el correspondiente recurso de alzada en los términos establecidos en los artículos 114 y 115 de la Ley 30/1992, de 26 de noviembre»[48].

Del análisis pormenorizado del título II del RD de 2015 es posible resaltar las siguientes novedades: en primer lugar, y respecto al procedimiento de inscripción de iglesias, confesiones o comunidades religiosas, la incorporación, con carácter potestativo, de la exigencia de que la fundación o establecimiento en España sea avalada por un número mínimo de personas con la finalidad de asegurar la acreditación de cierta estabilidad, siempre que no se limite el ejercicio del derecho; este requisito no se extiende a otras entidades susceptibles de inscripción.

Por otra parte, la nueva normativa recoge la obligación de inscribir a los titulares de los órganos de representación de las entidades religiosas que, en el RD de 1981, se conformaba con carácter potestativo para las entidades.

En último lugar, se introduce el procedimiento para inscribir la adhesión o separación de una comunidad a una federación, o el procedimiento para anotar a los ministros de culto de aquellas iglesias, confesiones o comunidades religiosas inscritas que lo soliciten, salvo que tengan capacidad de celebrar o certificar actos con efectos civiles, en cuyo caso la práctica del asiento se presenta con carácter obligatorio.

Con todo ello, la regulación vigente persigue la finalidad de clarificar los requisitos exigidos a las entidades que acceden al RER, e introducir la presentación de la documentación en soporte y por cauce electrónicos.

---

[46] Artículo 22.

[47] Artículo 23.

[48] Artículo 24.1.2 y 3.

2.3. *Estructura y funcionamiento*

El titulo III del RD de 2015 se dedica a la estructura y funcionamiento del RER, y lo hace de manera exhaustiva respecto a la normativa anterior. En este sentido, el RD de 1981 preceptúa que «el Registro se llevará por el sistema de hojas normalizadas, numeradas correlativamente, en las que se consignarán los datos requeridos por el artículo tercero, así como cualquier alteración de los mismos y, si se produce, la disolución de la Entidad.

Se habilitará una Sección especial para las inscripciones y anotaciones correspondientes a las Iglesias, Confesiones y Comunidades religiosas con las que se hubieren establecido Acuerdos o Convenios de Cooperación.

Anejo al Registro y formando parte del mismo existirá un expediente o protocolo por cada una de las Entidades que han sido inscritas, en el que se archivarán por orden cronológico, numerados correlativamente, cuantos documentos se produzcan en relación con la Entidad»[49]. Respecto a la cancelación del asiento, la normativa reglamentaria establece que «no podrá llevarse a cabo si no es a petición de sus representantes legales debidamente facultados o en cumplimiento de sentencia judicial firme»[50].

El real decreto vigente regula la ubicación y dependencia orgánica del RER en los siguientes términos: «radica en Madrid y tiene carácter de Registro general y unitario para todo el territorio nacional. Está bajo la dependencia del Ministerio de Justicia como unidad administrativa adscrita a la Subdirección General de Relaciones con las Confesiones»[51]. Y en relación a las diferentes secciones constitutivas del mismo explicita que constará de las que siguen: «a) Sección General, en la que se inscribirán las Iglesias, Confesiones y Comunidades religiosas, así como las entidades instituidas por las mismas.

b) Sección Especial, en la que se inscribirán las Iglesias, Confesiones y Comunidades religiosas que hayan firmado o a las que sea de aplicación un Acuerdo o Convenio de cooperación con el Estado, así como el resto de entidades instituidas por las mismas.

c) Sección Histórica, a la que se trasladarán con sus protocolos anejos, los asientos de las entidades que hayan sido cancelados así como aquellas solicitudes que hayan sido denegadas»[52].

La cumplimentación y archivo de las fichas registrales se regula detalladamente, introduciendo la posibilidad de elaboración mediante procedimientos electrónicos en unidades independientes de archivo[53].

---

[49] Artículo 7. 1. 2 y 3.

[50] Artículo 8.

[51] Artículo 25.

[52] Artículo 26.

[53] Vid. artículo 27.1.

Por otra parte, se establece la asignación a cada una de ellas de un número registral correlativo, independiente y único para la totalidad de la práctica del RER[54]. Y, por último, se determina que en cada ficha se diferenciarán espacios «para la inscripción o anotación de, al menos, los siguientes extremos:

a) Denominación.
b) Sección.
c) Fecha de fundación.
d) Domicilio.
e) Reproducción literal de las normas estatutarias.
f) Identidad de los titulares de los órganos de gobierno y representación.
g) Lugares de culto.
h) Dependencia de otras entidades inscritas.
i) Incorporación a una Federación inscrita»[55].

Continuando con la precisión normativa del reglamento vigente, se preceptúa que «anejo al Registro existirá un Archivo en el que se conservará un expediente o protocolo por cada una de las entidades inscritas, y en el que se archivarán cuantos documentos se produzcan en relación con la entidad, así como los títulos que hayan servido para realizar la inscripción de los actos inscritos o anotados. Estos expedientes se considerarán parte integrante del Registro»[56].

Respecto a las anotaciones marginales, el RD de 2015 establece que «cuando se acredite ante el Registro de Entidades Religiosas el inicio de acciones judiciales de impugnación del nombramiento de los representantes legales de la entidad o por falsedad en el acta o en la certificación, se hará constar esta circunstancia al margen de la inscripción de los representantes legales de la entidad. En dichas anotaciones se harán constar los datos de referencia de los asuntos y diligencias que se sustancien, así como el carácter meramente informativo de la anotación.

La anotación será cancelada una vez se inscriban en el registro los asientos que fueran consecuencia de la resolución judicial»[57].

Por último, se recoge la obligación de las entidades inscritas «de mantener actualizados sus datos registrales. En todo caso, cada dos años deberán aportar declaración de funcionamiento mediante la presentación telemática del formulario que el Registro apruebe a tal fin.

---

54 Vid. artículo 27.2.
55 Ibidem.
56 Artículo 27.3.
57 Artículo 28.

La falta de presentación de la declaración de funcionamiento dará lugar a su anotación marginal a efectos informativos»[58].

En conclusión, la regulación vigente respecto a la estructura y funcionamiento del RER mantiene la conformación por secciones diseñada por el real decreto derogado, añadiendo una nueva que denomina sección histórica, y que contiene los asientos de las entidades canceladas o denegadas. Por otra parte, se perfila la descripción de la ficha registral que se cumplimentará utilizando medios electrónicos, y se introduce, por primera vez, la posibilidad de anotaciones marginales que se practicarán si existen procedimientos judiciales pendientes en los que concurran el nombramiento de los representantes legales de la entidad, o a la falta de declaración de funcionamiento que se prevé en el propio real decreto; anotaciones que se conforman con carácter eminentemente informativos.

2.4. Publicidad

Otro aspecto regulado por el RD de 2015 se circunscribe a la publicidad del RER[59]; materia que desconoce la normativa derogada. En este sentido, la regulación vigente establece que «el Registro de Entidades Religiosas es público y los ciudadanos tienen derecho a acceder al mismo en los términos establecidos en la normativa vigente.

Los interesados podrán realizar su consulta a través de la sede electrónica del Ministerio de Justicia o por escrito dirigido al Registro de Entidades Religiosas en el que, además de los requisitos establecidos en el artículo 70 de la Ley 30/1992, de 26 de noviembre, deberán especificar los documentos concretos a los que se pretenda acceder, siempre que correspondan a procedimientos terminados en la fecha de la solicitud.

No se admitirá, salvo para su consideración con carácter potestativo, la solicitud de consulta genérica de los expedientes que, en todo caso, se ajustará a lo dispuesto en la normativa sobre protección de datos de carácter personal.

La publicidad formal del Registro se efectúa mediante certificaciones o copias del contenido de los asientos, en la forma establecida en la normativa vigente que se ajustará, en todo caso, a los requisitos establecidos en materia de protección de datos de carácter personal.

En el traslado de las certificaciones o copias de los asientos a los que se refieren los artículos siguientes se hará constar a los destinatarios la prohibición de crear ficheros con la finalidad exclusiva de almacenar datos de carácter personal que revelen la religión o creencias, en los térmi-

---

[58] Artículo 29.

[59] Vid. título IV.

nos previstos en el artículo 7.4 de la Ley Orgánica 15/1999, de 13 de diciembre, de Protección de Datos de Carácter Personal»[60].

Respecto a las certificaciones se establece que serán «el medio de acreditar fehacientemente el contenido de los asientos y de los documentos depositados en el Registro de Entidades Religiosas.

Las certificaciones pueden ser positivas o negativas. Las certificaciones positivas son totales o parciales.

La certificación total del Registro reproduce íntegramente todos los asientos practicados en la ficha registral abierta a cada entidad.

La certificación total del protocolo anejo al Registro contiene la reproducción íntegra de todos los documentos archivados presentados por los particulares y relativos a una entidad determinada. En este caso, el acceso estará limitado a la propia entidad o persona autorizada por esta, sin perjuicio de las competencias que corresponden a las autoridades judiciales y administrativas.

En las certificaciones parciales ha de expresarse siempre obligatoriamente que en lo omitido no hay nada que amplíe, restrinja, modifique o condicione lo inserto según se desprende de los asientos del Registro»[61].

Por otra parte, «la copia de los asientos, que constituirá un mero traslado de los asientos y datos que figuren en el Registro, se expedirá con indicación del número de hojas y de la fecha en que se extienden, y llevará su sello»[62].

Por último, respecto a la obtención de certificados y copias de los asientos se preceptúa que el solicitante de los mismos «deberá suministrar todas las circunstancias que conozca, a fin de facilitar la búsqueda del asiento o del documento. Si los datos proporcionados no permiten su localización, se requerirá al interesado para que, en el plazo de diez días, aporte los datos imprescindibles con indicación de que, si así no lo hiciere, se le tendrá por desistido de su petición, archivándose ésta previa resolución dictada en los términos del artículo 42 de la Ley 30/1992 de 26 de diciembre.

Las certificaciones y las copias de los asientos serán expedidas por el Jefe de Servicio del Registro. La obtención de copias de los asientos estará condicionada a la eficacia del funcionamiento del Servicio de conformidad con lo previsto en el artículo 37 de la Ley 30/1992, de 26 de noviembre.

La denegación del acceso a la información solicitada deberá adoptarse mediante resolución motivada del titular de la Subdirección General de Relaciones con las Confesiones en el plazo de dos meses desde la recepción de la solicitud por el órgano competente para resolver.

---

[60] Artículo 30. 1. 2. 3. 4 y 5.

[61] Artículo 31. 1. 2. 3. 4 y 5.

[62] Artículo 32.

Contra las resoluciones de la Subdirección General de Relaciones con las Confesiones procederá el correspondiente recurso de alzada en los términos establecidos en el artículo 114 y 115 de la Ley 30/1992, de 26 de noviembre»[63].

Además, las certificaciones relativas a la condición de representante legal de una entidad «incluirán la fecha de inscripción del representante o representantes, indicando expresamente que, con posterioridad a esa fecha, no se ha recibido en el Registro ninguna comunicación que modifique la representación de la entidad»[64].

Del análisis detallado del título IV del RD de 2015, resalta la incorporación del uso de las nuevas tecnologías y los medios electrónicos como consecuencia de la entrada en vigor de la Ley 19/2013, de 9 de diciembre, de transparencia, acceso a la información pública y buen gobierno, así como de la Ley orgánica 15/1999, de 13 de diciembre, de protección de datos de carácter personal.

2.5. *Cuestiones novedosas introducidas por las disposiciones que cierran la normativa reglamentaria*

Las disposiciones adicionales, transitorias y finales de la normativa derogada contienen las prescripciones habituales en este apartado[65], si bien, el RD de 2015, añade cuestiones de nuevo cuño circunscritas a la posibilidad de suscribir convenios de colaboración con las comunidades autónomas que tengan competencias en la materia con la finalidad de determinar su participación en la gestión del RER[66]; la exigencia de ajuste del

---

63 Artículo 33. 1. 2. 3. y 4.

64 Artículo 34.

65 Disposición transitoria primera.

Las Entidades religiosas que gozan de personalidad jurídica sin hallarse inscritas en ningún Registro del Estado podrán solicitar su inscripción en cualquier momento, pero transcurrido el plazo de tres años desde la entrada en vigor del presente Reglamento sólo podrán acreditar su personalidad jurídica mediante la correspondiente certificación de hallarse inscritas en el Registro de Entidades Religiosas.

Disposición transitoria segunda.

Uno. Las inscripciones practicadas en los Registros establecidos por Decreto de doce de marzo de mil novecientos cincuenta y nueve y por Ley cuarenta y cuatro/mil novecientos sesenta y siete, de veintiocho de junio, se trasladarán de oficio al Registro de Entidades Religiosas.

Dos. Se requerirá a las mismas a que, en su caso, aporten o completen la documentación a que se refiere el artículo tercero.

Tres. Transcurrido el plazo a que hace referencia la disposición transitoria primera, no se expedirán certificaciones registrales sino de aquellas Entidades que tengan completa su documentación.

66 Vid. disposición adicional primera.

tratamiento y archivo electrónico de los datos contenidos en el registro a lo preceptuado en la legislación sobre protección de datos de carácter personal, realizando una mención espacial al caso de la anotación de los ministros de culto[67]; gestión electrónica de los procedimientos administrativos y depósito de documentación[68]; prescripciones relativas a la adecuación del RER a lo dispuesto en la normativa reglamentaria[69]; declaración de funcionamiento[70]; normativa aplicable en el período transitorio[71]; pres-

---

[67] Vid disposición adicional segunda: «En la anotación de la condición de ministro de culto, la solicitud deberá incorporar el consentimiento expreso y por escrito del interesado para la inclusión de sus datos en el Registro y la comunicación derivada de la publicidad del mismo. En los formularios de inscripción o anotación que a tal efecto se aprueben, constará que los solicitantes y los titulares de los órganos de representación consienten la inclusión de sus datos personales en el Registro y la comunicación derivada de la publicidad del mismo».

[68] Vid. disposición adicional tercera, en virtud de la cuál «en el plazo de dos años, desde la entrada en vigor de este real decreto, se habilitarán los recursos necesarios para la gestión electrónica de los procedimientos administrativos regulados. En tanto se completan los procesos necesarios para la presentación en formato y con firma electrónicos de la documentación que ha de acompañar a las solicitudes dirigidas al Registro, se presentarán en formato no electrónico.

El Registro de Entidades Religiosas sustituirá la conservación material de documentación por su almacenamiento mediante medios electrónicos, dotados de garantías suficientes, conforme a lo dispuesto en la Ley 11/2007, de 22 de junio, de acceso electrónico de los ciudadanos a los Servicios Públicos».

[69] Vid. disposición adicional cuarta, al establecer que «1. El Registro de Entidades Religiosas dispondrá de dos años, desde la entrada en vigor de este real decreto, para adecuar su organización interna a lo dispuesto en el mismo. En todo caso, la comunicación a las entidades inscritas de los nuevos números registrales que se produzcan como consecuencia de la informatización del Registro se hará a través del Portal corporativo del Ministerio de Justicia.

2. A estos efectos y en el mismo plazo, las entidades inscritas deberán, en su caso, actualizar su situación registral conforme a los procedimientos previstos en este real decreto, en particular, en lo que se refiere a la inscripción obligatoria de los representantes legales.

3. Aquellas entidades inscritas que hubieran adaptado su estructura a la enumeración de entidades inscribibles en el Real Decreto 142/1981, de 9 de enero, podrán solicitar la modificación de su naturaleza jurídica conforme a lo previsto en este real decreto cumplimentando los requisitos que en cada caso correspondan sin que ello implique la cancelación de la entidad que conservará su número y ficha registral».

[70] Vid. disposición adicional quinta, que determina lo siguiente «en el plazo de seis meses desde la entrada en vigor de la norma, se pondrá a disposición de las entidades inscritas el formulario electrónico al que se refiere el artículo 29 de este real decreto, a fin de proceder a la primera declaración de funcionamiento y comunicar al Registro los datos siguientes: domicilio a efectos de notificaciones, ámbito territorial, teléfono y correo electrónico. Transcurrido el plazo sin haber realizado dicha comunicación, se procederá, por parte del Registro, a practicar la anotación marginal correspondiente sin perjuicio de su posterior cancelación una vez comunicados dichos datos».

[71] Vid. disposición transitoria primera: «las solicitudes de inscripción en el Registro de Entidades Religiosas que estuvieren pendientes de resolución en el momento de la entrada en vigor de este real decreto se tramitarán y resolverán según lo dispuesto por el Real Decreto 142/1981 de 9 de enero, de Organización y Funcionamiento del Registro de Entidades Religiosas.

La disposición transitoria segunda se refiere a las fundaciones religiosas de la Iglesia católica.; materia excluida del objeto de estudio del presente trabajo.

cripciones derogatorias de normativa precedente[72]; título competencial[73]; normativa supletoria[74]; gastos de organización y funcionamiento[75]; aplicación, desarrollo y entrada en vigor[76].

3. Consideraciones conclusivas

Las novedades de interés que introduce el reglamento vigente regulador de la actividad del RER respecto a las confesiones religiosas minoritarias y a sus respectivas entidades se circunscriben a las que siguen: en primer lugar, se produce una ampliación de las entidades y actos inscribibles susceptibles de acceder al registro. De este modo, además de las iglesias, las entidades asociativas y las federaciones, podrán proceder a la práctica del asiento las circunscripciones territoriales, congregaciones locales, las entidades de carácter institucional, los seminarios o centros de formación y los centros superiores de enseñanza teológica o religiosa, las comunidades religiosas, los institutos de vida consagrada o cualquier otra entidad susceptible de inscripción, siempre que hayan sido creadas en el seno confesional.

Por su parte, de manera novedosa, se añaden actos que se pueden incorporan al RER, tales como la identidad de los titulares del órgano de representación, que en la normativa anterior se presentaba con carácter potestativo; la incorporación y separación de las entidades a una federación; los ministros de culto, cuya inscripción se establece como obligatoria si llevan a cabo actos religiosos con eficacia civil; la disolución de la entidad y cualquier otro aspecto derivado de los acuerdos de cooperación concluidos con el Estado.

---

[72] Vid. disposición derogatoria única «quedan derogadas las siguientes normas:

a) El Real Decreto 142/1981, de 9 de enero, sobre Organización y Funcionamiento del Registro de Entidades Religiosas.

b) El artículo 5 del Real Decreto 1879/1994, de 16 de septiembre, por el que se aprueban determinadas normas procedimentales en materia de Justicia e Interior.

c) La Orden de 11 de mayo de 1984 sobre publicidad del Registro de Entidades Religiosas».

[73] Vid. disposición final primera «el presente real decreto se dicta al amparo de lo dispuesto en el artículo 149.1.1.ª que atribuye al Estado la competencia sobre la regulación de las condiciones básicas que garanticen la igualdad de todos los españoles en el ejercicio de los derechos y el cumplimiento de los deberes constitucionales».

[74] Vid. disposición final segunda «lo dispuesto en la Ley 30/1992, de 26 de noviembre, de Régimen Jurídico de las Administraciones Públicas y del Procedimiento Administrativo Común, se aplicará con carácter supletorio respecto de los procedimientos regulados en este real decreto».

[75] Vid. disposición final tercera «las medidas incluidas en esta norma serán atendidas con las disponibilidades presupuestarias y no podrán suponer incremento de dotaciones ni de otros gastos de personal».

[76] Vid., respectivamente, la disposición final cuarta «se autoriza al Ministro de Justicia para dictar las disposiciones precisas para la aplicación y desarrollo de este real decreto». Y la disposición final quinta «este real decreto entrará en vigor a los tres meses de su publicación en el «Boletín Oficial de Estado»».

Por otro lado, se introduce la solicitud de inscripción por medios electrónicos, manteniendo la posibilidad del medio tradicional, y se modifican los requisitos para inscribir entidades y otros actos, en los términos expuestos anteriormente.

Los procesos de inscripción de entidades y actos han sido objeto de reformas relativas a la presentación de documentos que hasta la fecha se venían adjuntando a las solicitudes. Además, la normativa vigente ha establecido la obligación de inscribir las modificaciones de datos que ya obren en el registro.

En la nueva reglamentación destaca la publicidad registral, que posibilitará la consulta de los datos recogidos en el RER utilizando el cauce de la sede electrónica del Ministerio de Justicia, mejorando así la eficacia en la gestión administrativa.

Por último, la normativa vigente establece la obligación de las entidades que hayan tenido acceso al registro de mantener actualizados sus datos; de este modo, también se favorece el funcionamiento correcto y fiable del registro.

Todo ello permite concluir que las reformas introducidas han conseguido la finalidad perseguida: acomodo de la actividad registral a las nuevas circunstancias de la libertad religiosa en nuestro país, superar las deficiencias en la gestión del registro acarreadas por la aplicación de la normativa anterior, aglutinar en un mismo texto las normas que afectan a la regulación del RER y aumentar la seguridad jurídica. Sin embargo, el RD de 2015 continúa presentando carencias tales como la ausencia de referencia a las fundaciones religiosas pertenecientes a las confesiones distintas a la Iglesia católica, que se remiten a una futura normativa al respecto, así como la inconcreción conceptual de la noción de confesión y fines religiosos.

CAPÍTULO 4.
LA SEPARACIÓN IGLESIA-ESTADO EN FRANCIA: PRECEDENTES Y CONSECUENCIAS

José María Martí

SUMARIO: **1. Introducción.—2. Antecedentes próximos de la separación Iglesia-Estado, en la política francesa. 2.1. La revolución de 1789. 2.3. La III República. La radicalización del anticlericalismo o propósito anticatólico.—3. La separación o postergación de la iglesia en el campo docente. Los antecedentes revolucionarios.—4. Las entidades católicas y la merma de su autonomía.—5. La Ley de separación de las Iglesias y el Estado de 1905. 5.1. Antecedentes y condicionantes. 5.2. Análisis. La reacción de la Iglesia católica y sus consecuencias. 5.3. La normalización de las relaciones con la Iglesia católica.—6. Réplicas de la ley francesa. 6.1. La revolución anticlerical mexicana. 6.2. La Ley de Separación portuguesa de 1911. 6.3. La Ley de Confesiones y Congregaciones de 1933.—7. Valoración.**

1. Introducción

La separación del Estado de la Iglesia en Francia ha sido objeto de estudios extensos y completos[1]. ¿Por qué volver sobre ella?, ¿qué podría aportar esta breve relación a su conocimiento o a una mejor evaluación de sus consecuencias?

---

[1] Verbigracia: J. Sévillia, *Quand les catholiques étaient hors la loi,* Perrin, Paris, 2006; J.-M.ª Mayeur, *La Séparation des Églises et de l'État,* Les Éditions Ouvrières, Paris, 1991; J.P. Machelon, *La République contre les libertés? Les restrictions aux libertés publiques de 1879 à 1914,* Presses de la Fondation Nationale des Sciences Poliques, Paris, 1976, y A. Torres Gutiérrez, *La Ley de separación de 1905 y la génesis de la idea de laicidad en Francia,* Dykinson, Madrid, 2014.

El trabajo forma parte de una visión global de la autonomía de las confesiones religiosas en coordenadas jurídicas distintas. El panorama no podría ser completo si se desconociese el modelo francés de Derecho Eclesiástico. La causa es su importancia e influjo. Destaca su irradiación en la Ley portuguesa de separación de las Iglesias (20 abril 1911), consecuencia de la Revolución de 5 de octubre de 1910, así como en la Constitución mexicana de 1917, especialmente en artículos como el 130. En España, la Ley de Confesiones y Congregaciones Religiosas de 1933 es un ejemplo más del peso del laicismo francés.

Por otro lado, siempre es conveniente actualizar y «poseer» los datos relevantes de la historia. Con frecuencia ocurre que algunos aspectos se han descuidado o desvirtuado, en su auténtica significación histórica. De la Ley de 9 de diciembre de 1905, de separación de las Iglesias y del Estado, se ha dicho que fue pacífica o pactada[2]. Pero las medidas adoptadas, vividas como injustas, y el desamparo jurídico que las rodeó crearon intenso sufrimiento.

D'Onorio rebate que la laicidad haya sido una adquisición democrática. Los hechos lo desmienten. «La laïcité est incontestée parce qu'elle s'est aussitôt imposée comme incontestable dans une France qui comptait pourtant, à l'époque, quelques 35 millions de catholique, près de 600.000 protestants et 50.000 israélites; les libres penseurs, toutes «chapelles» confondues, atteignaient à peine le chiffre de 82.000[3]»[4]. La laicidad cayó en el dogmatismo. Concretamente, las leyes de Ferry (enseñanza laica y obligatoria) y Goblet (que aparta a los religiosos de la enseñanza pública), van a ser consideradas intangibles[5].

Más allá de las opciones políticas, lo que hubo fue un divorcio entre el Estado y la sociedad. Decía el general de Gaulle: «La République est laïque, la France est chrétienne»[6]. La frase enuncia el drama del desgarramiento entre dos Francias, causado por la ley que, como advirtió el diputado Jean Plichon, de Acción liberal (debate del 7 marzo 1906) no es «une loi d'apai-

---

[2] Lo desmiente, entre otros: A. Torres Gutiérrez, *La Ley de separación de 1905 y la génesis de la idea de laicidad en Francia,* pp. 408-409.

[3] Según la última encuesta oficial, sobre la pertenencia religiosa de los franceses, la de 1872, de una población de 36 millones el 35,4 se declaraban católicos, un 95,5% del total. J. Sévillia, J. Sévillia, *Quand les catholiques étaient hors la loi,* pp. 36-37.

[4] J.-B. d'Onorio, La crise de la laïcité française, *La laïcité au défi de la modernité,* J.-B. d'Onorio, dir., Tequi, Paris, 1990, p. 37.

[5] J. Sévillia, *Quand les catholiques étaient hors la loi,* p. 78, y J.-M.ª Mayeur, *La Séparation des Églises et de l'État,* p. 153.

[6] J. Sévillia, *Quand les catholiques étaient hors la loi,* pp. 294-299; además: 20. Sobre ciertos dramas humanos y espirituales de la secularización de religiosos, *ibídem,* pp. 136-139. Es también expresivo el título de la obra de A.M.ª Maudit y J. Maudit, *La France contre la France. La séparation de l'Eglise et de l'État. 1900-1906,* Plon, Paris, 1984.

sement, mais une loi de muertre»[7]. Una Francia, partidaria del Estado contractual, se aferraba a los principios revolucionarios, y quería excluir a otra, cuyo substrato empalma con sus raíces multiseculares y cristianas. La patria es, para los últimos, no tanto un proyecto que deba construirse, cuanto una realidad: el consenso de los siglos y las tradiciones[8].

En el terreno dogmático jurídico, las normas secularizadoras han suscitado la crítica, por discriminatorias o por lesionar derechos fundamentales, notoriamente, la libertad de enseñanza, la libertad de asociación y la libertad religiosa[9]. «Si d'un certain point de vue, elle [la Ley de separación de las Iglesias y del Estado] a apporté la liberté, elle n'a pas toujours su engendrer l'égalité»[10]. No se trata de que la separación, por lo menos en esta modulación, aplique el Derecho común a las entidades religiosas.

La literatura testimonia cómo sucedieron o pudieron suceder las cosas, haciendo uso de la imaginación. René Barzin, en *L'Isolée* (1905) describe el clima de persecución y desgarro que generó a las religiosas su secularización forzada. A esta siguió la vigilancia y el control. Otro detalle que propició el abuso fueron los inventarios previstos por la Ley de 1905, en relación a la cesión de bienes en favor de las asociaciones cultuales. Su artículo 3 ordenaba la elaboración de un «inventario descriptivo y estimativo» de los bienes eclesiásticos, fuesen de propiedad pública o de la Iglesia. Afectaba a las iglesias, con su mobiliario y los objetos de culto, así como a los demás edificios religiosos, con su contenido. Al término se le daba un sentido lato que incluía las bibliotecas de las diócesis. El recurso a las Fuerzas Armadas fue un dilema para sus integrantes. Los puso entre dos fuegos, el de la disciplina y el de sus convicciones más profundas[11]. Clemenceau relanzó este tipo de órdenes. El drama de conciencia forma la trama de la novela de Paul Bourget, *L'Emigré* (1907).

En estas líneas buscamos observar los hitos histórico-jurídicos de la separación y proceder a su análisis. La profundización selectiva nos permitirá responder a la pregunta sobre los resultados de la experiencia francesa.

Comenzamos con el estudio de los antecedentes. Estos se encuentran en el proceso revolucionario. La Revolución de 1789 tiene mucho más que un alcance político de cambio institucional, con la aparición del ter-

---

[7] J.-M.ª Mayeur, *La Séparation des Églises et de l'État,* p. 111. Leemos el término «deux France», para aludir al conflicto latente, en J. Baubérot, *Vers un nouveau pacte laïque?,* Seuil, Paris, 1990, pp. 73 y 111-112.

[8] J. Sévillia, *Historiquement incorrect,* Fayard, Paris, 2011, pp. 351-354.

[9] Tal es el juicio que se desprende de la tesis doctoral de Jean-Pierre Machelon, *La republique contre les libertés?,* y de André Hauriou, *Droit constitutionnel et institutions politiques,* Montchrestien, Paris, 1975, *apud* J. Sévillia, *Quand les catholiques étaient hors la loi,* p. 19.

[10] J.-B. d'Onorio, La crise de la laïcité française, *La laïcité au défi de la modernité,* p. 37.

[11] J. Sévillia, *Quand les catholiques étaient hors la loi,* pp. 196-201.

cer estado como detentador del poder. Existe algo más profundo. «Elle ouvre sur un nouveau système de civilisation». El poder se ejerce de otro modo. La religión pierde su carácter referencial y englobante de toda la vida política. El gobierno pasa a ejercerse en nombre del pueblo, sin sujeción más que a las decisiones de los órganos políticos soberanos. La religión se desplaza a la vida privada, como si se tratase de una mera opinión o modo de pensar (art. 10 de la Declaración de los derechos del hombre y del ciudadano). El monopolio de la esfera pública es para la política[12].

El Decreto de 21 de febrero de 1795 sirve de inspiración para la III República. En él se sustituye el modelo de Iglesia galicana o nacional, cuya última modulación fue la del Concordato de 1801[13], por otro de separación o relegación de la religión. Los forcejeos, en la aplicación del concordato, incubaron la animadversión hacia la institución eclesial y su jerarquía. El desprestigio también se debió al acomodo y adocenamiento de esta, pero sus raíces eran principalmente ideológicas. En consecuencia, ciertos sectores abrazan un programa de supresión o marginación de la religión[14]. Se puso en marcha en el ámbito escolar, por el empeño de Jules Ferry, con el propósito final de crear una moral sin Dios[15]. Este quedaría como un vago recuerdo sentimental o folclórico. Asimismo, las congregaciones religiosas fueron perseguidas y se dispersaron sus miembros. La falta de interés en hacer funcionar el concordato y la ruptura de las relaciones con la Santa Sede (1904) tuvo su colofón en la promulgación de la Ley de 9 de diciembre de 1905. La ley ataca el patrimonio de la Iglesia y su estructura, pero lo más grave es que redujo su autonomía y capacidad de organizarse. Es una decisión que ha marcado la evolución política de Francia. Lo reconoció el entonces presidente, Sarkozy, en su discurso de Letrán (20 diciembre, 2007).

---

[12] Ph. Portier, «L'Église catholique face au modèle français de laïcité», *Archives de sciences sociales des religions* [En ligne], 129 | janvier - mars 2005, pp. 1-2 <http://assr.revues.org/1115>.

[13] J.-B. Jeangène Vilmer, Commentaire du Concordat de 1801 entre la France et le Saint-Siège, *Revue d'Histoire Ecclésiastique*, 102:1, 2007, pp. 124-154.

[14] J. Lalouette, *La Libre-Pensée en France, 1848-1940,* Albin Michel, Paris, 1997.

[15] Ferry, al ser recibido en la francmasonería (1875), se refirió al «divorce est irreparable entre la morale théologique (chrétienne) et la société moderne», con su nueva moral: «la science positive», fuente de los deberes ante la Humanidad. G. Sicard, La laïcité de Jules Ferry, p. 77. Además, en la carta a los institutores de 1883, Ferry les pide una enseñanza de las reglas elementales de la vida moral que no son menos universales que las del lenguaje y el cálculo. Su propósito declarado es el de crear una moral, un código personal separado de cualquier influjo religiosos (incluido el Decálogo). Esta era una aspiración antigua de los ilustrados. El filósofo Victor Cousin, profesor de la Sorbonne, profesa una espiritualidad cuya moral no quiere que sea religiosa. J. Sévillia, *Quand les catholiques étaient hors la loi*, pp. 28 y 79.

2. Antecedentes próximos de la separación Iglesia-Estado, en la política francesa

2.1. La Revolución de 1789

La separación de la Iglesia y el Estado no es un fruto inmediato de la Revolución francesa. Esta se planteó continuar con la política confesional tradicional, en torno al catolicismo. Pero la Asamblea Constituyente rechazó, por tres veces, considerar al catolicismo la religión del Estado: 28 de agosto de 1789, 13 de febrero de 1790 y 12-13 de abril de 1790 (proposición de Dom Gerle). En esta fecha, la violencia del debate mostró hasta qué punto los revolucionarios estaban mal dispuestos con la confesionalidad católica. El ambiente se fue cargando y la última propuesta de mencionar a la Iglesia fue obstruida. La presión se dirigió particularmente contra Cazalès y el vizconde de Mirabeau, portavoces de la moción[16]. La Asamblea Constituyente rezó declarar el catolicismo religión del Estado porque «la majesté de la religion et le respect profond qui lui est dû» no deberían convertirse, de ningún modo, en «un sujet de délibération». A pesar de lo cual, dijo el Decreto de 13 de abril de 1790, «l'attachement de l'Assamblée nationale au culte apostolique, catholique et romain ne saurait être mis en doute»[17].

Durante la Revolución, las diferentes alternativas de política religiosa dieron paso a la libertad de cultos, consagrada en la Constitución de 1795 (*año III*): «Nul ne peut être empêché d'exercer, en se conformant aux lois, le culte qu'il a choisi. Nul ne peut être forcé de contribuir aux dépenses d'un culte. La République n'en salarie aucun» (art. 354). La libertad de culto será un principio constante a lo largo de los numerosos cambios constitucionales del siglo XIX[18].

Simultáneamente la secularización se puso en marcha. Se confiscan los bienes de la Iglesia, para subastarlos como nacionales, y se frena su acción educativa y asistencial. El Decreto de 13 de febrero de 1790 prohíbe los votos monásticos y las órdenes religiosas regulares de hombres y mujeres[19]. Con el deseo de crear un Iglesia nacional, se promulga la Cons-

---

16 Ph. Pichot-Bravard, *La Révolutionl française,* Via Romana, Paris, 2014, p. 107.

17 J.-B. d'Onorio, La crise de la laïcité française, p. 47.

18 *Chartes* de 1814 y de 1830: «Chacun professe sa religion avec une égale liberté et obtient pour son culte la même protection» (art. 5); la Constitución de 1848: «Chacun professe librement sa religion et reçoit de l'État, pour l'exercice de son culte, une égale protection...» (art. 7); Ley de separación de las Iglesias y el Estado de 1905: «La République assure la liberté de conscience. Elle garantit le libre exercice des cultes sous les seules restrictions édictées ci-aprés dans l'intérêt de l'ordre public» (art. 1), y Constitución de 1958: «La République... respecte toutes les croyances» (art. 2).

19 Con carácter más universal, el Decreto de 18 de agosto de 1792 suprime todas las congregaciones de hombres y mujeres, tanto laicos como religiosos. Afecta sobre todo a las dedicadas a la enseñanza y la asistencia sanitaria, respetados por el Decre-

titución civil del clero (12 julio 1790). Se exigió del clero la sumisión a la autoridad política, a través de un juramento. El 22 de marzo de 1791, también los maestros, como los eclesiásticos, son obligados al juramento de fidelidad política. A punto de disolverse, la Asamblea Legislativa, seculariza el estado civil, instituye el matrimonio republicano y el divorcio (20 septiembre 1792).

La Iglesia constitucional, formada alrededor del clero juramentado o constitucionalista, no arraigó. Incluso se le achacó actuar de pantalla respecto a la fidelidad que merecía solo la República. El recelo y la economía son el origen del Decreto de 18 de septiembre de 1794 (*2e sansculotides an II*), que retira la asignación del clero constitucional. El régimen de la Constitución civil del clero quedaba enterrado y, en su lugar, se aprobó la primera separación entre el Estado y la Iglesia[20]. El Decreto de 21 de febrero de 1795 aprueba cómo será la separación, hasta la firma del Concordato de 1801[21]. La ley era consecuencia de la libertad de culto que Bonaparte reconoció a los rebeldes de La Vendée, por la paz de La Jaunaye, el 17 de febrero de 1795 (*29 pluviôse an III*).

El 30 de mayo se adopta otra medida complementaria, según el informe de Lanjuinais, la Convención decide abrir al culto los templos no vendidos, tras la confiscación.

La Revolución formuló el ideario de la política francesa moderna. Sin embargo, la nueva fe mundana se silenció. Para conservar los principios revolucionarios había que restañar las heridas de la convivencia. Fue la misión de Bonaparte.

---

to de febrero de 1790. La Ley de 8 de abril de 1802 (*18 germinal an X*), en su artículo 11, confirma la supresión.

20 J. Sévillia, *Quand les catholiques étaient hors la loi*, p. 19.

21 «I. [...] l'exercice d'aucun culte ne peut être troublé.

II. La République n'en salarie aucun.

III. Elle ne fournit aucun local, ni pour l'exercice du culte, ni pour le logement des ministres.

IV. Les cérémonies de tout culte sont interdites hors de l'enceinte choisie pour leur exercice.

V. La loi ne reconnaît aucun ministre de culte: nul ne peut paraître en public avec les habits, ornements ou costumes affectés à des cérémonies religieuses.

VI. Tout rassemblement de citoyens pour l'exercice d'un culte quelconque, est soumis à la surveillance des autorités constituées. Cette surveillance se renferme dans des mesures de police et de sûreté publique.

VII. Aucun signe particulier à un culte ne peut être placé dans un lieu public, ni extérieurement, de quelque manière que ce soit. Aucune inscription ne peut désigner le lieu qui lui est affecté. Aucune proclamation ni convocation publique ne peut être faite pour y inviter les citoyens. [...]

IX. Il ne peut être formé aucune dotation perpétuelle ou viagère, ni établi aucune taxe pour en acquitter les dépenses.

X. Quiconque troublerait par violence les cérémonies d'un culte quelconque, ou en outragerait les objets, sera puni suivant la loi du 22 juillet 1791 sur la police correctionnelle. [...]».

2.2. *El bonapartismo, la restauración y el II Imperio*

El Concordato (15 agosto 1801) es la salida pragmática y estable, pensada por Bonaparte, al dislocamiento de la conciencia popular que había provocado la revolución. Los artículos orgánicos, que añadió unilateralmente, pretenden mantener el vínculo con aquel periodo[22]. Tras el huracán, también Pío VII buscaba restablecer el funcionamiento normal de la Iglesia, en la primera nación católica.

El posibilismo del concordato asoma, desde el preámbulo, donde se proclama la religión «católica, apostólica y romana» religión del Estado, en razón de que, afirmaba el concordato, es la «religión de la gran mayoría de los ciudadanos franceses». Es una fórmula novedosa. No parte del principio de los derechos consustanciales de la Iglesia, por su institución divina, sino de un hecho circunstancial: su peso sociológico. Otra cesión del Papa consistió en nombra una nueva jerarquía, de acuerdo con el poder civil, sin imponer la establecida en 1789. Además, se consolidan las nuevas circunscripciones de la Iglesia que coinciden con los departamentos. Respecto a los bienes eclesiásticos, se respeta a quienes adquirieron los confiscados por el Estado. Los no vendidos los recupera la Iglesia. En compensación, el Estado se compromete al sostenimiento económico del clero diocesano.

El objetivo político de Bonaparte lo manifiestan los artículos orgánicos que, por su voluntad, se añadieron al concordato. Nunca fueron reconocidos por la Iglesia, pero sí por las otras confesiones, incluidas en el régimen de cultos francés (calvinistas, luteranos y judíos). Los 77 artículos se aprueban el 8 de abril de 1802. La protesta de Pío VII es de 24 de mayo. Otros artículos orgánicos referidos al protestantismo se añaden a la Ley de 8 de abril de 1802. El judaísmo será organizado, con criterios análogos, en 1806, 1807 y 1808 (Decreto imperial de 17 de marzo). Sin embargo, se le excluye de la financiación, hasta la Ley de 8 de febrero de 1831, que aprueba el sostenimiento de los rabinos[23]. En cuanto al culto musulmán, este fue reconocido solamente en los Departamentos de Argelia, por Decreto de 26 de agosto y 6 de septiembre de 1881.

El conjunto del sistema de los *cultos reconocidos* (católico, protestante: hugonote-calvinista y luteranos de la Confesión de Augsburgo, y judío) se mantendrá hasta 1905. Se trata de aplicar el concordato a la Iglesia católica y un régimen similar a las demás confesiones arraigadas, en el marco de una la libertad de cultos general.

Los artículos orgánicos de 1802 constituyen un reglamento de policía administrativa. No permiten la publicación de ningún documento pontificio sin autorización del Primer Cónsul. A los correspondientes permisos

---

[22] J. Sévillia, *Quand les catholiques étaient hors la loi*, p. 26.

[23] La equiparación del marco jurídico del culto israelita al de los otros cultos estatutarios, se materializa con la Ordenanza de 25 de mayo de 1844.

se someten las reuniones de los obispos y la redacción de textos colectivos. El examen de las infracciones hipotéticas es competencia del Consejo de Estado (recurso de abuso). Asimismo, se acoge al mismo régimen de autorización administrativa la comunicación del obispo con el nuncio o que salga fuera de la diócesis. Otras cortapisas afectan al seminario y al clero cuya sustitución necesita del visto bueno del Poder público. Los eclesiásticos, previamente a su nombramiento, prestarán juramente de fidelidad al Gobierno constitucional (art. 8 del Concordato).

La Restauración borbónica, con la Carta de 1814, mantiene el catolicismo como «religión de Estado» (art. VI), la garantía de la libertad de cultos (art. V) y el estatuto de protestantes y judíos. La monarquía de julio de 1830 a 1848, coronada por Luis Felipe de Orleans, en su Carta, reproduce la fórmula de confesionalidad sociológica católica del concordato. En 1848 no se producen cambios. La revolución de febrero, cuando se instaura la II República, respeta a una Iglesia cuyo clero simpatiza con su ideario. Se proclama «en présence de Dieu et au nom du Peuple français». Bajo el Imperio de Napoleón III, se respetan los poderes establecidos y la jerarquía mantiene relaciones cordiales con el Poder público. Los artículos orgánicos se aplican con moderación. La primera mitad de la III República mantiene vínculos con la religión. La Ley constitucional de 16 de septiembre de 1875 prescribe oraciones públicas en iglesias y templos, con ocasión de la reapertura de las sesiones parlamentarias (art. 1). Estas se mantendrán hasta la revisión constitucional de 1884.

2.3. *La III República. La radicalización del anticlericalismo o propósito anticatólico*[24]

La III República empalmará con el ideal revolucionario para concluir su obra. La República será su «Iglesia». Surge una incompatibilidad radical con cualquier otra religión. La aversión hacia el cristianismo define el periodo. «Le XIXe siècle, né dès la dernière décennie du XVIIIe, a inventé une modernité qui s'est bâtie contre l'Eglise, sa doctrine morale et sa mission sociale: le règne de la Raison contre le règne de Dieu, la primauté de l'homme contre la primauté de Dieu, la sacralisation de la loi de l'État contre la sacralisation de la loi de Dieu»[25].

---

[24] En cuanto que el ataque no solo se refiere a un abuso en la utilización de los recursos espirituales de la Iglesia, especialmente de su jerarquía, para fines mundanos, sino que este se dirige al núcleo del cristianismo, con una dimensión de cambio de vida y transformación social, desde dentro. Como su nombre indica («anticlericalismo») el ataque se dirige no contra cualquier religión, sino contra la que hace del ministro ordenado, el clérigo, uno de los pilares, para la dispensa de la vida de gracia. J. Bada, *Clericalismo y anticlericalismo,* Presentación de J.M.ª Laboa, Biblioteca de Autores Cristianos, Madrid, 2002, pp. 12 y 27.

[25] J.-B. d'Onorio, La crise de la laïcité française, p. 30.

La separación se fue fraguando, a lo largo de la III República, en un periodo de veinticinco años, por el partido radical. El liberalismo nació hacia 1820. Esta corriente entonces estaba vinculada a las fuerzas de izquierdas (notoriamente a los radicales) y al librepensamiento, que se organiza un poco más tarde, hacia 1848. En 1877, la Logia del Gran Oriente abandona el deísmo y la convicción en la inmortalidad del alma[26]. En el II Imperio, el anticlericalismo aglutina a la oposición y configura su núcleo. En tal etapa surge la relación directa y reversible, entre republicanismo y animadversión a la Iglesia. Los intelectuales de la III República: Victor Cousin, Émile Littré, Pierre Larousse, Jules Michelet, Edgar Quinet y Ernest Renan, etc., son sus figuras más visibles. La literatura asume esta postura vital, verbigracia, en el burgués Homais de *Madame Bovary,* y es difundida por los políticos más representativos del régimen: Gambetta, Ferry o Clemenceau. Los folletos y, más tarde, a partir de 1870, la prensa da su apoyo al anticristianismo.

La III República nace con la Ley de 1875, que deja, en manos de las cámaras de representantes, la elección del Presidente. Sobre todo, tras la mayoría parlamentaria de las elecciones generales de 1879 (la República de los republicanos), la forma de gobierno se inclina hacia la militancia contra el catolicismo al que asimila con el monarquismo[27]. Contra aquel confluyen los republicanos de Gambetta y Jules Ferry, los radicales de Clemenceau y, más tarde, el partido socialista, fundado por Aristide Briand y Jean Jaurès (1901)[28]. El partido socialista francés unificado se forma en 1905, para defender la República[29].

El radicalismo actúa de fermento, en la medida en que, *dans le tournante de nouveau siecle,* el anticatolicismo se erige en el denominador común o espina dorsal del bloque de izquierdas. Era una especie de temple o modo de situarse ante el mundo. Esta opción fuerte va a condicionar la evolución del sistema político francés hasta1914[30]. La francmasonería facilitará el pacto entre los diversos grupos de principios o matices diver-

---

[26] A. Torres Gutiérrez, *La Ley de separación de 1905 y la génesis de la idea de laicidad en Francia*, p. 64; J.-B. d'Onorio, La crise de la laïcité française, pp. 29-30, y J. Sévillia, *Quand les catholiques étaient hors la loi*, pp. 53-54.

[27] Justifica la equiparación, por el posicionamiento político del clero, Torres Gutiérrez (*La Ley de separación de 1905 y la génesis de la idea de laicidad en Francia*, p. 47).

[28] La situación de los radicales era complicada, entre el frente socialista, en ascensión, y su ala derecha, progresista, que se inclinaba hacia los católicos más afines. Para reorganizarse se convocó el congreso de 1901. La conclusión del 23 de junio, dio origen al partido republicano radical y radical-socialista. Salvo Clemenceau, todos los líderes se adhirieron. El partido radical será un referente en la vida política francesa hasta la II Guerra Mundial y guardián del anticlericalismo, hasta 1914. Ver. J. Sévillia, *Quand les catholiques étaient hors la loi*, pp. 98-99.

[29] A. Torres Gutiérrez, *La Ley de separación de 1905 y la génesis de la idea de laicidad en Francia,* p. 165.

[30] J. Sévillia, *Quand les catholiques étaient hors la loi*, pp. 28-36; 121 y 156.

gentes[31]. En expresión de Mayeur, «comme si souvent dans l'histoire de la République, le parti républicain divisé fait bloc pour défendre la société civile des «prétentions cléricales»»[32]. Sobre todo concita sus odios, la fecundidad del asociacionismo católico muy fuerte en Francia[33].

La separación no hay que concebirla como una decisión política concreta, aprobación de la Ley de 9 de diciembre de 1905. Por el contrario, es todo un proceso con tres hitos principales. El primero es de la laicización de la enseñanza (con la legislación de 1882). La segunda se refiere a las órdenes y congregaciones religiosas (católicas). Esto prepara el terreno para la fase final de la Ley de separación.

El sistema de los cultos reconocidos no afectó directamente a las órdenes o congregaciones católicas, prohibidas durante la revolución. Un Decreto de 1804 autoriza ciertas órdenes misioneras y otro de 1809 reconoce a las órdenes hospitalarias femeninas. En 1808 se autoriza la congregación de las escuelas cristianas que con el tiempo adquirirá fuerte implantación. Con Luis XVIII regresan los jesuitas, que son de nuevo expulsados en 1828 (Ordenanza de 16 de junio). La monarquía de Felipe Luis da más libertad a las congregaciones religiosas cuyo número aumenta por la restauración de algunas históricas o la fundación de otras nuevas. Entre 1852 y 1859 se autorizan 932 congregaciones dedicadas en su mayoría a la enseñanza. Se benefician de la Ley Falloux de 15 de marzo de 1850 que da facilidades a su personal para enseñar, con una *carta de obediencia,* y para crear centros propios. Concretamente, contrapone a las escuelas públicas, que impulsa, las *libres* (creadas y mantenidas por particulares o fundaciones). La Ley 16 de junio de 1881 quita eficacia habilitante a la carta de obediencia. Todos los profesores deberán adquirir el diploma oficial.

La legislación restringiendo las congregaciones católicas tiene su vértice en la Ley de asociaciones de 1901, aplicada con rigor tras las elecciones de 1902, y la Ley de 7 de julio de 1904 que deroga la Ley Falloux. La ruptura con la Iglesia católica culmina con la norma de 1905 que anula el concordato y los artículos orgánicos de 1802, que fundaron el régimen de cultos reconocidos.

3. La separación o postergación de la Iglesia en el campo docente. Los antecedentes revolucionarios

En la III República hay dos condicionantes. El primero, es el ánimo encendido de revancha, por la política seguida en el II Imperio. Sobre

---

31 A. Torres Gutiérrez, *La Ley de separación de 1905 y la génesis de la idea de laicidad en Francia,* pp. 64 y 79.

32 J.-M.ª Mayeur, *La séparation des Églises et de l'État,* p. 15.

33 J.M.ª Laboa, *Historia de la Iglesia. IV: Época contemoránea,* pp. 253-267.

todo ante la Ley de 11 de enero de 1849 que reafirmaba la autoridad de los prefectos sobre los maestros y la revocación de profesores universitarios, como Michelet y Quinet. En segundo lugar, el trauma de la derrota de Sedán de 1870 que se achaca a las deficiencias de la educación tradicional. Hay que reforzar la unidad moral, los deberes patrióticos, encomendados a la escuela pública[34].

En este terreno, los antecedentes hay que buscarlos también en el proyecto revolucionario, concretamente en su proyección en el sistema completo de enseñanza de la I República (21 septiembre 1792). Su primer esbozo es obra de Condorcet, en el informe para el Comité de instrucción pública de la Asamblea Legislativa (20-21 abril 1792). Allí estableció un sistema liberal, democrático y laico. La enseñanza religiosa quedaba reservada a la familia o las iglesias y excluida de la escuela pública.

La Comisión de cinco miembros, formada dentro del *Comité d'Instruction publique*, encabezada por Condorcet, modifica el programa de Talleyrand (10-11 y 19 septiembre 1791, ante la Asamblea Constituyente). Deja fuera de la formación moral a la religión: «La constitution, en reconnaissant le droit qu'a chaque individu de choisir son culte, ne permet point d'admettre dans l'instruction publique un enseignement qui en repoussant les enfants d'une partie des citoyens... donnairet à des dogmes particuliers un avantage contraire à la liberté des opinions. Il est rigoureusement nécessaire de séparer de la morale les principes de toute religion particulière, et de n'admettre dans l'instruction publique l'enseignement d'aucun culte religieux»[35]. La moral cívica sustituiría a la religiosa (privada)[36].

---

[34] G. Sicard, La laïcité de Jules Ferry, pp. 78-79.

[35] El proyecto pasó, en sus líneas generales, a la Convención (denominación de la cámara de representantes en la etapa republicana). El 18 de diciembre de 1792 Lanthenas presentó el informe elaborado por el Comité de Instrucción Pública, entonces nombrado. Su artículo 6 disponía: «L'enseignement des écoles devant être commun à tous les citoyens sans distinction de culte, tout ce qui concerne les cultes religieux ne será enseigné que dans les temples...». A propuesta de Barèr, en nombre del *Comité de salut publique,* el 30 de mayo de 1793 fueron aprobados, por unanimidad, 4 nuevos artículos, pero no se organizó la educación primaria. La Convención tuvo una vida agitada, con la persecución de los girondinos, la nueva comisión con representantes del centro (la *Plaine*), la desconfianza de los *montagnards* (proyecto Romme) y la aprobación final de un proyecto menos extremista de Bouquier (Decreto 19 diciembre 1973, *29 frimaire an II*). Este parte de una enseñanza gratuita y obligatoria (que nunca se puso en funcionamiento), admite la libertad de enseñanza, en favor de los eclesiásticos para asumir la labor de los institutores. No se pronuncia sobre la enseñanza de la religión. Sobre la enseñanza en el peridodo revolucionario: R. Grevet, *L'avènement de l'Ecole contemporaine en France (1789-1835): Laïcisation et confessionnalisation de la culture scolaire,* Presses Universitaires du Septentrion. Université de Lille, 2002, y http://www.le-temps-des-instituteurs.fr/hist-revolution.html (consulta: 11 septiembre 2016).

[36] El Profesor de Anatomía en la Universidad de Lille, Charles Debierre, explicó que, para erradicar la religión atávica y retardataria, era necesario completar lo dis-

Otra cláusula del plan de Condorcet de 1792 era que, cada domingo, el *instituteur* convocase a una conferencia pública, con asistencia de ciudadanos de todas las edades. Era una vía de completar los conocimientos necesarios que no han podido entrar en la educación primaria. Se desarrollarán allí los principios y las reglas de la moral con más detalle, así como las leyes nacionales cuya ignorancia impediría a un ciudadano el conocimiento y ejercicio de sus derechos. Este plan no pudo llevarse a cabo, por su coste, y porque la situación pública se complicó, con la guerra contra Austria (20 abril 1792).

Una medida del Comité de la Salvación Pública fue la exclusión de los eclesiásticos y nobles del cuerpo docente[37], cuyo acceso estaba reservado a los buenos ciudadanos provistos de su certificado de civismo[38].

Tras el 9 de termidor del año III (27 julio 1794) el control político pasa a la *Plaine* (centro) y se modifica la Constitución y las leyes de los jacobinos o *montagnards*. Concretamente, la Convención adopta la Ley de 17 de noviembre de 1794 (*27 brumaire an III),* cuyo mentor es Lakanal. Considera insostenible el proyecto de Bouquier. Aprueba una enseñanza elemental gratuita, pero no obligatoria. Además, autoriza a cualquier ciudadano la creación de una escuela particular (privada). Estas tuvieron más éxito, sobre todo en áreas rurales. Su personal se nutría de religiosos o

---

puesto en la ley, con la separación dentro de las costumbres *(L'Action*, 22 février 1907). J.-M.ª Mayeur, *La Séparation des Églises et de l'État,* p. 154. G. Sicard, La laïcité de Jules Ferry, *La laïcité au défi de la modernité,* J.-B. d'Onorio, dir., Tequi, Paris, 1990, p. 76.

[37] Decreto relativo al establecimiento de las primeras escuelas, y a la primera nominación de los institutores et institutrices, de 28 octubre 1793 *(7 brumaire an II).* En su artículo 1.º nos interesa la cláusula 11: «Tout Français est admis à l'inscription, dans tel département, dans telle commune qu'il lui plait, en justifiant de sa bonne conduite et de son civisme», y 12: «Aucun ci-devant noble, aucun ecclésiastique et ministre d'un culte quelconque, ne peut être membre de la commissión [que organiza la escuela], ni être élu instituteur national». La cláusula 22 aplica estas disposiciones a la nominación de las institutoras. Además, la cláusula 22 expresamente añade: «Les femmes ci-devant nobles, les ci-devant religieuses, chanoinesses, soeurs grises, ainsi que les maitresses d'école, qui auraient été nomméss dans les anciennes écoles par des ecclésiastiques ou des ci-devant nobles, ne peuvent être nommées institutrices dans les écoles nationales».

Decreto relativo al establecimiento de institutores de lengua francesa en varios departamentos, de 27 enero de 1794 (*8 pluviôse an II)*. Art. I. 3. «Il ne pourra être choisi aucun instituteur parmi les ministres d'un culte quelconque, ni parmi ceux qui auront appartenu à des castes ci-devant privilégiées; ils seront nommés par les représentants du peuple, sur l'indication faite par les sociétés populaires».

[38] Decreto de 19 de diciembre de 1793 *(29 frimaire an II)*, «sur l'organization de l'instruction publique». Art. I. «L'enseignement est libre...3. Les citoyens et citoyennes qui voudront user de la libberté d'enseigner seront tenus: 3.º De produire un certifica de civisme et des bonnes moeurs, signé de la moitié des membres du conseil général de la commune ou de la section de leur résidence, et par deux membres au moins du comité de surveillance de la section, ou du lieu de leur domicile, ou du lieu qui en est le plus voisin».

clérigos refractarios que inspiraban más confianza que los maestros improvisados por la escuela republicana. Esta, en ocasiones, obligaba a desplazamientos[39]. La Ley de 25 de octubre de 1795 (*3 brumaire an IV*), Ley Daunou, organizó la escuela primaria y abandonó tanto la obligatoriedad, cuanto la gratuidad. Los maestros son pagados por cada uno de sus alumnos, con una cantidad anual (un cuarto de ellos puede ser eximido del pago, por indigencia). En la misma fecha Lakanal presentó, en nombre del Comité de Instrucción pública, un Decreto para la instrucción de las chicas.

La III República quiere completar el boceto revolucionario. Es el objetivo principal de Ferry. La laicidad será la pedagogía de la escuela republicana[40].

Torres resume la tensión de la etapa, con estas palabras: «Con la III República se consolida un modelo de enseñanza básica obligatoria, y una escuela pública laica y gratuita. La política del partido republicano tratando de reducir el influjo de la Iglesia en la sociedad francesa, encontrará en el ámbito escolar uno de los principales campos de batalla en los que desarrollar su política legislativa secularizadora de la sociedad francesa, preparando el terreno a lo que con el tiempo dará lugar a la promulgación de la Ley de separación y la ruptura del Concordato napoleónico»[41].

Por ello, tanto como la separación entre el Poder público y la Iglesia católica, la ruptura lo será entre la organización política y un sector de la sociedad que era cristiano y quería mantenerse fiel. El eslogan que obtendrá popularidad, en la década de los años 80 del siglo XIX, será el de la escuela gratuita, obligatoria y laica. Se trata de reforzar el papel de la escuela en la formación de la juventud. «Especialmente se quiere hacer enraizar el espíritu republicano en los futuros ciudadanos, por ello se procede a un ambicioso programa de reforma educativa»[42]. El número de analfabetos disminuyó drásticamente. De 434 franceses por cada 1000 (1872) se pasó a tan solo 112 (1902). Así la escuela fue cambiando la mentalidad de los franceses[43].

La reinversión de la situación se produce desde 1879, en que las elecciones inauguran la *República de los republicanos* y las leyes de 1886 (Ley

---

[39] El 4 de septiembre de 1797 (*18 fructidor an V)*, vencen los republicanos que miran con recelo a las escuelas particulares (privadas) y tratan de favorecer a las públicas, con financiación y otras medidas. Verbigracia, la resolución de 5 de febrero de 1798 (*17 pluviôse an VI)* prescribe una vigilancia especial sobre los establecimientos particulares de educación, cuyos principios califica de «funestes».

[40] J.-B. d'Onorio, La crise de la laïcité française, p. 30.

[41] A. Torres Gutiérrez, *La Ley de separación de 1905 y la génesis de la idea de laicidad en Francia,* p. 96.

[42] A. Torres Gutiérrez, *La Ley de separación de 1905 y la génesis de la idea de laicidad en Francia,* p. 99.

[43] J. Sévillia, *Quand les catholiques étaient hors la loi*, p. 49.

de enseñanza primaria y Goblet, sobre secularización del personal docente de las escuelas primarias públicas). Su conductor principal será Jules Ferry, Ministro de Instrucción Pública, desde 1879 a 1883 cargo que simultaneó con la Presidencia del Consejo (1881-1882 y 1883-1885).

Las primeras disposiciones son los Decretos de 29 de marzo de 1880 referentes al personal docente. El primero de ellos dictamina la disolución y liquidación de los establecimientos de la Compañía de Jesús. El segundo, afecta a las congregaciones religiosas no autorizadas. Se les da un plazo de 3 meses para obtener la autorización. A falta de ella, serán disueltas y en 6 meses desalojados de sus dependencias. Como sabemos, el Concordato no había garantizado un elemento tan importante para la Iglesia católica. Eran cinco, masculinas, las que operaban con un estatuto aprobado legalmente[44] y 909 femeninas. Luego se había suplido con la permisividad. Ahora se aprovechaba el resquicio, para dejar fuera de la vida social a entidades con tanta trayectoria (especialmente docente) como los jesuitas (contra los que iba dirigido uno de los decretos), o los dominicos y maristas.

La reforma se centra en la educación primaria (16 junio 1881). La Ley Guizot sobre la Instrucción primaria (28 junio 1833) se inspiraba en las tradiciones escolares. La Administración local decidía a quién encargar la docencia, al maestro laico (formado en la Escuela Normal que debía crearse en cada departamento) o a los miembros de las congregaciones dedicadas a la enseñanza. Los niños recibían la educación moral y religiosa acorde con la religión de sus padres (católica, más frecuentemente, protestante e incluso judía).

La Ley escolar de 1881 le da carácter gratuito. Ya en la discusión de la ley se destapan los auténticos motivos del proyecto de reforma puesto en pie[45]. La Ley Ferry de 28 de marzo de 1882 viene a derogar parte de la Ley Falloux (cuyo espíritu liberal se resintió de los Decretos de 29 de marzo de 1880). Hace obligatoria la enseñanza primaria para los niños entre los 6 y los 13 años. La enseñanza de la religión se excluye del sistema. Tan solo se prevé un día de vacancia, aparte del domingo, para posibilitar que aquella formación se reciba fuera del centro educativo público. La enseñanza moral y religiosa será reemplazada por la *Instrucción moral y cívica*, cuya importancia se enfatiza. Émile Keller protestará contra la imposición de una nueva religión, la peor de todas, la de no tener ninguna[46]. Efectivamente, si la escuela quiere ser un microcosmos, que prepara para

---

[44] Estos eran: los hermanos de las escuelas cristianas (fundados en 1681, con vocación de enseñanza popular y gratuita), los lazaristas, los sulpicianos, las misiones extranjeras y los padres del Espíritu Santo.

[45] G. Sicard, La laïcité de Jules Ferry, p. 82.

[46] G. Sicard, La laïcité de Jules Ferry, p. 83. También es interesante el debate ante el senado. La neutralidad así recogida crea un vacío, «hacer el silencio sobre lo esencial» (J.-B. d'Onorio, La crise de la laïcité française, p. 35).

integrarse en el mundo real, no hay en ella espacio para la religión (ni siquiera a petición de los padres). El problema se reproduce al aprobar el programa de las asignaturas y aumenta con la publicación de los libros de texto de instrucción moral y cívica. Cuatro de ellos serán condenados, por la Sagrada Congregación del Índice (15 diciembre 1882). Para bajar de nivel la disputa, desde el Ministerio de Educación, se pidió que los profesores no obligasen al empleo de estos libros.

En los liceos (Educación secundaria) se mantuvo, pero con carácter facultativo, la enseñanza religiosa (a través de las capellanías) (Circular 30 diciembre 1881).

La Universidad de Estado refuerza su carácter monolítico —se suprimen las comisiones académicas mixtas— y el monopolio, en la colación de los grados superiores (Ley 18 marzo 1880).

Ferry dedica una atención particular a la educación de la mujer. La Ley Camille Sée de 21 de diciembre de 1880 se preocupa de crear liceos femeninos (enseñanza secundaria). Al año siguiente, la Ley de 26 de julio de 1881 funda la Escuela Normal Superior de Sèvres, para las formadoras. Ferry era consciente de la importancia de la mujer: «Celui qui tient la femme tient tout», lo que Camille Sée tradujo por la necesidad de «donner des compagnes républicaines aux hommes républicains»[47]. La división la vivió en su hogar Jaurrès. En 1901, a raíz de que un diario informó de que su hija Madaleine acababa de recibir su primera comunión, tuvo que dar explicaciones al partido socialista que dirigía. Concluyó: «Vous faites sans doute ce que vous voulez de votre femme, moi pas...»[48].

León XIII contemporizó con la III República, a la que, por pragmatismo, le facilitó las cosas. Su fórmula, que explicó al político Jacques Piou (enero 1891), era la de aceptar la Constitución y modificar la legislación[49]. A pesar de ello, publicó la Encíclica *Nobilissima Gallorum Gens* (8 febrero 1884), reprobando la legislación recientemente promulgada, sobre enseñanza y órdenes religiosas. Muestra la preocupación por los efectos morales sobre la juventud y se apela a la responsabilidad de los padres. La Encíclica *Au Milieu des Sollicitudes* (17 febrero 1892) explicita la predisposición a la colaboración leal con las instituciones. El texto generó controversias en el seno de los católicos monárquicos y legitimistas.

Otro paso hacia el laicismo lo dio la Ley Goblet-Bert de 30 de octubre de 1886. En ella se defiende una escuela pública cuyo control implique la plena laicidad de su orientación y personal. Los eclesiástico, sean cuales sean sus méritos y capacidad, no podrán ser maestros (art. 17). Se man-

---

[47] *Apud*, J. Sévillia, *Quand les catholiques étaient hors la loi*, p. 69.

[48] *Apud*, J. Sévillia, *Quand les catholiques étaient hors la loi*, p. 121.

[49] J. Sévillia, *Quand les catholiques étaient hors la loi*, p. 65. En general, A. Torres Gutiérrez, *La Ley de separación de 1905 y la génesis de la idea de laicidad en Francia*, pp. 142-144 y 147.

tiene, por el momento, la posibilidad de que los religiosos (particulares o asociaciones) creen y dirijan centros privados, de acuerdo a las leyes de 1833, 1850 y 1875. Sin embargo, su capacidad para competir con la red pública es reducida, pues solo para esta se garantiza la gratuidad[50].

En la III República, se produce un vuelco en la proporción de los maestros laicos que superan, con mucho, a los religiosos. A ello contribuyen las trabas legales que veremos se les ponen a estos. Tal era el designio de Ferry ya que, según las declaraciones del Presidente de la influyente Liga de la Enseñanza (fundada en 1866), «qui tient les écoles de France, tient la France»[51]. Es el mito de la escuela, como panacea del subdesarrollo y la frustración humana, al que muchos han estado abonados, desde el siglo XVIII[52]. Sobre la escuela se quiso fundar una nueva humanidad. De hecho, el impulso del mito perdura. Y el Estado, «grand maître de la Culture et du spectacle» rinde su pleitesía a la Revolución y a la República[53].

4. Las entidades católicas y la merma de su autonomía

El Concordato de 1801 y los artículos orgánicos de 1802 no previeron nada específico en materia de asociacionismo. Napoleón se mostró en ello condescendiente. Su idea de la religión era que, debidamente orientada, realizaba una labor de sujeción social apreciable. La cobertura legal a las asociaciones religiosas se la presta un Decreto de 1804 que distingue entre asociaciones autorizadas, con capacidad patrimonial reconocida, y las toleradas. La autorización se tramitaba, para las entidades masculinas, en forma de ley (Ley 2 enero 1817) y, para las femeninas, de Decreto (Ley 24 mayo 1825). Esta laxitud del marco legal había propiciado, junto a otros factores, un crecimiento exponencial de las congregaciones. Muchas de ellas estaban especializadas en la enseñanza. Su notoriedad social se había disparado.

Las restricciones de 1880 no siempre habían sido efectivas a largo plazo. El volumen del asunto y el propósito anticatólico de buena parte de los políticos hizo que se insistiese en las medidas. El resultado es la Ley de asociaciones de 1 de julio de 1901. Consta de dos partes. La primera facilita la existencia de asociaciones y establece trámites simples. La segunda parte tiene, como núcleo, el Título III, sobre las *congregaciones religiosas*. Las congregaciones religiosas eran especialmente numerosas en Francia y se les impone la autorización, por una ley. También ne-

---

[50] G. Sicard, La laïcité de Jules Ferry, pp. 94-97.

[51] J. Sévillia, *Quand les catholiques étaient hors la loi*, pp. 53 y 70, en cuanto a los propósitos de Ferry.

[52] C. Derrick, *Huid del escepticismo. Una educación liberal como si la verdad contara para algo*, 3.ª ed., tr. M. González, Encuentro, Madrid, 2011.

[53] G. Sicard, La laïcité de Jules Ferry, p. 98.

cesitan licencia gubernativa, para abrir nuevos establecimientos. Se le prohíbe la actividad docente y están sometidas a control administrativo (presupuestos, etc.). Las ya existentes deben regularizar su situación en un plazo de 3 meses.

La ley tiene semejanzas con la de Confesiones y Congregaciones Religiosas, promulgada en 1933, por la II República española. En ambos casos no se trata de aplicarles el Derecho común, algo complejo, dada la singularidad de las entidades religiosas, vinculadas a la libertad religiosa. Se pone en pie un Derecho especial discriminatorio. Lo reconoció, en un lapsus, el ponente de la ley, en el Senado, Ernest Vallé[54]. Sobre el carácter excepcional limitativo insiste el nuncio Lorenzelli, en su protesta ante el Ministro de Asuntos Exteriores, Delcassé (16 julio 1902)[55].

Pero para conocer su alcance real era importante esperar a su desarrollo reglamentario y aplicación. Esta fase se va a demorar hasta que se produzcan las elecciones generales de abril-mayo de 1902. El resultado extrema el anticatolicismo, con un nuevo Gobierno presidido por Émile Combes. Su determinación es la de negar las autorizaciones solicitadas por más de dos tercios de las órdenes o congregaciones, y la de cerrar todos sus centros de enseñanza (Decreto de 27 junio 1902), disolverlas e impedir toda enseñanza católica (Ley 7 julio 1904). Las que no se sometieron a lo estipulado se habían dispersado y marchado al exilio. Además, Combes dio a la norma un carácter retroactivo ajeno a la intención primigenia del legislador.

La negativa a conceder la autorización se basaba en la falta de necesidad o utilidad pública y en otros inconvenientes de orden público. Los motivos afectaban a los tres grupos en que el Gobierno dividió a las entidades católicas, a saber: *enseñantes* (la mayoría), *predicantes* y la categoría de *comerciantes*, a la que solo pertenece la Cartuja, por fabricar y vender un licor. En total eran 430 las congregaciones religiosas disueltas. La intromisión llegó a prohibir la predicación de las congregaciones no autorizadas en los templos. La neutralidad del Estado y su respeto a los derechos de libertad religiosa y de asociación quedaban, como mínimo, en entredicho[56].

Los resultados fueron decepcionantes, a causa de las tensiones generadas y de lo menguado de los bienes obtenidos, con la liquidación de las órdenes y congregaciones disueltas. Se propició el fraude, pues parte del patrimonio se puso a nombre de testaferros. Muchos centros educativos

---

[54] A. Torres Gutiérrez, *La Ley de separación de 1905 y la génesis de la idea de laicidad en Francia,* p. 128.

[55] A. Torres Gutiérrez, *La Ley de separación de 1905 y la génesis de la idea de laicidad en Francia,* p. 133.

[56] A. Torres Gutiérrez, *La Ley de separación de 1905 y la génesis de la idea de laicidad en Francia,* p. 138, y J. Sévillia, *Quand les catholiques étaient hors la loi*, pp. 132-139.

católicos pasaron a depender de particulares que mantenían su orientación y gran parte de sus profesores.

Tras diversas iniciativas, la Ley de 7 de julio de 1904 incapacita para la enseñanza de todo orden y cualquier naturaleza a las congregaciones religiosas (incluidas las autorizadas como los hermanos de las escuelas cristianas) y se ordena el cierre de sus centros docentes. El plazo de transitoriedad es de 10 años, pero los cierres no se hacen esperar. El efecto de la ley fue desastroso, pero limitado.

5. La Ley de separación de las Iglesias y el Estado de 1905

5.1. Antecedentes y condicionantes

Es el resultado, primero, de una mentalidad, luego de un deterioro en las relaciones Iglesia-Estado. Este viene motivado, en parte, por las anticatólicas legislación y acción de gobierno. Hay que comprender que el concordato es un instrumento de entendimiento. La adecuada composición de las preocupaciones de índole civil y religiosa depende de que su aplicación sea leal y busque el equilibrio. Ello no ocurrió con el Concordato de 1801 muy condicionado por la concepción napoleónica de la *res publica*. Dio cobijo a arbitrariedades y siempre estuvo orientado hacia el galicanismo. La ruptura de relaciones con la Santa Sede, anunciada por el Gobierno el 30 de julio de 1904, fue el epílogo de una sucesión de desencuentros y provocaciones.

Durante la III República, la gestión del factor religioso y la relación con la Iglesia católica sufren un deterioro progresivo y profundo. El malestar se nutría de la constante hostilidad política, «con fuertes connotaciones anticlericales, en materias tan sensibles como la legislación sobre congregaciones religiosas y enseñanza, o el procedimiento de designación de obispos»[57].

Antes de las elecciones generales de 1902, la ruptura del Concordato, técnicamente *separación*, no se había planteado formalmente, en el debate político. Sin embargo, se integraba en el programa republicano en cuanto que «la rupture entre la doctrine de l'Église catholique d'alors et les idéaux de 1789 était très profonde»[58].

---

[57] A. Torres Gutiérrez, *La Ley de separación de 1905 y la génesis de la idea de laicidad en Francia*, p. 184.

[58] J. Baubérot, *Vers un nouveau pacte laïque?*, p. 52. Jaurès expuso el ideario revolucionario de emancipación, por un lado, y de colectivismo, por otro, que enmarca la revolución, cuya vocación es englobante, totalizadora. Segunda sesión, 21 abril 1905, en J.M.ª Mayeur, *La Séparation des Églises et de l'État*, pp. 57-58.

El anticatolicismo veía en el Concordato un instrumento para encorsetar la vida de la Iglesia. La separación era una aspiración minoritaria en cuya vanguardia están: socialistas, un sector del partido radical y grupos de presión como la masonería, el librepensamiento organizado o la Liga de los derechos del hombre. El protestantismo activo tuvo entre las fuerzas republicanas una importante participación, a pesar de ocasionales discrepancias, como la referida a la redacción originaria del art. 4 de la Ley de separación. Basta citar el nombre de algunos de los artífices de la disposición de pertenencia protestante: Francis de Pressensé, Eugène Réveillaud, Luis Méjan, así como la importante campaña del diario *Le Siècle*, etc.[59] A partir de 1902, con el empujón de la ruptura de relaciones oficiales con el Vaticano (30 julio 1904), la separación ocupa el centro de la vida pública. Desplaza temporalmente tanto la cuestión nacional de las fronteras, como la justicia social, cuya demanda, con la industrialización, se hacía acuciante. Entonces emerge del partido radical Émile Combes (Presidente del Gobierno, desde junio de 1902 a enero 1905). De un cierto espiritualismo, su obsesión es el combate contra la Iglesia, como institución. Su acción de gobierno madurará los espíritus de modo que la separación se imponga como inexorable[60].

La primera medida de calado, encaminada a la ruptura del concordato, es la decisión de la Cámara de Diputados de constituir una comisión parlamentaria para el estudio de la separación de las Iglesias y del Estado. Sin embargo, su formación no se produce hasta el 18 de junio de 1903, bajo la presidencia de Ferdinand Buisson. Destaca la participación de Aristide Briand, pues será el ponente, encargado de redactar un anteproyecto, asumido por la comisión (6 julio 1904). Es el núcleo de la futura ley. Los aspectos principales son: la protección de la libertad de conciencia y de la expresión de opiniones religiosas; supresión del presupuesto de culto y clero, a pesar de que se concebía como indemnización a la incautación del patrimonio de la Iglesia, por el Decreto de 2 de noviembre de 1789. Para la titularidad de los edificios de culto distingue, dentro de ellos, los anteriores al Concordato de 1801 (de propiedad pública) y los adquiridos o construidos con posterioridad, cuya propiedad retienen las entidades religiosas. Otra cuestión, conexa a la anterior, es la de la administración de los bienes eclesiásticos. La comisión quería suprimir las fábricas de las parroquias católicas, los consejos presbiterales protestantes y los consistorios judíos. Para Briand, dada la afectación de estos bienes a fines cultuales o caritativos, debían ser atribuidos a las futuras asociaciones cultuales desarrolladas por la ley.

Tras el anteproyecto de Briand, el Presidente del Gobierno, Combes, propuso su propio proyecto (29 octubre 1904), en el que predomina el

---

[59] J. Baubérot, *Vers un nouveau pacte laïque?*, pp. 53-69.

[60] J.M.ª. Mayeur. *La Séparation des Églises et de l'État*, pp. 16-24. Se recorre sucintamente cómo se generalizó, entre las izquierdas, el propósito separatista.

control de la Iglesia. Se mantiene la Dirección de cultos. La autonomía de las religiones se reduce al mínimo, tanto en aspectos organizativos (circunscripciones, patrimonio, ministros de culto, etc.), como de actividad (sometidas a un estricto régimen de sanciones, y con límites fuertes a las manifestaciones públicas de culto). Sobre todo afecta a las peculiaridades y trayectoria de la Iglesia católica.

La comisión vota a favor de este texto, pero con matices. Tras la caída de Émile Combes, el nuevo Ministro de Instrucción Pública, Bellas Artes y Cultos, Bienvenu-Martin, redacta un nuevo proyecto que recuerda al de Briand (9 febrero 1905). Con este material, Briand, con otros políticos, como Jaurès, realizará un relevante papel de mediación. Suavizará el texto con vistas a obtener un consenso suficiente. Además, Briand, más tarde, cuando reemplazó en el Ministerio a Bienvenu-Martin, velará por una aplicación mesurada de la ley. Concretamente, Briand redacta el Informe de la comisión, que comienza a debatirse en la Cámara el 21 de marzo de 1905. Se oyen críticas al texto y el deseo de volver al entendimiento entre ambas potestades, caso de los diputados Henri-Constant Grousseau, Jean Plichon o del lugarteniente-coronel Halgouet[61].

Dentro de la tramitación parlamentaria, lo más arduo va a ser encontrar una solución para el destino de los bienes cultuales y concretamente su cesión a las asociaciones cultuales (art. 4 del proyecto). De cómo se diseñen estas depende muy directamente el margen de autonomía organizativa de cada religión. Dada la importancia del precepto, había diversos enfoques (que también reflejan las sucesivas propuestas de ley que se fueron elaborando). La de aquellos que se decantan por aplicar un Derecho común de asociaciones sin concesiones[62]; la de quienes quieren favorecer la disidencia o el cisma dentro de la Iglesia, propiciando la disgregación de las comunidades o la formación de una Iglesia galicana paralela[63]. En fin, no faltan quienes, por realismo, comprenden que es necesario que la ley se ajuste a la realidad religiosa de Francia donde el catolicismo, con su estructura peculiar, es preponderante[64].

---

[61] A. Torres Gutiérrez, *La Ley de separación de 1905 y la génesis de la idea de laicidad en Francia,* pp. 240-242.

[62] Tal es el postulado de Gustave-Adolphe Hubbard, diputado radical socialista, autor de un proyecto (26 mayo 1903) que engloba la vida religiosa en los fenómenos oficiales de orden intelectual o moral, o el contraproyecto de Edmond Archdeacon, de la *Ligue de la patrie française* que habla de que el Poder público debe ignorar el hecho religioso (A. Torres Gutiérrez, *La Ley de separación de 1905 y la génesis de la idea de laicidad en Francia,* pp. 206-207 y 237, respectivamente).

[63] Apunta a esas posibles disidencias Eugène Réveillaud alineado con la sensibilidad protestante. A. Torres Gutiérrez, *La Ley de separación de 1905 y la génesis de la idea de laicidad en Francia,* pp. 212; 220 y 243.

[64] A. Torres Gutiérrez, *La Ley de separación de 1905 y la génesis de la idea de laicidad en Francia,* pp. 212-221; 230-231 y 337-339.

Jaurès y Briand defienden esta postura en el proyecto de ley. Vamos a reproducir unos cuantos párrafos de la intervención del último[65]. Con su argumentación justifica la nueva redacción que estipula que los representantes legales de los establecimientos de culto atribuirán los bienes a las nuevas asociaciones que se conformarán a las reglas de organización general del culto cuyo ejercicio aseguran. En la sesión parlamentaria del 20 de abril de 1905, a instancias de Ribot, explica su lealtad, ante las Iglesias, a las que se les devolverán los bienes religiosos. Para proceder a la cesión, se está en presencia de tres Iglesias (la católica, la israelita y la protestante). «Ces Eglises ont des constitutions que nous ne pouvons pas ignorer». Es decir, junto a la lealtad se da la prudencia[66]. El primer deber del legislador, llamado a regular el futuro de las Iglesias en el espíritu de neutralidad, en que se concibe la reforma, «consiste à ne rien faire qui soit une atteinte à la libre constitution de ces Eglises». Ello no quiere decir, como alguno le reprochaba, que la evolución institucional de la religión no sea posible. «Mais à aucun moment, il ne m'est venu l'arrière-pensée de susciter des scissions, de provoquer des compétitions et des désordres dans les paroisses». En la sesión del 23 de abril, Briand volvió a reiterar que, en el artículo 4, no se trata de preservar la ortodoxia, sino de tomar en cuenta cómo se estructura jerárquicamente la Iglesia católica. La intención es que la ley de separación prospere y no pueda ser bloqueada por la Iglesia y el país mismo[67]. En la prensa Jaurès sostuvo una opinión parecida.

La medida tiene su fuente de inspiración en el Derecho anglosajón. Así lo expuso Jean Jaurès, en la segunda sesión parlamentaria (21 abril 1905). Él no parte de elucubraciones fantasiosas de cambios dentro de la Iglesia, sino de su evolución, a partir de la presión que la comunidad de los fieles pueda ejerza sobre la jerarquía. Su horizonte es revolucionario (la ciencia y la razón plenas) y no el de propiciar un cisma[68]. La tradición anglosajona siempre es más dúctil que el Derecho francés o el alemán del *Kulturkampf* predominantemente ideológicos[69].

---

[65] J.M.ª Mayeur, *La Séparation des Églises et de l'État*, pp. 50-54.

[66] Su intervención lo destaca un poco más adelante, junto con la trasparencia en el modo de actuar. «Messieurs, quand on touche à une matière aussi délicate, où tant de sentiments complexes et respectables se trouve en jeu, il faut le faire d'une main prudente et légère».

[67] J.M.ª Mayeur, *La Séparation des Églises et de l'État*, p. 63.

[68] J.M.ª Mayeur, *La Séparation des Églises et de l'État*, pp. 56-59. Sobre el influjo anglosajón: A. Torres Gutiérrez, *La Ley de separación de 1905 y la génesis de la idea de laicidad en Francia*, pp. 230; 243; 255.

[69] A. Torres Gutiérrez, *La Ley de separación de 1905 y la génesis de la idea de laicidad en Francia*, p. 321 y nota 678. En Alemania, la relegación de la Iglesia en la administración de los bienes eclesiásticos había sido más grave. En Prusia, los consejos de iglesia se estructuraban, por el Poder público. También las denominadas *leyes de mayo* de 1873, sometían la formación de los clérigos a las Universidades, controladas en su profesorado por el Estado, y al examen de Estado (*ibídem*, p. 304; y J.M.ª Ma-

El unilateralismo de la ley y la coyuntural falta de sensibilidad religiosa, en la legislatura, van a determinar la difícil viabilidad de la Ley de 1905. Ribot, con ocasión de uno de los escollos de la norma, el que sería definitivo art. 8, lo afirmó: «Vous savez bien que cette loi vous ne pourrez l'exécuter que si elle est acceptée moralement par les catholiques». Este tipo de reformas no se pueden sostener en la sola coacción[70]. De entrada, sorprende que una materia que afecta tan profundamente a la sociedad sea tramitada, en la Cámara de Diputados y en el Senado, por un procedimiento de urgencia. Para Mayeur, «La Séparation est une des dates capitales de l'histoire politique, social, religieuse de la France contemporaine»[71].

5.2. *Análisis. La reacción de la Iglesia católica y sus consecuencias*

Briand, en la segunda sesión del 25 de mayo de 1905, con motivo de la discusión del art. 6 del proyecto, hizo el siguiente balance del estado de opinión, dentro de la Iglesia: «Il ya parmi les catholiques deux éléments; il y a des catholiques surexcités, toujours prêts à la bataille, voulant toujours pousser les choses au pire, mais la grande masse n'est pas animée du même esprit [...]. Beaucoup de catholiques français désirent seulement n'être pas troublés dans leurs traditions, dans leur habitudes, veulent garder la liberté, à l'abri de toute persécution posible, d'exprimer leur sentiments religieux»[72].

Sin embargo, hay unas razones, también alegadas por el magisterio, por el que la separación no será asumida por los católicos. No es solo la obediencia, a la postura adoptada por el Papa. El 3 de julio se vota en la cámara la ley en su integridad. El diputado Leonce de Castelnau, lee una declaración que explica el porqué de la protesta de la Acción liberal. Se

---

yeur, *La Séparation des Églises et de l'État,* p. 132). El agravante de la situación francesa era que aquí la tradición legislativa, aunque intervencionista, por galicana, no era protestante.

[70] Sesión parlamentaria de 23 de mayo, sobre el artículo 6 del proyecto (8 de la Ley). El texto definitivo que hacía problema era este: «Dans le cas où les biens attribués en vertu de l'article 4 et du paragraphe 1er du présent article seront, soit dès l'origine, soit dans la suite, réclamés par plusieurs associations formées pour l'exercice du même culte, l'attribution qui en aura été faite par les représentants de l'établissement ou par décret pourra être contestée devant le Conseil d'Etat, statuant au contentieux, lequel prononcera en tenant compte de toutes les circonstances de fait». Dejar la solución de los contenciosos no en manos de la jurisdicción civil, sino de la administrativa, creó recelo. Se la veía arbitraria por cómo había interpretado la ley de asociaciones, bajo el Ministerio de Combes (J.M.ª Mayeur, *La Séparation des Églises et de l'État,* p. 64).

[71] J.M.ª Mayeur, *La Séparation des Églises et de l'État,* p. 7.

[72] J.M.ª Mayeur, *La Séparation des Églises et de l'État,* p. 67.

podría sintetizar en tres puntos: primero, «la ruptura violente des traditions françaises séculaires qui avaient assuré la paix publique à l'interieur», al tiempo que, en el exterior, prestigiaban su civilización; segundo, «la violation flagrante et injuste d'engagements solennels pris avec le Saint-Siege» y, tercero, «la spoliation certaine des établissements publics du culte auxquels elle enlève, sans cause aucune, le patrimoine qui leur avait éte légitimement restitué», con sus cargas espirituales[73].

El apoyo final a la ley fue mayor que el que cabía esperar. Votaron a favor 341 diputados y, en contra, 233. En el Senado, con un trámite muy breve, el resultado favorable fue de: 181 contra 102. No hubo reacciones pasionales.

Entre los católicos, las opiniones estaban repartidas. En general, se podría afirmar que «si les «élites» du catholicisme français: intellectuels, militants, notables, prélats, inclinent vers la conciliation, la masse des catholiques paráît plus sensible aux mots d'ordre de résistence»[74]. Las luchas anticlericales mantenidas desde 1879 y las heridas profundas dejadas por Combes habían erosionado la convivencia y la confianza en el Poder público[75]. El ambiente estaba caldeado.

Nos fijamos, con un poco de detalle, en el esquema de la ley. Lo principal son los dos primeros títulos de ella. El primero, establece un marco en el que se asegura la libertad de conciencia. «Se garantiza la libertad de ejercicio de los cultos con las únicas restricciones dictadas a continuación por el interés del orden público» (art. 1). Más adelante, introduce el principio de separación. Se enuncia como que la República no reconoce ningún culto, ni contribuye a su financiación (art. 2). Ello afecta al Estado, los departamentos y los ayuntamientos. La única excepción se refiere a los gastos originados por los servicios de las capellanías en establecimientos públicos (liceos, colegios, escuelas, hospicios, asilos, prisiones, etc.). La Ley de 25 de diciembre de 1942 no considera, a estos efectos, subvenciones públicas las aportaciones financiadas con fondos públicos que se destinan a sufragar los gastos de mantenimiento de los inmuebles puestos a disposición de las asociaciones cultuales.

Sin embargo, como afirmó Woehrling un cierto grado de reconocimiento del aspecto institucional de la religión siempre ha existido, antes y ahora[76]. Es demasiado importante como para relegarlo de la legislación. Por otro lado, lo exige el compromiso de garantizar el derecho de libertad de cultos (recogido en la Ley de 1905, en la Constitución de 1958 y en las normas supranacionales). Prueba de ello es que la ley no fue aplicada tal

---

[73] J.M.ª Mayeur, *La Séparation des Églises et de l'État,* p. 72.

[74] J.M.ª Mayeur, *La Séparation des Églises et de l'État,* p. 85.

[75] J.M.ª Mayeur, *La Séparation des Églises et de l'État,* p. 97.

[76] J.M.ª Woehrling, Entre impossible neutralité et difficile pluralisme, un nécessaire retour au système de reconnaissance?, *Revue de droit canonique*, 54, 2004, Un cierto reconocimiento siempre es necesario, según demuestra la historia de Francia.

y como se concibió. En seguida, surgieron los problemas, en parte, por el rechazo de la Iglesia católica al artículo 4, y porque la propia evolución de los hechos demostró el interés mutuo Poder público-institución religiosa de encontrar vías de encuentro y colaboración (por ejemplo, en las colonias y en ultramar)[77].

El panorama actual resultante no deja de ser complejo[78]. Ello nos lleva al Título II de la ley, referido a las asociaciones cultuales (art. 4) que es la institución religiosa que ahora va a canalizar cierta cooperación, en cuanto que se hará cargo de los bienes muebles e inmuebles de las rentas eclesiásticas, fábricas, consejos presbiterales, consistorios y otros establecimientos públicos. Ahora van a ser de naturaleza privada, para el Estado[79]. Con las asociaciones cultuales se quería evitar que los bienes perdiesen su afectación especial y también que generasen nuevos gastos al erario público (la cesión lo era con todas las obligaciones y cargas que los gravasen). El plazo previsto, por la ley, para la constitución de las asociaciones cultuales, era de 1 año, desde su promulgación.

Tuvimos ocasión de mencionar la previsión de elaborar inventarios de los bienes que iban a ser transferidos (art. 3 de la ley). De antes, las entidades confesionales tenían obligación de mantener al día la lista de sus pertenencias. Una Ley de 1809 imponía que las fábricas parroquiales debían elaborar inventarios. Pero fue poco seguida. En la Ley de separación se mencionaron los inventarios, merced a una enmienda que contó con un apoyo amplio.

Los funcionarios eran los encargados de catalogar los bienes religiosos hallados en el interior de los templos. El Decreto sobre los inventarios se publicó el 29 de diciembre de 1905 y su concreción movilizó a los católicos. Los protestantes y judíos fueron más dóciles[80]. El Director del Dominio Público (demanio) de cada Departamento era el responsable del cumplimiento de la norma. Se pedía un espíritu conciliador, pero una Circular de 2 de enero de 1906 de la Dirección del Registro del Ministerio de Finanzas ordenó a los funcionarios profundizar en sus pesquisas y demandar la apertura del sagrario de las iglesias. La resistencia a la medida

---

[77] A. Torres Gutiérrez, *La Ley de separación de 1905 y la génesis de la idea de laicidad en Francia,* pp. 349 y ss. En general, J.-B. d'Onorio, La crise de la laïcité française, pp. 62 y ss.

[78] J.A. Alberca de Castro, Régimen jurídico de las entidades religiosas en Francia, *Entidades Eclesiásticas y Derecho de los Estados*, M.ªM. Martín, Ed., Comares, Granada, 2006, pp. 65-75, y J. Camarasa Carrillo, Separatismo y cooperación. La experiencia francesa, *Acuerdos del estado español con confesiones religiosas minoritarias,* V. Reina y M.ªA. Félix Ballesta, Marcial Pons, Madrid, 1996, pp. 64-71.

[79] Pasarían a depender de la Ley de asociaciones de 1 de julio de 1901, en lo no previsto por la Ley de separación.

[80] A. Torres Gutiérrez, *La Ley de separación de 1905 y la génesis de la idea de laicidad en Francia,* p. 315. Ello es predicable de todo lo dispuesto por la Ley de separación. *Ibidem*, pp. 334 y, para los judíos, 342.

sumaba una nueva justificación a la usurpación, el sacrilegio. El concurso de las Fuerzas Armadas encendió más los ánimos y fracturó el espíritu de estas.

Anteriormente se había puesto a los magistrados en la tesitura de aplicar los Decretos de 29 de marzo de 1880, sobre la disolución de las congregaciones no autorizadas, a costa del derecho de asociación de que gozaban los franceses[81].

La Iglesia católica no creyó apropiado el modelo de asociaciones cultuales, por el contenido de la norma y por el modo en que fue tramitada. Iban en contra de la potestad de régimen que la Teología vincula al sacramento del orden[82]. Las asociaciones cultuales podían ser dirigidas por laicos (art. 18 de la Ley de separación). Asimismo, se desconocía la naturaleza jerárquica de la Iglesia que pone en manos del Ordinario la jurisdicción y gobierno de su diócesis y, en las del párroco, lo referido a su demarcación.

Una primera respuesta en contra partió de los cinco cardenales franceses, en forma de carta dirigida al Presidente de la República (28 marzo 1905). En ella se califica a las asociaciones de «formalmente cismáticas». Luego Pío X se pronunció a través de la Encíclica *Vehementer Nos* (11 febrero 1906). La amarga experiencia de los inventarios fue el desencadenante de la condena de la Ley de separación. La prudencia, que aconsejaba esperar al desarrollo reglamentario y a la aplicación de la norma, se vio desbordada, por los acontecimientos[83]. La encíclica también parece que quiso atajar la tendencia laicista francesa, para que no cundiese el ejemplo en otros países[84]. Vamos a reproducir un párrafo de *Vehementer Nos:* «Puisque l'Etat, rompant les liens du Concordat, se séparait de l'Eglise, il eût dû comme conséquence naturelle lui laisser son indépendance et lui permettre de jouir en paix du droit commun dans la liberté qu'il prétendait lui concéder. Or, rien n'a été moins fait en vérité. Nous relevons, en effet, dans la loi, plusieurs mesures d'exception, qui, odieusement restrictives, mettent l'Eglise sous la domination du pouvoir civil»[85].

---

[81] J. Sévillia, *Quand les catholiques étaient hors la loi*, pp. 61-62.

[82] «Il en résulte que cette Eglise est par essence une société inégale, c'est-à-dire une société comprenant deux catégories de personnes: les pasteurs et le troupeau, ceux qui occupent un rang dans les différents degrés de la hiérarchie et la multitude des fidèles; et ces catégories sont tellement distinctes entre elles, que, dans le corps pastoral seul, résident le droit et l'autorité nécessaires pour promouvoir et diriger tous les membres vers la fin de la société» (*Vehementer Nos, Injustice et périls des dispositions de la loi examinée en détail. Associations cultuelles).* Sobre el derecho de asociación (democracia y jerarquía), la diferente sensibilidad católica y protestante y la solución definitiva, ver J. Baubérot, *Vers un nouveau pacte laïque?*, pp. 69-75.

[83] J.M.ª Mayeur, *La Séparation des Églises et de l'État*, pp. 90-98.

[84] A. Torres Gutiérrez, *La Ley de separación de 1905 y la génesis de la idea de laicidad en Francia*, pp. 297 y 310.

[85] Un poco después detalla aspectos del trato desfavorable: «En outre, rien n'est plus contraire à la liberté de l'Eglise que cette loi. En effet, quand, par suite de l'exis-

Le siguió la Encíclica *Gravissimo Officii munere* (10 agosto 1906) con una condena explícita de las asociaciones culturales. Resumió el estado de cosas creado por la Ley de 1905. La ve no solo como una injusticia, por el hecho de la separación entre el Estado y la Iglesia, sino como una situación intolerable. Pues a aquel mal se le ha sumado que a la Iglesia no se le ha permitido el disfrute de un derecho común de libertad, sino que se la ha sometido a una situación de opresión, que genera enfrentamiento y deterioro, para la cosa pública[86]. La respuesta debe ser la resistencia unánime de los fieles. Esa unidad es la que hará cambiar las cosas.

Aristide Briand impulsó una salida al impasse que se había creado. Fue la Ley de 2 de enero de 1907 que, a falta de la constitución de una asociación cultual, dejaba los edificios afectos al ejercicio público del culto a disposición de los fieles y de los ministros de culto, para la práctica de su religión. Ante las reticencias de Roma (Encíclica *Une Fois Encore,* 6 enero 1907), hubo que hacer ajustes, concretamente en lo que era la solicitud de autorización del culto. Aquellos son el origen de las Leyes de 28 de marzo de 1907, sobre la libertad de ejercicio de culto, y de 13 de abril de 1908[87]. Esta atribuía a los ayuntamientos la propiedad de las iglesias provenientes de antiguos establecimientos de culto. El mantenimiento de los bienes destinados al culto católico correría a cargo de las citadas corporaciones y el usufructuario sería la Iglesia[88].

El Título V de la Ley de separación desarrollaba lo referido al culto de las confesiones religiosas en Francia. Las reuniones que tuviesen lugar en

---

tence des associations cultuelles, la loi de séparation empêche les pasteurs d'exercer la plénitude de leur autorité et de leur charge sur le peuple des fidèles; quand elle attribue la juridiction suprême sur ces associations cultuelles au Conseil d'Etat et qu'elle les soumet à toute une série de prescriptions en dehors du droit commun qui rendent leur formation difficile, et plus difficile encore leur maintien, quand, après avoir proclamé la liberté du culte, elle en restreint l'exercice par de multiples exceptions, quand elle dépouille l'Église de la police intérieure des temples pour en investir l'Etat, quand elle entrave la prédication de la foi et de la morale catholiques et édicte contre les clercs un régime pénal sévère et d'exception, quand elle sanctionne ces dispositions et plusieurs autres dispositions semblables où l'arbitraire peut aisément s'exercer, que fait-elle donc sinon placer l'Église dans une sujétion humiliante et, sous le prétexte de protéger l'ordre public, ravir à des citoyens paisibles, qui forment encore l'immense majorité en France, le droit sacré de pratiquer leur propre religion?».

[86] Esta es la frase principal: «Si un Etat quelconque s'est séparé de l'Eglise en laissant à celle-ci la ressource de la liberté commune à tous et la libre disposition de ses biens, il a, sans doute et à plus d'un titre, agi injustement; mais on ne saurait pourtant dire qu'il ait fait à l'Eglise une situation entièrement intolérable.

Or, il en est tout autrement aujourd'hui en France: là, les fabricateurs de cette loi injuste ont voulu en faire une loi, non de séparation, mais d'oppression».

[87] J.M.ª Mayeur, *La Séparation des Églises et de l'État,* pp. 146-151.

[88] A. Torres Gutiérrez, *La Ley de separación de 1905 y la génesis de la idea de laicidad en Francia,* pp. 343-349.

los locales de las asociaciones de culto tenían la consideración de públicas. En consecuencia, cualquier persona debía ser admitida a las mismas, y la autoridad se reservaba la facultad de vigilancia sobre su desarrollo. Se alegó la aplicación de la cláusula de orden público, pero la norma alimentó la sospecha de que, ante el acto de culto, existiese resquemor y que el celo administrativista encubriese un afán por disuadir a los participantes o entorpecer su desenvolvimiento[89].

El art. 28 de la Ley de separación prohibía la erección o fijación de signo o emblema religioso en los monumentos públicos en cualquier emplazamiento público, a excepción de los edificios que sirven al culto, los terrenos de sepultura en los cementerios, los monumentos funerarios. También los museos o exposiciones están exentos de la prohibición.

Asimismo, el régimen de sanciones penales limita la libertad religiosa tanto del clero, expuesto a denuncias o sanciones, cuanto de la feligresía, cuya orientación moral se ve entorpecida por la amenaza penal al culto o a quienes lo confeccionan. Cláusulas genéricas como «provocación» o «incitación a resistir a la ejecución a las leyes o actos legales», pueden causar tales efectos. También era muestra de rigor la prohibición de enseñar a los niños de 6 años, o de ultrajar o difamar públicamente al encargado de un servicio público.

5.3. *La normalización de las relaciones con la Iglesia católica*

Hay contradicciones entre el nombre y aparente propósito de la Ley de separación y la realidad. Su artículo 2 dice: «La République ne reconnaît [...] aucun culte», pero en materias, como la gestión y administración de bienes eclesiásticos, las injerencias son continuas. El intervencionismo y control tienen su origen en la desconfianza hacía el enriquecimiento religioso o la deslealtad de sus responsables, respecto al poder político. También se extiende al presupuesto de funcionamiento (ingresos y gastos), así como a las reservas de las asociaciones cultuales. Sea por una razón u otra, esta actitud es paradójica y poco liberal[90].

En general, con la ley, la Iglesia perdió en garantías jurídicas —sobre su patrimonio, personal y actividades— y en presencia social. Se la apartaba del protocolo y marginaba, en la simbología y fiestas civiles. La compensación fue que ganó en libertad de funcionamiento (nombramientos,

---

[89] A. Torres Gutiérrez, *La Ley de separación de 1905 y la génesis de la idea de laicidad en Francia,* pp. 290-291.

[90] A. Torres Gutiérrez, *La Ley de separación de 1905 y la génesis de la idea de laicidad en Francia,* pp. 288-289.

reuniones y toma de decisiones en general (elaboración y circulación de documentos)[91].

Para Mayeur, la Ley de separación «assure une laïcité qui n'est pas ignorance ou refus des réalités religieuses, mais garantie de la liberté de consciencie et de l'exercice de la liberté religieuse»[92]. Estas palabras apuntan a otra contradicción terminológica de la ley. No existe desconocimiento. El tiempo lo va a ir probando. Suministrará detalles de una normalización e intensificación de los contactos. Las primeras cesiones: Leyes de 2 de enero de 1907, 28 de marzo de 1907 y 13 de abril de 1908, tratan de conformar a la Iglesia con unas garantías mínimas para el culto y sobre todo independencia en su organización interna.

Se vislumbra la voluntad de entendimiento, inicialmente comprometida. La experiencia francesa va a servir a la Santa Sede como alternativa al régimen concordatario. Más que de ruptura o separación lo que se instaura es lo que Robert Lecourt, en un libro de 1978, llamó *Concorde sans concordat (1952-1957)*[93].

Las primeras muestras de flexibilidad permitieron a Pío XI, a través de la Encíclica *Maximam Gravissimamque* (18 enero 1924), autorizar la formación de asociaciones diocesanas, ajustadas a las Leyes de 1901 y 1905, bajo un estatuto especial que confirma la autoridad determinante del obispo, en comunión con la Santa Sede y conformidad con la Constitución de la Iglesia católica. Su cometido es el de subvenir a los gastos y al mantenimiento del culto católico, sin entrometerse en el mismo. Se constituirá una por diócesis[94]. De este modo, se completa el acercamiento, que había arrancado con las relaciones diplomáticas con la Santa Sede.

En el informe sobre las propuestas de Ley de separación, el 4 de marzo de 1905, Aristide Briand reconocía que el proyecto contenía lagunas y suscitaría «numerosas dificultades» de interpretación, pero añadió que el espíritu de la ley estaba contenido en el artículo I. Este era determinante. «Toutes les fois que l'intérêt de l'ordre public ne pourra être légitimement invoqué, dans le silennce des textes ou le doute sur leur exacte intreprétation, c'est la solution libérale qui será la plus conforme à la pensé du

---

91 J.M.ª Mayeur, *La Séparation des Églises et de l'État,* pp. 151-152. La jurisprudencia del Consejo de Estado dio la garantía jurídica a la ocupación, en precario, por las instituciones religiosas, de los lugares de culto. Aquella sería la guardiana de un *modus vivendi* que hoy persiste.

92 J.-M.ª Mayeur, *La Séparation des Églises et de l'État,* p. 163.

93 A la misma conclusión llegó M. Guilbaud, La loi de séparation de 1905 ou l'impossible rupture, *Revue d'histoire du XIXe siècle* [En ligne], 28, 2004. http://rh19.revues.org/627.

94 Resolución del Consejo de Estado de 13 de diciembre de 1923. A. Torres Gutiérrez, *La Ley de separación de 1905 y la génesis de la idea de laicidad en Francia,* pp. 388-393 y J.A. Alberca de Castro, Régimen jurídico de las entidades religiosas en Francia, pp. 71-72.

législateur»[95]. Él mismo, siendo entonces Presidente del Gobierno y Ministro de Asuntos Exteriores (a partir del 17 de enero de 1921), con ocasión de tramitar el proyecto de ley sobre la apertura de los créditos necesarios para restablecer la embajada cabe la Santa Sede, afirmó: «Losque j'avais l'honneur de rapporter la séparation des Églises et de l'Étar, devant les chambres, comme ministre des Cultes, j'avais la lourde tâche de l'appliquer, j'avais toujours, à tous les moments [...] regretté qu'on n'ait pas pu, par des conversations, régler en accord avec le Saint-Siège et la totalité du clergé français, un statut qui les concernait profondément» (sesión parlamentaria, 20 enero 1921)[96].

En la Administración se observa también el proceso de acercamiento e interés. El Decreto de 17 de abril de 1906 suprimió la Dirección de cultos y cambió el nombre al Ministerio de Instrucción pública, Bellas Artes y de los Cultos, pero se mantuvo una administración central de los cultos, hasta el 17 de agosto de 1911. Entonces otro Decreto dice suprimirlo, por innecesario, aunque mantiene una estructura administrativa para la relación con las instituciones religiosas. En 1920 se adopta la solución definitiva. Se crea el puesto de «Conseiller technique pour les affaires religieuses», dentro del Ministerio de Asuntos Exteriores.

Simultáneamente, gracias a la «union sacrée», para la defensa de la patria (1914-1919 y, luego en 1939-1945), se van tendiendo vínculos, con la Santa Sede. Otros motivos de aproximación son los intereses internacionales de Francia, principalmente en África y Asia Menor, y la anexión de los Departamentos del Alto y Bajo Rhin y de la Mosela, tras ambas Guerras Mundiales. Estas regiones gozaban de un régimen concordatario con la Santa Sede[97]. El Consejo Constitucional, a instancia de la Asociación para la promoción y la expansión de la laicidad, ha declarado acorde con la Constitución de 1958 el «Tratamiento» o remuneración de los pastores de las iglesias consistoriales en los Departamentos del Bajo Rhin, del Alto Rhin y de Mosela[98]. La decisión considera que: «la Constitución

---

[95] *Apud* J.-M.ª Mayeur, *La Séparation des Églises et de l'État,* p. 163.

[96] *Apud,* J. Julg, *L'Église et les États. Histoire des concordats,* Nouvelle cité, Paris, 1990, p. 157.

[97] La Ley de 17 de octubre de 1919, provisionalmente, y la de 1 de junio de 1924, definitivamente, determinaron su marco jurídico y se respetaba la base concordataria de 1801 y la creación de una Faculta de Teología católica, por acuerdo entre Alemania y la Santa Sede en 1902, junto a la preexistente de Teología protestante del siglo XVI. El Consejo de Estado declarará (24 enero 1925) compatible con el principio de indivisibilidad republicana el régimen peculiar de la región. La Ordenanza de 15 de septiembre de 1944 restableció de nuevo la legalidad republicana en 16 junio 1940, en los términos expuestos. Existe un Bureau de cultos de Estrasburgo que gestiona lo referido a los ministros de cultos reconocidos (remuneración, disciplina, situaciones administrativas, etc.). A. Torres Gutiérrez, *La Ley de separación de 1905 y la génesis de la idea de laicidad en Francia,* pp. 349-354, y J. Julg, *L'Église et les États. Histoire des concordats,* pp. 161-168.

[98] Decisión n.° 2012-297 QPC de 21 de febrero de 2013.

no ha pretendido afectar a las disposiciones legislativas o reglamentarias específicas aplicables en varias partes del territorio de la República con la entrada en vigor de la Constitución y relativas a la organización de ciertos cultos y, especialmente, a la remuneración de los ministros del culto», por lo que decide que: «El artículo VII de los artículos orgánicos de los cultos protestantes de la ley de 18 germinal año X relativa a la organización de los cultos es conforme con la Constitución».

Sintomático del espíritu actual es la nueva interpretación que ha hecho el Consejo de Estado (Decisión, 9 noviembre 2016) del art. 28 de la Ley de separación. En su opinión la instalación de belenes («crèches de Noël»), por instituciones públicas, es legal, si «présente un caractère culturel, artistique ou festif». Por el contraio, no lo sería si manifiesta el reconocimiento de un culto a una preferencia religiosa.

Hemos mencionado el proyecto de ley que debía regular la financiación de la reapertura de la embajada cabe la Santa Sede. La falta de colaboración, en el Senado, de las izquierdas democráticas, lo frenó. En vista de ello, Briand optó por adelantarse y nombrar, por decreto, un embajador extraordinario ante la Santa Sede (presentó sus credenciales el 28 de mayo de 1921). Las relaciones se oficializaron por votación de la noche del 17 al 18 de diciembre de 1921. Para el nombramiento de obispos el Gobierno francés es previamente consultado, según nota dirigida por el Secretario de Estado (1921).

6. Réplicas de la ley francesa

La Ley de separación de 1905 no fue ni pacífica ni pacificadora lo que no le ha quitado fuerza de seducción en otros ambientes: verbigracia, en México, en cuya Constitución de 1917 las disposiciones eran tan extremistas que bien pudieron comprometer la viabilidad del régimen, o en Portugal (Ley de separación de 1911). La Revolución bolchevique de 1917 tiene también su referente en Francia. En las relaciones Iglesia-Estado el influjo francés ha predominado siempre que se ha hablado de «separación», con pocas excepciones.

Los EE.UU. de Norteamérica solo adquirieron prestigio y capacidad de irradiación a partir de la I Guerra Mundial. «La tradição separatista norte-americana, durante os séculos XVIII e XIX, não teve influência directa na história das relações Igreja-Estado, cujos episódios mais importantes decorreram na Europa, e em menor grau e de forma reflexa, na América Latina»[99]. Una excepción es la «Lei de Separação do Brasil» (7 enero

[99] J. Seabra, *O Estado e a Igreja em Portugal no início do século XX. A Lei da separaçãode 1911*, Principia, Lisboa, 2009, p. 14, también ver p. 15. Además, A. Madureira, *A questão Religiosa na I República. Contribuições para uma autópsia*, Livros, Lisboa, 2003.

1890) cuyo espíritu liberal no es anticatólico. En ella se otorga personalidad moral o jurídica a la Iglesia, a su estructura jerárquica y a las entidades derivadas. Ello les asegura disfrutar del derecho de propiedad y de la libre administración de sus bienes. Asimismo, la ley trata con respeto los sacramentos, pues reconoce civilmente el vínculo sagrado del matrimonio y apuesta por su utilidad pública. Además, exime de gravámenes la actividad apostólica, así commo a las asociaciones de beneficencia y de educación.

El Derecho Eclesiástico de Rusia sí es tributario del francés. El Decreto de separación Iglesia-Estado (23 enero 1918) reduce la Iglesia ortodoxa a la esfera privada. El art. 12 estatuye que: «Ninguna asociación eclesiástica o religiosa tiene derecho a poseer ninguna propiedad. No tienen los derechos de persona jurídica». Además, prohíbe, en cualquier establecimiento de enseñanza general, «la enseñanza de dogmas religiosos» (art. 9). Previamente, el 11 de diciembre de 1917 se decretó la nacionalización de las escuelas, en perjuicio, sobre todo, de las que controlaba la Iglesia ortodoxa. Finalmente, la Constitución de la República Socialista Federativa Soviética de Rusia, en su revisión de mayo de 1929, incluía este párrafo: «Con el fin de asegurar una libertad de conciencia a los trabajadores, la Iglesia es separada del estado y la escuela de la Iglesia; y la libertad de conciencia y de propaganda anti-religiosa es garantizada a todos los individuos»[100].

Nos fijamos, con un poco más de detalle, en la evolución de México y Portugal, así como en la Ley de Confesiones y Congregaciones Religiosas (2 junio 1933), de la II República española. Destacamos los elementos comunes, para demostrar la continuidad de los principios acrisolados en la III República francesa.

6.1. La Revolución anticlerical mexicana

En Hispanoamérica el panorama general, tras la independencia, se ha descrito así: «El influjo del pensamiento ilustrado en no pocos próceres de la independencia, del positivismo más tarde en las universidades y acciones políticas, y de las importantes logias masónicas fue creando un clima contrario a la Iglesia que ejerció un impacto negativo en los años sucesivos. Este pensamiento ilustrado y liberal, fundamentado en un elitismo intelectual, despreció los elementos populares de la religión, a los que consideró superstición. En realidad, esta actitud desembocó en un desenfrenado autoritarismo que aparentemente pretendió mejorar el estado del pueblo, pero sin contar para nada con ese pueblo, mientras que la Iglesia se mantuvo mucho más cercana a ese pueblo y a sus intereses

---

[100] A. Yetano Laguna, *Las Iglesias cristianas ortodoxas de la Europa oriental (siglos XIX y XX)*, Volumen II, Editorial Síntesis, Madrid, 1996, pp. 173 y ss.

reales»[101]. Esto explica el cariz revolucionario que tomó la política, concretamente, en México, con el conflicto civil de la Guerra Cristera. La penetración de las nuevas ideas, con sus respectivas organizaciones, no solo es producto del influjo europeo y concretamente francés. También se advierte la sombra de su vecino del norte, los EE.UU., donde la masonería y el protestantismo han tenido su resorte.

México vivía inserto en la inestabilidad política. El hispanismo y el cristianismo, por su arraigo, eran principios de cohesión. Sin embargo, el cristianismo, en parte debido a un déficit de formación, se prestaba a la confusión con la política.

Las llamadas Leyes de Reforma, de las décadas 60 y 70 del siglo XIX, constituyen un programa de transformación del país, acorde con el liberalismo. Benito Juárez es su principal mentor. En 1873 la legislación reformista se incorpora a la Constitución de 1857. El Presidente Porfirio Díaz, a pesar del marco legal excluyente, intenta restañar las heridas provocadas por la revolución. Sin embargo, la enseñanza laica sigue avanzando y es asimilada por las élites de su régimen. El cristianismo demuestra su vitalidad y reorganiza su concurso en la vida social[102].

Madero, primero y luego Huerta, que lo derrocó en 1913, protagonizan pronunciamientos que no dieron estabilidad al país. En la tensión entre el sector llamado constitucionalista de Carranza (cuyo golpe se produce en marzo de 1913) y el convencionalista de Villa y Zapata (derrotados definitivamente en abril de 1915), se impuso el primero (Carranza se consolida en la Presidencia del país en 1914). Ello implica revitalizar las medidas anticlericales o, más propiamente, persecutorias. Una de las primeras fue la de disolver el Partido Católico Nacional. La enseñanza laica fue también prioritaria. El Ministerio de Instrucción y Bellas Artes centralizó la organización de una enseñanza «gratuita, obligatoria y laica». Además, se introdujo el divorcio y la nacionalización del patrimonio eclesiástico.

La revolución del norte (1910) busca institucionalizarse en el Congreso Constituyente. Su hilo conductor es el anticristianismo tanto en el espacio político cuanto en el marco de convivencia diseñado. En consecuencia, la Constitución Federal (5 febrero 1917) apuesta por la laicidad, particularmente en la educación, como prueban los artículos 3, 5, 24, 27 (parrs. II y III) y 130. Asimismo, la oposición al cristianismo se trasluce en la Ley de relaciones familiares del mismo año. En general, se parte de

---

[101] J.M.ª Laboa, *Historia de la Iglesia. IV: Época contemporánea,* Biblioteca de Autores Cristianos, Madrid, 2002, p. 188. El positivismo se constituyó en una filosofía religiosa durante el siglo XIX y solo con posterioridad el panorama se ha ido despejando y la Iglesia ha entrado en el mundo de la cultura (*ibídem*, pp. 192-194).

[102] R. Blancarte, *Laicidad en México,* Instituto de Investigaciones Jurídicas. Universidad Nacional Autónoma de México, 2013 https://laicismo.org/data/docs/archivo_1149.pdf (consulta: 11 septiembre 2016).

la supremacía del Estado sobre el factor religioso y así se controlan las expresiones religiosas públicas, sus reuniones y publicaciones (art. 130 de la Constitución[103]). Este precepto es muy extenso y muestra el deseo

[103] Art. 130. «Corresponde a los Poderes Federales ejercer en materia de culto religioso y disciplina externa, la intervención que designen las leyes. Las demás autoridades obrarán como auxiliares de la Federación. El Congreso no puede dictar leyes estableciendo o prohibiendo religión cualquiera. El matrimonio es un contrato civil. Este y los demás actos del estado civil de las personas, son de la exclusiva competencia de los funcionarios y autoridades del orden civil, en los términos prevenidos por las leyes, y tendrán la fuerza y validez que las mismas les atribuyan. La simple promesa de decir verdad y de cumplir las obligaciones que se contraen, sujeta al que la hace, en caso de que faltare a ella, a las penas que con tal motivo establece la ley. La ley no reconoce personalidad alguna a las agrupaciones religiosas denominadas iglesias. Los ministros de los cultos serán considerados como personas que ejercen una profesión y estarán directamente sujetos a las leyes que sobre la materia se dicten. Las Legislaturas de los Estados únicamente tendrán facultad de determinar, según las necesidades locales, el número máximo de ministros de los cultos. Para ejercer en México el ministerio de cualquier culto, se necesita ser mexicano por nacimiento. Los ministros de los cultos nunca podrán, en reunión pública o privada constituida en junta, ni en actos del culto o de propaganda religiosa, hacer crítica de las leyes fundamentales del país, de las autoridades en particular, o en general del gobierno; no tendrán voto activo ni pasivo, ni derecho para asociarse con fines políticos. Para dedicar al culto nuevos locales abiertos al público se necesita permiso de la Secretaría de Gobernación, oyendo previamente al Gobierno del Estado. Debe haber en todo templo un encargado de él, responsable ante la autoridad del cumplimiento de las leyes sobre disciplina religiosa, en dicho templo, y de los objetos pertenecientes al culto. El encargado de cada templo, en unión de diez vecinos más, avisará desde luego a la autoridad municipal, quien es la persona que esté a cargo del referido templo. Todo cambio se avisará por el ministro que cese, acompañado del entrante y diez vecinos más. La autoridad municipal, bajo pena de destitución y multa hasta de mil pesos por cada caso, cuidará del cumplimiento de esta disposición; bajo la misma pena llevará un libro de registro de los templos, y otro de los encargados. De todo permiso para abrir al público un nuevo templo, o del relativo a cambio de un encargado, la autoridad municipal dará noticia a la Secretaría de Gobernación, por conducto del Gobernador del Estado. En el interior de los templos podrán recaudarse donativos en objetos muebles. Por ningún motivo se revalidará, otorgará dispensa o se determinará cualquier otro trámite que tenga por fin dar validez en los cursos oficiales, a estudios hechos en los establecimientos destinados a la enseñanza profesional de los ministros de los cultos. La autoridad que infrinja esta disposición será penalmente responsable, y la dispensa o trámite referidos, será nulo y traerá consigo la nulidad del título profesional para cuya obtención haya sido parte la infracción de este precepto. Las publicaciones periódicas de carácter confesional, ya sea por su programa, por su título o simplemente por sus tendencias ordinarias, no podrán comentar asuntos políticos nacionales ni informar sobre actos de las autoridades del país, o de particulares, que se relacionen directamente con el funcionamiento de las instituciones públicas. Queda estrictamente prohibida la formación de toda clase de agrupaciones políticas cuyo título tenga alguna palabra o indicación cualquiera que la relacione con alguna confesión religiosa. No podrán celebrarse en los templos reuniones de carácter político. No podrá heredar por sí ni por interpósita persona ni recibir por ningún título un ministro de cualquiera culto, un «inmueble», ocupado por cualquiera asociación de propaganda religiosa o de fines religiosos o de beneficencia. Los ministros de los cultos tienen incapacidad legal para

de anular jurídicamente a la Iglesia, a la que, no obstante, dada su difusión, hay que reprimir. En diciembre de 1924, el general Plutarco Elías Calles accede al poder y, con una reforma del Código penal (1926), pretende aplicar la Constitución en su radicalidad. La reforma penal recibe el nombre de «Ley Calles» o «la 515»[104]. Su único objeto son los «Delitos y Transgresiones» en el ejercicio de la religión y consta de 33 artículos. El resultado es someter a la Iglesia bajo la discrecionalidad del Gobierno y desatar la Guerra Cristera.

Por otro lado, es muy relevante la legislación local, que supuso, en ocasiones, una mayor restricción de la libertad. El art. 130. parr. 7.º de la Constitución facultaba a aquellas entidades a fijar el número máximo de ministros de cultos. Estos fueron consideracios como «profesionistas», sujetos a la legislación correspondiente. Los estados de Nuevo León, México, Campeche, Coahula, Jalisco, Aguascalientes, Chihuahua, Guanajusto, Sonora, Tabasco, Durango, Michoacán, Yucatán, Chiapas y Veracruz, en el Distrito Federal y en los territorios de la Baja California, promulgan disposiciones que limitaban el número de sacerdotes y las condiciones para ejercer el ministerio.

Tampoco faltaron normas especializadas que tangencialmente degradaron más el estatuto legal del clero. Es el caso de la Ley de Previsión Social de Chiapas, en vigor desde 1925, que los asimila a los homosexuales, fabricantes y expendedores de fetiches o estampas religiosas, o a quienes difunden publicaciones o prejuicios de este tipo. En consecuencia, los consideraba «malvivientes y sometidos a medidas de seguridad tales como reclusión en sanatorios, prisiones, trabajos forzados,...»[105].

---

ser herederos, por testamento, de los ministros del mismo culto o de un particular con quien no tengan parentesco dentro del cuarto grado. Los bienes muebles o inmuebles del clero o de asociaciones religiosas, se regirán, para su adquisición, por particulares, conforme al artículo 27 de esta Constitución. Los procesos por infracción a las anteriores bases, nunca serán vistos en jurado».

[104] Para contrarrestar la oposición a la política religioso de Carranza, las Cámaras otorgan facultades extraordinarias al Presidente de la República para reformar el Código Penal para el Distrito y Territorios Federales. Así se aprobaron diversos decretos en materia religiosa. Los de 10, 11 y 12 de febrero de 1926, buscan la deportación de ministros religiosos extranjeros. El 22 de febrero, se expidió el reglamento provisional del art. 3 de la Constitución. En junio se promulgó la Ley reformando el Código Penal para el Distrito y Territorios Federales sobre Delitos del Fuero Común y Delitos contra la Federación en Materia de Culto Religioso y Culto Externo. A esta ley se la llamó Ley Calles. Integra todos los decretos expedidos por el Gobierno los meses anteriores. Su vigencia comenzó el 31 de julio de 1926 y obligaba a que los ministros de culto se registrasen ante la autoridad política. M.ªT. Vizcaíno López, *La configuración jurídica del principio de laicidad en México. Tesis Doctoral,* Universidad de Castilla-La Mancha, Toledo, 2013, p. 150. https://ruidera.uclm.es/xmlui/bitstream/handle/10578/3263/TESIS%20Vizca%C3%ADno%20L%C3%B3pez.pdf?sequence=3

[105] M.ªT. Vizcaíno López, *La configuración jurídica del principio de laicidad en México...*, pp. 140-141.

6.2. *La Ley de Separación portuguesa de 1911*

Nuestra intención es la de ofrecer una noticia sucinta del contenido de la ley a efectos de poderla comparar con el proceso laicista francés y su plasmación legislativa[106]. La relación es directa y existen artículos, en la ley portuguesa, que son una traducción directa del frances (algunos sin relación con el contexto histórico-juridico del país). Notoriamente esto se produce respecto al régimen de los bienes eclesiásticos y a estructuras como las «juntas de parroquias»[107]. También lo dispuesto respecto a simbología religiosa en lugares públicos (ver art. 60 de esta ley). Sin embargo, el tono de la Ley de Separación de 1911 es más severo y restrictivo del derecho de libertad religiosa institucional[108].

La Iglesia en Portugal se había debilitado durante 150 años de regalismo pombalino (siglo XVIII) y del liberalismo cartista. El primero, había controlado la enseñanza de Teología y formación del clero, y el segundo había sometido la organzición y vida eclesial al Gobierno, a través de la *Repartição de Eclesiásticos* del Ministerio de Justicia. El episcopado, elegido por el sistema de presentación, estaba dividido por su sumisión a los distintos gobiernos. La fractura afectaba también al clero y hacía imposible la unidad de acción.

La República se proclamó el 5 de octubre de 1910, sin resistencia. La familia real se dispersó y unas pocas figuras de la corte, la política y la Iglesia se exiliaron. Con el Gobierno Provisional y su Ministro de Justicia, Afonso Costa, se extendió la persecución: expulsión de jesuitas y religiosos extranjeros, disolución de las congregaciones, supresión de símbolos religiosos[109] y de la participación de cargos institucionales del Estado en ceremonias religiosas. Asimismo, se descristianiza la familia y la escuela pública. El ministro hizo público su propósito de extinguir la religión católica en Portugal en dos generaciones (Presentación de la Ley de separación, en la sede del Gran Oriente Lusitano, 26 marzo 1911)[110]. El Partido Democrático fue el responsable de la ley y del espíritu anticristiano con que se aplicó, hasta la revolución de Sidonio Pais (1926).

La revolución anticristiana la llevaron a la calle los carbonarios y revolucionarios civiles. Ocupaban la redacción de periódicos católicos, atacaban las instalaciones católicas, hostigaban las procesiones y romerías y ejercían la violencia, contra eclesiásticos.

---

[106] Recurrimos a: J. Seabra, *O Estado e a Igreja em Portugal no início do século XX...*, pp. 9-16, y principalmente, caps. IV a X.

[107] Capítulo II. Das corporações e entidades encarregadas do culto, arts. 16 y ss.

[108] J. Seabra, *O Estado e a Igreja em Portugal no início do século XX...*, p. 16.

[109] Sobre la especial significación que se dio a estas medidas, J. Andrés-Gallego, Notas históricas sobre el problema de los símbolos religiosos, p. 4. http://digital.csic.es/bitstream/10261/43844/1/SimbolosReligiosos2012.pdf

[110] Repitió el mensaje en Braga, en un discurso, el 24 abril 1911. J. Seabra, *O Estado e a Igreja em Portugal no início do século XX...*, pp. 84-85.

La Ley de Separación del Estado de las Iglesias se promulgó el 20 de abril de 1911. Es muy extensa, tiene 196 artículos. El pórtico de la construcción legislativa, comienza con la formulación de la libertad religiosa: «A República reconhece e garante a plena liberdade de consciência a todos os cidadãos portugueses e ainda aos estrangeiros que habitarem o território português» (art. 1). Luego se rodea de las cautelas y medidas protectoras habituales. Entre ellas, la de no ser perseguido ni preguntado, por la autoridad, a cerca de la religión profesada (art. 3). Asimismo, se consagra la libertad de culto público: «É também o culto público de qualquer religião nas casas para isso destinadas, que podem sempre tomar forma exterior de templo[111]...». Es una actividad debidamente protegida en el ámbito penal (art. 11), que establece la sanción contra las injurias a los ministros de qualquier religión en el ejercicio o desarrollo del culto (art. 12). También se sanciona la usupación de funciones ministeriales (art. 15). En coherencia con el primer artículo se condena la coacción «a praticar ou deixar de praticar um culto» (art. 13).

El art. 2 declaró que: «a religião católica apostólica romana deixa de ser a religão do Estado». En consecuencia, se le situá legalmente en un nivel parigual al de las otras confesiones religiosas («autorizadas, como legítimas agremiações [corporaciones] particulares»). Sin embargo, la realidad no fue tan halagüeña, pues el art. 17 va a determinar que la autorización suponga un auténtico atentado a la autonomía e independencia de las entidades religiosas y, concretamente, de la Iglesia católica. Una consecuencia de la separación es que: «A República não reconhece, não sustenta, nem subsidia culto algum...». En pocos meses se perderán, para la Iglesia católica, las ayudas públicas (del Estado, de entidades locales o de cualquier establecimiento público). El clero va a ver comprometido su sustento. Asimismo, el Poder público se desvincula de las mandas pías y las declara nulas (art. 6). Otro de los escollos de la ley es el culto público.

La Iglesia católica y sus entidades son privadas de personalidad jurídica. Los bienes eclesiásticos son confiscados, pasan a propiedad del Estado. Los templos que se consideran necesarios para el culto se ceden a «corporação de assistência e beneficência que fica com o encargo do culto» (art. 20 y 22). Las «corporaciones [o entidades similares] encarregadas do culto» han de estar aprobadas, por el Ministerio de Justicia[112]. De las juntas parroquiales, que las fiscalizan (art. 23), se excluye a los clérigos[113]. La libertad religiosa, se reduce a una libertad de culto vigilado (determinados

[111] Se enmienda el art. 6 de la Carta Constitucional, base de la situación jurídica de la Iglesia católica en Portugal, durante el liberalismo (siglo XIX y XX, hasta 1910). Este, tras declarar la religión católica Religión del Reino, toleraba que los extranjeros practicasen sus cultos, en lugares sin apariencia ninguna de templo.

[112] Arts. 17-18, para la Iglesia católica y las religiones minoritarias.

[113] Art. 26. «Os ministros de qualquer religião são absolutamente inelegíveis para membros ou vogais das juntas de paróquia e não podem fazer parte da direcção, administração ou gerência das corporações que forem encarregadas do exercício do culto».

espacios, momentos y sujetos). La subención al culto o al clero se prohíben, fuera de lo previsto en la ley. La sustención del clero parroquial está asegurada por una pensión (art. 113 y ss). También aquí interviene una comisión («Comissão de pensões eclesiásticas do distrito»). Muchos otros aspectos de la vida religiosa están controlados: los seminarios, las misiones, la difusión de documentos del magisterio o de orientación pastoral, el nombramiento de los «ministros de religión», los legados píos y los museos de arte sacra, etc. La resistencia a la norma implica la denegación de los derechos reconocidos («perda dos beneficios materiais do Estado»)[114].

Pío X va a condenar estas restricciones en la Encíclica *Iamdudum in Lusitania* (21 mayo 1911). Sobre todo se opone a las comisiones cultuales, como medio para mantener al clero, dejando en un segundo plano la amenaza contra el patrimonio eclesiástico. Ello tiene para la Iglesia católica un gran coste económico (pérdidas de palacios episcopales, residencias parroquiales...) y moral: destierros, prisiones, confinamiento y humillaciones públicas. Todos los obispos fueron desterrados de sus diócesis, en el intervalo de 1911-1912, a causa de las circulares por las que prohibían a su clero constituir comisiones cultuales.

En 1913, el culto debía haberse interrumpido, a falta de «corporaciones encarregadas do culto», pero no fue así. En cambio, sí se consiguió convencer a cierto número de sacerdotes a aceptar las pensiones (a veces en condiciones irregulares). En 15 años solo se beneficiaron de pensión un 10% del clero. El resto, pese a la pobreza, se mantuvo fiel a sus pastores y las rechazó. Aunque el periodo conoció de alternativas y algunas iniciativas de pacificación religiosa, el Partido Democrático, de estirpe jacobina, acabó por imponer su anticlericalismo. Especialmente sangrienta fue la represión del 14 de mayo de 1915. Entre finales de 1918 y 1921, se vive un clima de guerra civil, con el episodio de baño de sangre de 1921. Durante estos años y despúes, en 1926, se alternó la aplicación drástica y atenuada de la ley.

6.3. La Ley de Confesiones y Congregaciones de 1933

La II República española (1931-1936) viene marcada por un deseo de ruptura, frente a las instituciones tradicionales (monarquía, Iglesia católica..., usos y costumbres, etc.). En política religiosa, triunfa el régimen de separación. El Concordato de 1851 no se cumplió porque el Gobierno Provisional lo juzgó caduco. Lo afirmó el Ministro de Justicia, Fernando de los Ríos[115].

---

114 Artículo 137 del Código Penal, substituido ahora, por el art. 48.

115 Así lo explicó, en su discurso de 8 de octubre de 1931, ante las Cortes Constituyentes. Ver J.M.ª Vázquez García Peñuela, *El intento concordatario de la Segunda República*, Ministerio de Asuntos Exteriores, Madrid, 1999, pp. 18-19.

La república acoge el ideario laicista en la enseñanza, en diversas instituciones y en la vida social[116]. De este modo queda dispuesto en la Constitución 1931. El Estado abandona la confesionalidad (art. 3); las magistraturas principales, jefatura del Estado y presidencia del Gobierno (arts. 70, 87 y 27), no pueden ser ocupadas por eclesiásticos; el matrimonio se configura como contrato civil disoluble (art. 43); «... la enseñanza será laica...» (art. 48); los cementerios se someten a la jurisdicción civil (art. 27), etc.

El laicismo de raíz francesa merma la autonomía de las entidades religiosas y las manifestaciones públicas de culto. Las manifestaciones de culto público «habrán de ser, en cada caso, autorizadas por el gobierno» (art. 27 de la Constitución). En cuanto a los grupos religiosos, prohíbe cualquier subvención del Poder público y prescribe su disolución, según determine una ley especial, cuando, «por sus actividades, constituyan un peligro para la seguridad del Estado» (art. 26 de la Constitución). El último precepto, por el control a que se sometía a las instituciones religiosas, en sus actividades y funcionamiento, tuvo repercusiones políticas. Tras la noche de su aprobación (13 al 14 de octubre de 1931), dimitieron los diputados de la minoría católica por sentirse excluidos. Asimismo, dejaron el cargo el Presidente del Gobierno Provisional, Niceto Alcalá-Zamora y su Ministro de Gobernación, Miguel Maura. El gobierno se quedó sin representación de la derecha[117].

La Ley de Confesiones y Congregaciones religiosas de 2 de junio de 1933, aprobada por las Cortes Constituyentes, poco antes de su disolución, definió la línea de regulación del factor religioso en la República e hizo imposible el entendimiento con la Iglesia católica[118]. Parte de lo establecido por la Constitución, verbigracia, «la libertad de conciencia», así como garantizar «la práctica y la abstención de actividades religiosas» (art. 2). El énfasis en la vertiente negativa del derecho nos traslada a los precedentes portugués, mexicano y soviético[119]. La ley especifica sobre todo el régimen de las instituciones, actividades y personal religioso. Se limita el derecho de las confesiones a la propiedad y disposición de bienes. Se nacionalizaban ciertos bienes eclesiástico inmuebles (templos y

---

116 Una sucinta bibliografía: M. Álvarez Tardío, *Anticlericalismo y libertad de conciencia: política y religión en la Segunda República Española (1931-1936)*, Centro de Estudios Políticos y Constitucionales, Madrid, 2002; F. Martí Gilabert, *Política religiosa de la Segunda República española*, EUNSA, Pamplona, 1998, y C. García Prous, *Relaciones Iglesia-Estado en la segunda República española*, Publicaciones Obra Social y Cultural Cajasur, Córdoba, 1996.

117 J. Martínez-Torrón, Derecho de asociación y confesiones religiosas en la Constitución de 1931, *Cuestiones constitucionales. Revista Mexicana de Derecho Constitucional,* n.º 3, julio-diciembre 2000, pp. 104-110, y J.M.ª Vázquez García Peñuela, *El intento concordatario de la Segunda República*, pp. 46-49.

118 J.M.ª Vázquez García Peñuela, *El intento concordatario de la Segunda República*, p. 53.

119 El art. 31 ampara a quienes quieran abandonar la vida religiosa.

anexos, seminarios y monasterios, etc.) y muebles (ornamentos, imágenes, cuadros, joyas, etc.). En general, solo se le permite adquirir a las confesiones los bienes necesarios para el servicio religioso. De cara a lo aportado al ingresar en la vida religiosa, se fija la obligación de devolverlo a quien quiera retirarse de ella. La cesión de instalaciones o bienes religiosos, a las entidades religiosas, se supedita a que no se cataloguen de mérito artístico o histórico. Al personal religioso se le aparta del campo de la enseñanza (no pueden sostener estas instituciones). Solo están autorizados a enseñar sus doctrinas en los propios establecimientos (art. 48 de la Constitución).

7. Valoración

Se ha olvidado o silenciado el ambiente de violencias y arbitrariedades que rodeó la Ley de separación de las Iglesias y del Estado de Francia. El laicismo exceptuaba, para ellas, el régimen común de tutela de los derechos fundamentales (libertad de prensa, reunión, asociación, sindicación y participación política). Entre 1879 y 1914, por efecto de leyes liberticidas, los religiosos católicos estaban excluidos del régimen común de la ciudadanía (los eclesiásticos quedaron apartados de la docencia, de la sanidad, de cargos públicos electos, etc.). El proceso impuesto a la sociedad, no aspiraba a una Administración o a unos tribunales neutrales, al servicio de todos, «C'était alors une oeuvre militante, une oeuvre de combat contre le catholicisme et son influence en France»[120].

En la III República francesa estamos ante lo que se ha denominado la apropiación de la organización política por un sector socio-político que lo blinda celosamente e impide su evolución o apertura[121]. De esta forma, se monopolizan las instituciones y se les da un carácter sectario. La apropiación se produce durante la *República de los republicanos* (1879-1914) con figuras como Gambetta, al que pronto se unen los oportunistas y radicales, y luego los socialistas. El resultado es la modulación de una «democracia» que guarda las formas —la elegibilidad de los responsables de la *res publica*— pero no la sustancia de la participación. Esta queda encorsetada por una filosofía, una concepción del mundo, hostil al catolicismo. Consecuentemente, los católicos, incluso los de opción republicana, fueron marginados[122].

Jaurès defendía que el Estado debería ser «laico, democrático, racional y revolucionario», en la discusión de la Ley de 7 de julio de 1904, que

---

120 J. Sévillia, *Quand les catholiques étaient hors la loi*, p. 19. y A. Torres Gutiérrez, *La Ley de separación de 1905 y la génesis de la idea de laicidad en Francia*, pp. 407-408.

121 J.M.ª Martí Sánchez, con la colaboración de N. Olmedo Alberca, *La religión ante la ley. Manual de derecho eclesiástico*, 2.ª ed., Digital Reasons, Madrid, 2015, pp. 39-49.

122 J. Sévillia, *Quand les catholiques étaient hors la loi*, pp. 34-36.

excluyó a los religiosos de las responsabilidades docentes. Esta norma los veía como ciudadanos de segunda, por los compromisos que habían contraído, en conciencia, ante una confesión religiosa[123]. Elocuente fue el *affaire* de las fichas de los oficiales del Ejército (28 octubre 1904). Elaboradas, desde el Ministerio de la Guerra, a partir de información suministrada por el Gran Oriente, condicionaban la carrera profesional y los accensos y recompensas de los militares. Las fichas recogían el grado de afinidad con el ideario republicano, así como las convicciones y prácticas religiosas (sin ningún respeto para la intimidad). Los monárquicos y católicos quedaban postergados[124].

El Estado francés es beligerante frente al factor religioso y especialmente frente al catolicismo. Su trayectoria y configuración le alejan incluso ahora de la neutralidad[125]. La legislación y la acción de gobierno tienen este cariz, tanto durante la Revolución, como a lo largo de la III República. La laicidad de combate choca con la neutralidad típica de los EE.UU. Francia impulsa un reformismo racionalista («razón abstracta») sin fácil encaje con la religión (Iglesia católica)[126]. Esta se reduce, en su articulación jurídica, al derecho de opinar. Goza de un estatuto de libertad negativa, sin fuerza para proyectarse en el ámbito del interés común. La religión, para la Ilustración, es un estorbo que compromete el cambio (social y político) y el proyecto de engrandecimiento nacional (acumulación de poder).

En EE.UU., la sociedad y la organización política preservan sus valores (religiosos). Esta es la razón por la cual se aparta al Poder público, para evitar cualquier veleidad intervencionista (intento de estorbar o alterar)[127]. D'Onorio lo ha sintetizado así: «Alors que Dieu est à la base de la démocratie anglo-saxonne où l'homme est présenté comme sa créature, la République française n'a pas besoin de Dieu: la Raison y suffit à l'homme»[128].

---

[123] A. Torres Gutiérrez, *La Ley de separación de 1905 y la génesis de la idea de laicidad en Francia*, pp. 140-140.

[124] A. Torres Gutiérrez, *La Ley de separación de 1905 y la génesis de la idea de laicidad en Francia*, pp. 222-224. El derecho a la no discriminación y a la intimidad fueron gravemente vulnerados, pues se verificaba si se rezaba o practicaba privadamente la religión.

[125] La consideración es del autor Noblemaire. *Apud*, A. Torres Gutiérrez, *La Ley de separación de 1905 y la génesis de la idea de laicidad en Francia*, p. 252.

[126] M. Braga Da Cruz, A igreja e o Estado Democrático, en *Democracia liberal e religião*, J.C. Espada, coor., Universidade Católica Editora, Lisboa, 2007.

[127] J. Ratzinger, Europa: Fundamentos espirituales. Ayer, hoy y mañana, M. Pera y J. Ratzinger, *Sin raíces*, tr. B. Moreno Carrillo y P. Largo, Ediciones Península, Barcelona, 2006, pp. 62-63 y 67-68, y J. Seabra, *O Estado e a Igreja em Portugal no início do século XX...*, pp. 14-16. Además, M.W. McConnell, Laïcité e Neutralidade Benevolente: Reflexões sobre a Desinstitucionalizaçaõ da Religião, en *Democracia liberal e religião*, pp. 126 y ss.

[128] J.-B. d'Onorio, La crise de la laïcité française, pp. 32 y 33.

A pesar de sus lacras, la política religiosa francesa ha influido honda y prolongadamente en países como Portugal, México o España. Queda la experiencia común de que el fuero interno es refractario a la intervención de los poderes públicos, que no pueden crear una moral convincente[129], y que el externo, no es responsabilidad de las instituciones religiosas, cuya virtualidad de guías autorizados se pierde en el desgaste de las luchas de poder (mundano)[130]. Por el contrario, una simbiosis entre ambos factores religioso y civil es deseable, a través de los instrumentos jurídicos más adecuados en cada momento y lugar. Es la clave de una convivencia compleja, como la de las sociedades occidentales contemporáneas. La garantía de un sustrato de humanidad se basa en la dignidad de la persona y la intangibilidad de los derechos fundamentales. Para ello es prioritario preservar un ámbito de solidaridad e intimidad (familia).

Ese marco desborda la competencia de la organización política. No está en su poder ni fijar el sentido unívoco de tales conceptos, ni que se respete su perímetro[131]. La apertura a la religión aparece hoy con esta perspectiva. Su contribución fecunda al bien común tiene una premisa, que se le reconozca plena autonomía de organización y funcionamiento.

---

[129] Hay un recurso a lo religioso, sobre todo a la Iglesia católica, por su función tribunicia, «vise à masquer la faillite de la morale laïque», con el riesgo implícito de instrumentalización política. Los Estados marxistas reforzaban la imperatividad moral de sus consignas, con argumentos religiosos, ante el abismo de la delicuescencia social que los corroía. Y los liberales, por su parte, buscaban la legitimación eclesial de las prácticas sociales. El relativismo de una democracia mal entendida les había dejado huérfanos moralmente. Pero este Estado desprecia el componente divino y trascendente de la religión. J.-B. d'Onorio, La crise de la laïcité française, p. 70.

[130] «Hoy las Iglesias de Estado han caído por doquier víctimas de su desgaste: los organismos religiosos que son derivaciones del Estado ya no originan ninguna fuerza moral, y el propio Estado no está en condiciones de crear fuerza moral, que es el presupuesto sobre el cual construir» (J. Ratzinger, Europa: Fundamentos espirituales..., p. 68).

[131] J. Ratzinger, Europa: Fundamentos espirituales..., pp. 71-77. «Es cierto que hoy existe un nuevo moralismo cuyas palabras claves son justicia, paz, conservación de la creación, palabras que reclaman valores esenciales y necesarios para nosotros. Sin embargo, este moralismo resulta vago y se desliza así, casi inevitablemente, en la esfera político-partidista. Es sobre todo una pretensión dirigida a los demás, y no un deber personal de nuestra vida cotidiana. De hecho, ¿qué significa justicia? ¿Quién la define? ¿Qué puede producir la paz? En los últimos decenios hemos visto ampliamente en nuestras calles y en nuestras plazas cómo el pacifismo puede desviarse hacia un anarquismo destructivo y hacia el terrorismo. El moralismo político de los años setenta, cuyas raíces no están muertas ni mucho menos, fue un moralismo con una dirección errada, pues estaba privado de racionalidad serena y, en último término, ponía la utopía política más allá de la dignidad del individuo, mostrando que podía llegar a despreciar al hombre en nombre de grandes objetivos» (*Idem*, Conferencia impartida 1 de abril de 2005, en Subiaco. https://es.zenit.org/articles/la-ultima-conferencia-de-ratzinger-europa-en-la-crisis-de-las-culturas/).

III PARTE

OTRAS CUESTIONES

CAPÍTULO 5
AUTONOMÍA DE LAS CONFESIONES, LIBERTAD DE EMPRESA Y EMPRESAS DE TENDENCIA

SANTIAGO CATALÁ

Universidad de Castilla-La Mancha

1. INTRODUCCIÓN

La libertad religiosa constituye, sin duda alguna, el conjunto de derechos que potencialmente abarca más ámbitos de la vida humana, el que posee mayor potencial de transversalidad con otros derechos y el que lleva en su ADN las más grandes dosis de conflictividad. A estas tres circunstancias acumulativas hay que añadir otros factores de no menos importancia, como son su internacionalización, el crecimiento exponencial que está experimentando y una gran capacidad para unirse a otras circunstancias, como la nacionalidad, la etnia o la raza. Además, se ejerce a través de diferentes manifestaciones de la vida, sea ésta privada o pública, individual o colectiva, institucional, etc.

Si esto es así, más aún en una sociedad que sufre y goza a la vez de un pluralismo *in crescendo*, también lo es mirándolo desde la otra parte de la ecuación: el fenómeno confesional. Éste ha crecido exponencialmente de modo que podemos encontrar en las sociedades postmodernas occidentales todo tipo de Iglesias, Comunidades y Confesiones religiosas, muchas veces ajenas por completo a nuestra cultura. Al operar éstas, más allá de sus propios ámbitos religiosos, en el ordenamiento jurídico de cada uno de los Estados, se está produciendo un fenómeno multiplicador de situaciones conflictivas desde el punto de vista jurídico.

Por otro lado, como ha notado acertadamente LÓPEZ AHUMADA al analizar la jurisprudencia del Tribunal Europeo de Derechos Humanos, «existen múltiples diferencias entre las legislaciones laborales nacionales», circunstancia que obliga a realizar estudios doctrinales sobre esta materia específica, máxime teniendo en cuenta otra circunstancia añadida que el mismo autor señala: la existencia de «vacíos de regulación en los ordenamientos internos»[1].

Esta diversidad normativa del régimen laboral existe de igual modo al estudiar la regulación que los diferentes Estados hacen del factor religioso e, incluso, de los propios modelos de Estado en relación a la religión, encontrándonos ejemplos de confesionalidad, de Iglesia de Estado, laicos, neutrales, cooperadores, etc., y esto, sin duda alguna, sirve de presupuesto determinante a la hora de realizar cualquier análisis teórico o dar la necesaria respuesta al conflicto jurídico creado.

Nos encontramos, pues, ante un ámbito del conocimiento jurídico que se presta como ningún otro a la acción doctrinal y jurisprudencial pues a nadie se le oculta que la regulación jurídica que cada ordenamiento proporcione sobre una materia andará bien escaso de normas específicas que resuelvan el caso concreto. Al contrario, lo normal —hay que decirlo ahora y sin ambages— es que los conflictos que se planteen sólo puedan ser resueltos a nivel de principios, interpretando las pocas normas programáticas que existen a la luz de las declaraciones internacionales de Derechos o haciendo uso de una jurisprudencia las más de las veces internacional o, en su caso, extranjera, tomada de países con más tradición que el nuestro en el proceso de resolución de conflictos de esta naturaleza.

Así pues, nos enfrentamos ante una especie de «nebulosa», es decir, un cúmulo de situaciones ante la cual no siempre es fácil centrar nuestra mirada ni fijarla ante un objeto concreto. Precisamente por esto, la pretensión de este trabajo sería centrar en el ámbito de las relaciones laborales la conflictividad que el fenómeno religioso crea, en el deseo de ofrecer al jurista de forma sistematizada un estudio de las diversas

---

[1] «La libertad religiosa en las relaciones laborales conforme a la reciente jurisprudencia del Tribunal Europeo de Derechos Humanos», en *ADEE*, vol. XXX (2014), p. 502.

situaciones que la materia ofrece. Pero ello exige dos ejercicios previos, por un lado, abordar la autonomía de las Confesiones religiosas, sin la cual es imposible aproximarse al segundo; por otro, desgranar algunos aspectos capitales de las empresas de tendencia, dado que se trata de una típica manifestación de dicha autonomía.

Como en otros trabajos más autorizados que el presente, mis compañeros tratarán de la primera de las cuestiones, centraré mi estudio en los otros dos pues hasta la fecha han sido objeto de pocos estudios sistematizados. Es más que probable que éste tampoco lo sea; en realidad sólo aspira a ofrecer al lector un pilar en el que asentar un edificio dogmático todavía sin construir por completo: precisamente el de la autonomía de los grupos religiosos. Para colaborar con dicho propósito se redactan estas líneas.

2. La libertad de empresa

2.1. Introducción

La libertad de empresa es uno de los pilares del constitucionalismo moderno. Dicha libertad incluye, como es lógico, el derecho a crear, regir y suprimir empresas, pero estas facultades van más allá del modelo mercantil que mejor se adapte a las necesidades del empresario (persona individual o colectiva), o de las cuestiones de política productiva, decisiones económicas, financieras y cualesquiera otras que afecten *stricto sensu* a los procesos productivos, mercantiles, societarios, económicos, etc.

En consecuencia, la libertad empresarial abarca ámbitos que, relacionados con el ámbito religioso, pueden determinar la adopción de decisiones de naturaleza —llamémosle atípica— que llevan aparejadas consecuencias jurídicas.

Para comenzar este estudio, es preciso hacer notar que toda persona jurídica tiene capacidad potencial de crear entidades empresariales. Estas entidades pueden adoptar la forma de personas jurídicas específicas o, por el contrario, ser no más que elementos económicos, financieros, productivos... pertenecientes a otros entes provistos previamente de personalidad jurídico-civil.

Entre los grupos de entidades capaces de crear esas estructuras económicas o empresariales es preciso incluir a las Confesiones religiosas.

En el ordenamiento español, los entes confesionales adquieren personalidad jurídica normalmente mediante la inscripción en el Registro de Entidades Religiosas[2]. Ser persona jurídica significa tener personalidad jurídica propia y capacidad de obrar específica, y ambas dimensiones

---

[2] En adelante RER.

ofrecen la posibilidad potencialmente ilimitada de actuar en el orden económico sin más limitaciones que las provenientes de los ordenamientos jurídicos de su propia Iglesia o Confesión, además —lógicamente— de las derivadas del Estado en el que actúe.

Como es lógico, dicha libertad de creación de entes económicos y empresariales alcanza también la dirección y gestión; esto hace que abarque muchas facultades y competencias organizativas y posibilite la adopción de acuerdos y decisiones potencialmente ilimitadas desde el punto de vista material (por supuesto, dentro de la esfera de libertad de quienes tienen responsabilidades de gobierno de la entidad en cuestión).

Por la misma razón, un empresario autónomo que profesa con profundas convicciones un credo concreto, puede impregnar su sociedad mercantil del espíritu que le anima personalmente en lo religioso. De ello se derivaría, por ejemplo, la posibilidad de destinar parte de los beneficios a obras de piedad y caridad, o, en otro caso, de realizar donaciones a la Iglesia a la que pertenece para cumplir con la «obligación» de dar —en este caso de forma voluntaria— el diezmo de sus ingresos. Nada puede impedir que haga lo que el Derecho le permite, pero es posible que su compromiso confesional vaya más allá y, por ejemplo, quisiera favorecer a personas que lo están pasando mal y, por ello, deseara contratar a trabajadores que se encuentran en situaciones personales y/o familiares muy adversas..., o podría en su política de empleo procurar incorporar a su industria a personas que pertenecen a su comunidad, o a su credo, o a otros distintos del suyo, como está sucediendo en Argentina al tiempo que se redactan estas líneas[3]. ¿Constituye esto una discriminación ilegal —en este caso positiva— o, por el contrario, actúa en el ejercicio de sus facultades y derechos?

¿Y si el empresario es ateo, su tendencia es homosexual, o pertenece a la izquierda radical? ¿Cabría imputar de ilegal las decisiones relativas a su política de contratación cuando se advierta una preferencia por un determinado grupo de personas en perjuicio del resto?

Imaginemos la cabecera de un periódico. Es frecuente que todas ellas estén más o menos cercanas a determinados postulados ideológicos. Por lo mismo, cada una de ellas goza de la afinidad de determinados partidos políticos, sindicatos, grupos de presión, inversores, etc., ¿cabría declarar procedente el despido de un trabajador cuando se aparta de la línea «oficial» del diario para el que trabaja? ¿Es posible, por tanto, que la perte-

---

[3] El caso curioso es porque el empresario, dedicado al almacenamiento y venta de materiales de construcción, tiene entre sus trabajadores a media plantilla, aproximadamente, que son testigos de Jehová. A lo largo de los años ha concluido que ellos destacan por su enorme honradez y por el cumplimiento estricto de sus obligaciones laborales. Ello le ha animado a anunciar, cada vez que necesita contratar a alguien, que busca testigos de Jehová para su empresa, pese a que no se corresponde con su credo.

nencia a una empresa determinada implique la renuncia, explícita o implícita, total o parcial, de la libertad de expresión y de «su» derecho a suministrar información, en tanto que derechos del trabajador, por el mero hecho de servir en una empresa determinada?

Responder a estas preguntas, además de ser un ejercicio no exento de riesgos, es adelantar lo que más adelante se irá viendo en el proceso de desarrollo de la materia; basten ahora estos ejemplos para demostrar que —tras cualquier tipo de empresa— puede haber un ideario (no sólo religioso, también político, ideológico, social...) y que el derecho a la libertad que ampara a la propiedad posibilita la adopción de decisiones que pueden afectar a cuestiones relacionadas con las convicciones personales de los trabajadores y, por supuesto, a la inversa: las actuaciones de los trabajadores pueden entrar en fricción con los derechos del empresario.

A esta primera conclusión hay que añadir las facultades que tiene el gerente y cualquier otro cargo directivo o ejecutivo con capacidad de decisión dentro de la estructura empresarial.

Llegados a este punto cabría señalar que cabe, en esta materia, hacer una clasificación de los tipos de empresa en relación al factor religioso, a saber:

— Empresas pertenecientes a grupos confesionales, Iglesias, Comunidades religiosas o entes dependientes de ellas.
— Partidos políticos, sindicatos y cualquiera otra organización dotada de ideario.
— Empresas que, sin estar incluidas en los anteriores grupos, sin embargo, los dueños, socios o propietarios, tengan un ideario o estén adscritos a un credo que de un modo u otro afecte —o puede afectar— a las relaciones laborales, aunque sólo sea en momentos muy determinados.
— Empresas neutras. Son aquellas de las que, por exclusión con las anteriores, es predicable su ajenidad respecto de todo lo relacionado con lo religioso, ideológico, político..., así como con otras circunstancias que determinen un sesgo específico en el comportamiento interno —o externo— de la misma.

En este básico esquema —que será desarrollado con más detalle en las páginas que siguen— es posible advertir que la libertad de empresa puede alcanzar según en qué casos determinadas potestades y adoptar matices diferentes. Pues bien, en la medida en que el empresario posea determinados derechos por esta vía, el patrimonio jurídico del trabajador se verá mermado, condicionado o restringido y, por lo mismo, en dicha medida la empresa y el empresario estarán exentos de posibles intromisiones por parte de los poderes públicos.

Al hilo de esto debo señalar que quien predica el ateismo y, como empresario, se ve influenciado por sus propias creencias en determinados momentos y materias (comerciales, económicas, laborales, etc.) lo que tiene es una empresa ideológica pues, aunque su actitud ante la fe sea negativa, ello no le saca fuera del ámbito de la conciencia religiosa y, por tanto, actúa dentro del campo de conocimiento del DEE o, lo que es lo mismo, a él habría que aplicar todo lo que en este trabajo se diga respecto del empresario dotado de tendencia.

Pero sería incompleta esta relación si no advirtiera de otras posibles modalidades de empresas de «tendencia» que, sin embargo, ofrecen una apariencia diametralmente opuesta. Me refiero a la empresa pública de los Estados laicos.

Todas las naciones que se declaran laicas, actualmente la mayoría, tienen innumerables empresas públicas, muchas de ellas dedicadas a la comunicación y, por supuesto, dentro o fuera del ámbito empresarial, ofreciendo servicios de todo tipo a la ciudadanía, desde el transporte urbano a los servicios médicos y asistenciales, pasando por la oferta cultural, entre muchos otros. Pues bien, el aparato público, de enorme peso, dotado de numerosas instituciones, instancias y centros, forzosamente debe ofrecer servicios que no pueden favorecer ni proteger creencias específicas ni principios morales. Ahora bien, al estar «atado» o vinculado por las exigencias de la laicidad, se ve obligado a exigir un comportamiento a-religioso a quienes trabajan en dichos sectores, de tal manera que les obliga a no manifestar nada concerniente a sus preferencias, su credo o su ideario. Ello —es obvio— determina y condiciona la libertad de expresión de locutores de radio, presentadores de televisión, particularmente de informativos pero, también, de cualquier otro espacio de comunicación, entretenimiento, etc.

Y lo que afecta a presentadores y locutores afecta, yendo hacia adentro, a redactores y a otros profesionales y trabajadores que elaboran la noticia, la priorizan o descartan, le dan más o menos tiempo, la ubican o desubican de los faldones informativos, la condenan a franjas horarias sin repercusión apenas...

Lo dicho aquí no sólo vale para cuestiones relacionadas con los credos, también vale para las ideologías y, teniendo en cuenta que detrás de un ente público hay un gobierno que tiene un tinte político dotado de un perfil ideológico, el lector podrá comprender que lo que se diga respecto del fenómeno confesional es aplicable, *mutatis mutandis*, a muchos otros espectros de ahí que, como digo, hasta las empresas teóricamente neutras como pueden ser las públicas, precisamente porque lo son se ven obligadas a imponer unos principios de actuación que terminan recortando las libertades de sus trabajadores, condicionando sus decisiones, etc.

Sentado lo anterior como presupuesto teórico que debe ser tenido en cuenta, comprobamos, por un lado, que la libertad de empresa afecta también al ámbito público y, por otro, que a los efectos que nos interesan, constituye un escenario idóneo para que en su seno se produzcan conflictos jurídicos.

A lo largo de este trabajo tendremos ocasión de comprobar cómo lo dicho es cierto y que, por tanto, las tesis mantenidas en este epígrafe resultan ciertas, aunque a este resultado se llegue a fuerza de los hechos, es decir, como consecuencia de un imperativo fáctico. La realidad, que siempre constituye un elemento jurídico —aunque sea en sentido impropio— se impone por tozuda, y el jurista no puede sino referirse a ella y aceptarla como el *prius* que necesariamente es; a partir de ella, todo análisis jurídico que se realice debe tenerla como referente.

2.2. Marco normativo

La libertad de empresa tal vez sea un área del Derecho insuficientemente explorada. En ella, como en tantas otras libertades y derechos, navegaremos en un cierto mar de dudas y nos enfrentaremos ante algunas de las numerosas antinomias que ofrece nuestro ordenamiento.

Descendiendo a la norma, verdadero yunque en el oficio de jurista, el primer referente no puede ser otro que el artículo 38 de la Constitución española[4]. La dicción del precepto se limita a decir que se reconoce dicha libertad «en el marco de la economía de mercado» para añadir a continuación que «Los poderes públicos garantizan y protegen su ejercicio y la defensa de la productividad, de acuerdo con las exigencias de la economía general y, en su caso, de la planificación».

Como vemos, no contiene ningún referente a la tendencia o al ideario del empresario, sea persona física o jurídica —algo que cabría esperar—, salvo lo que concierne al propio enunciado: el reconocimiento de la libertad de empresa.

Se trata, pues, de una libertad «*stricto sensu*», si bien no es considerada «fundamental» por ubicarse fuera de la Sección 1.ª del Capítulo II, dedicada a los «derechos fundamentales y a las libertades públicas» y sí en la siguiente, cuyo rótulo es el de «los derechos y deberes de los ciudadanos».

De esto se derivan numerosas consecuencias lo cual, por supuesto, excede del objeto de este volumen, pero conviene destacar algunos elementos que ponen en evidencia ciertos problemas con los que resulta fácil tropezar.

El primero de ellos es su contraposición con el correlativo derecho al trabajo. Aunque cueste un poco entenderlo —y explicarlo— ni uno ni otro son derechos fundamentales[5], al menos para los constituyentes españo-

---

[4] En adelante CE.

[5] El derecho al trabajo se recoge en el artículo 35 como derecho-deber e incluye el derecho «a la libre elección de profesión u oficio», «a la promoción a través del trabajo», así como el derecho a «una remuneración suficiente para satisfacer sus necesidades y las de su familia» sin que quepa hacer «discriminación por razón de

les, al contrario, son ubicados en la misma sección y, en este sentido, parten de un aparente mismo posicionamiento en cuanto que derechos constitucionales. Ello podría hacer pensar que tanto una libertad como su correlativo derecho se encuentran en un plano de estricta igualdad, algo que no es cierto pues, como todo jurista sabe, el Derecho laboral se fundamenta en una serie de principios inspiradores que lo animan y uno de ellos es el carácter tuitivo de la norma al pretender garantizar ciertos derechos del trabajador, como medida que procura combatir —o compensar— la teórica situación de superioridad en la que se encuentra normalmente el empresario.

Nuestro ordenamiento jurídico, como es bien sabido, se inserta sin embargo en varios ordenamientos supranacionales y uno de ellos es el de la Unión Europea[6]. En la Carta de los Derechos Fundamentales de la Unión Europea[7] la libertad de empresa es reconocida como un «derecho fundamental» y aunque lo sea «de conformidad con el Derecho de la Unión y con las legislaciones y prácticas nacionales» —que es la dicción exacta de la norma—, lo primero que llama la atención es que un mismo derecho sea fundamental y no lo sea al mismo tiempo.

¿Puede serlo a nivel europeo no siéndolo a nivel estatal? Sería una solución que no exime de ciertas perplejidades, para empezar, el uso del calificativo «fundamental».

Sin perjuicio de otras perplejidades derivadas de tal contradicción, como son los mecanismos de protección interna frente a violaciones de dicha libertad, vemos, pues, que, si a nivel de concepto las cosas no están nada claras, es previsible que su desarrollo y el alcance último de las consecuencias que de él derivan se prevean complejas. Es más, cuando entren en colisión con el derecho del trabajo y cuando haya que añadir determinados ingredientes al conflicto jurídico, como sería el caso de las creencias religiosas, del ideario político, filosófico, ideológico o económico de la entidad..., el panorama ante el que nos enfrentaremos ganará en dificultad.

La dicción del precepto, que termina refiriéndose, como últimas *ratios*, al «Derecho de la Unión» y a las «legislaciones y prácticas nacionales», es una especie de guiño al cine surrealista en tanto que adopta como referentes normas distintas, muchas veces contradictorias, no sólo entre los Estados miembro sino —también— entre las legislaciones y principios inspiradores de éstos y el llamado Derecho de la Unión.

El Derecho internacional público apenas trata la materia; no sucede lo mismo con los derechos de los asalariados, los cuales sí merecen un pequeño grupo de normas por parte de la Declaración Universal de los De-

---

sexo». El apartado segundo y último establece que por ley se regulará el estatuto de los trabajadores.

[6] En adelante UE.

[7] En adelante CDFUE.

rechos Humanos[8], en las que se reconoce el derecho al trabajo y, con él, otros muchos relacionados con el salario, el descanso, las vacaciones, el derecho a sindicarse, la no discriminación, etc, etc.[9]

Cabría reproducir aquí la misma paradoja expuesta más arriba: ¿cómo puede carecer del carácter de «fundamental» el derecho al trabajo en el ordenamiento español y, al mismo tiempo, tener el carácter de «derecho humano» en una legislación internacional ratificada por España? Las consecuencias teóricas —y prácticas— que ofrece dicha paradoja van desde la regulación jurídica sustantiva de todos los derechos inherentes al trabajo a cuestiones procesales que van —a su vez— desde los mecanismos de protección nacional hasta los que ofrece la legislación internacional. Insisto, no es éste el lugar adecuado en el que intentar profundizar en dichos problemas, baste —a los efectos que pretendo— evidenciar el defectuoso tratamiento jurídico que la materia ofrece desde sus mismos orígenes y cómo de ello se deriva —como necesaria consecuencia— la dificultad apriorística de encontrar adecuados cauces para la resolución de otros problemas como los que planteo en la presente publicación.

De forma correlativa y en cierto modo anunciada, observamos que las relaciones laborales se encuentran reguladas por el Estatuto de los Trabajadores[10] que, o bien pretende responder a la necesidad de articular las condiciones en los que ha de desarrollarse la actividad asalariada, o bien se ubica en una posición intermedia, procurando servir de marco regulador de dicha actividad que, por un lado, tipifica al empresario y, por otro, a su empleado. Dicho con otras palabras, el ET[11] se concibe necesariamente o bien como la norma en la que se regulan los derechos laborales, o bien como el marco en el que confluyen la actividad empresarial y el orden laboral pero, en todo caso, lo que queda fuera de toda duda es que el legislador no pretende con él desarrollar el derecho a la libertad de empresa. En consecuencia —cabría concluir— este derecho queda actualmente sin regulación.

Únicamente, atendiendo a lo que dispone el ET al referirse a los derechos de los trabajadores, podríamos obtener el «negativo fotográfico» que nos dé una idea de lo que el legislador concibe respecto a las libertades del empresario. Éste podrá, al menos en línea de principio, hacer todo aquello que las leyes imperativas, prohibitivas, punitivas u otras restrictivas de sus derechos no le impidan.

Esta lectura, por pasiva, de los derechos inherentes a la libertad de empresa está condenada, como es lógico, a sufrir cierta falta de rigor técnico y científico por la casi total ausencia de regulación. Una mirada al índice del ET confirma la sospecha de que nada más lejos de la inten-

---

8 En adelante DUDH.

9 Arts. 22; 23 y 24.

10 En adelante ET.

11 Aprobado por Real Decreto Legislativo 2/2015, de 23 de octubre.

ción del legislador que regular aquélla sino que se centra única y exclusivamente en otorgar un estatuto al personal asalariado. Sólo las secciones y capítulos que se dedican a la suspensión del contrato[12], a la extinción del mismo[13] y a las faltas y sanciones[14], podrían valer para —de forma correlativa y *a sensu contrario*—, obtener pautas en torno a los derechos del empresario; pero la redacción de los preceptos citados demuestra claramente que en la mente del legislador tampoco se pretende establecer criterios al respecto.

Tenemos así que la libertad de empresa es un derecho constitucional carente por completo de regulación en España, que ello no se remedia con el precepto que la CDFUE dedica a la materia y que, a la postre, no contiene más que una remisión a dos ordenamientos normalmente distintos, cuando no contradictorios.

Lo mismo cabría decir del Convenio de Roma para la Protección de los Derechos Humanos y de las Libertades Fundamentales[15] en el que no se prescribe nada relacionado con nuestra materia salvo la prohibición de la esclavitud y del trabajo forzoso[16], el derecho al respeto a la vida privada y familiar[17], la libertad de expresión[18], la prohibición de discriminación[19], la prohibición del abuso de derecho[20] y, por supuesto, la libertad de pensamiento, conciencia y religión[21].

Todos estos derechos operan —como si fueran moldes—, constituyendo los límites a los derechos y facultades del empresario, en tanto que asisten potencialmente a los trabajadores en el ámbito de las relaciones laborales. Sucede, sin embargo, que, a la postre, el ejercicio de esos derechos, en tanto que constituyen el patrimonio jurídico del trabajador, conforman —al pasar por pasiva la oración— el estatuto del empresario o, al menos, una aproximación al mismo.

No es, pues, mucho, lo que aportan las normas en esta materia salvo si accedemos al Pacto Internacional de Derechos Económicos, Sociales y Culturales[22].

En esta última Convención cabe destacar, además de la prohibición de discriminación[23] y la prevención de posibles abusos y actuaciones en

---

12 Arts. 45 a 48.
13 Arts. 49 a 56.
14 Art. 58.
15 En adelante CEDH.
16 Art. 4.
17 Art. 8.
18 Art. 10.
19 Art. 14.
20 Art. 17.
21 Art. 9.
22 Hecho en Nueva York el 16 de diciembre de 1966. Instrumento de ratificación de 13 de abril de 1977. En adelante, PIDESC.
23 Art. 2.2.

fraude de ley en los que podría incurrir el empresario —aunque no se refiera a él expresamente[24]—, un grupo de normas que vuelven a desarrollar los derechos que asisten al trabajador relacionados con la libertad de elección[25], el derecho a una remuneración suficiente[26], el de disfrutar de unas condiciones mínimas en cuanto a higiene y seguridad[27], el derecho al descanso, el tiempo libre y vacaciones[28], los derechos sindicales[29] o el de acceso a un sistema de Seguridad Social[30]. Como se ve, nada que se refiera a cuestiones de conciencia del personal laboral como tampoco del empresario, por lo que cabría concluir que la ausencia de norma es la tónica general en lo referente a los derechos inherentes a la libertad de empresa en relación con el credo religioso o el ideario ideológico o político de cualquiera de las partes que constituyen la relación laboral.

2.3. Régimen jurídico de la libertad de empresa

Expuesto lo anterior y derivado como consecuencia de estar recogido en el art. 38 de la CE, el régimen jurídico que afecta a la libertad de empresa es el siguiente:

A) Sólo puede regularse por Ley que, en todo caso, deberá respetar su contenido esencial[31].
B) No cabe, por tanto, el desarrollo de la materia por Decreto-Ley[32].
C) Es posible interponer recurso de inconstitucionalidad contra las disposiciones normativas con fuerza legal si vulneran el derecho a la libertad de empresa[33].
D) Goza de la protección de la que se encarga el Defensor del Pueblo[34] y, en su caso, de los Defensores del Pueblo de las Comunidades Autónomas, para lo cual tienen potestad de supervisión de la actuación de las distintas Administraciones públicas.

Todo lo anterior constituye el corolario en el que se desenvuelve este derecho que posee el empresario, lo que habría que conectar con los derechos que asisten a las Iglesias, Confesiones y Comunidades religiosas

---

24 Art. 5.
25 Art. 6.1.
26 Art. 7.1.
27 Art. 7.2.
28 Art. 7.2.
29 Art. 8.
30 Art. 9.
31 Art. 53.1 de la CE.
32 Art. 86.1 de la CE.
33 Art. 161.1 a) en relación con el art. 53.1, ambos de la CE.
34 Art. 54 de la CE.

en tanto en cuanto ellas pueden crear —o constituirse, si bien de forma impropia— en centros empresariales.

Como digo, este derecho, como otros muchos, pese a su reconocimiento constitucional, ha quedado exento de regulación específica y los estudios que ha habido, así como la jurisprudencia que ha resuelto los conflictos surgidos, han tenido que ver con otras materias, más propias de la actividad empresarial *stricto sensu* que de las cuestiones que derivan de su posible ideología o tendencia.

Así podemos ver que los temas abordados hasta la fecha han tenido como objeto cuestiones que les son más propias como, por ejemplo, la economía de mercado[35], su inserción en el Estado social, la competencia o los límites que los intereses generales imponen, dando facultades al sector público para intervenir, algo sencillo de entender.

Son significativas, en este sentido, las palabras de GOIG MARTÍNEZ, quien, al comentar el artículo 38 de nuestra Carta Magna señala que «no se puede negar que del tenor del art. 38 se puede extraer la constitucionalización del capitalismo liberal, principalmente por la concepción que del término «economía de mercado» se pueda tener como sinónimo de liberalismo puro. Pero tampoco se puede olvidar que la interpretación que del art. 38 han realizado los sectores que se sitúan más a la izquierda de la política española les ha llevado a la idea de constitucionalización de una economía socialmente orientada, o incluso una economía dirigida o planificada»[36].

Como se ve, la libertad de empresa genera un debate jurídico muy alejado de los presupuestos teóricos en los que se desenvuelve este trabajo, de modo que sólo nos queda, a la hora de desarrollar este punto, acudir a cuestiones más genéricas que hayan de servirnos para ofrecernos ciertas pautas.

Para empezar, hay que acudir a la doctrina del TC para recordar que, respecto del contenido esencial de los derechos, es preciso incluir aquellos elementos sin los cuales la libertad pierde su sentido o, en otros términos, dicha libertad queda constituida por el contenido ineludiblemente necesario para que el derecho permita a su titular la satisfacción de aquellos intereses para cuya consecución el ordenamiento le otorga al derecho ejercitado.

Por otro lado, debemos conectar el art. 38 con otros preceptos contenidos igualmente en la CE, como son los arts. 40; 128; 130 y 131 —por ejemplo—. No nos facilita la tarea de perfilar ni delimitar el alcance de la liber-

---

[35] Sobre el particular, véanse las SS del TJCE de 19.III1991 (República Francesa contra la Comisión); 25.VII.1991 (Gorda contra Comisariíta Loor de Media) y 17. XI.1992 (Reino de España contra la Comisión).

[36] «Art. 38», en *Comentarios a la Constitución española de 1978*, ALZAGA VILLAAMIL, Óscar, T. III, ed. Cortes Generales y Editoriales de Derecho Reunidas, Madrid, 1996, p. 732.

tad de empresa a los efectos que nos interesan, pero sí nos sirven para concluir que el sector económico y, por tanto, el empresarial, no es algo completamente ajeno a la acción del Estado; éste, por tanto, tiene una vocación de servicio que le puede llevar, en función de la necesaria realización de unos principios y fines generales, a tomar determinadas iniciativas, establecer controles y participar, de un modo u otro, en el sistema.

Pero esto tampoco sirve demasiado a un eclesiasticista que se enfrenta ante la realidad empresarial religiosa o ideológica y más si las vincula al ámbito de las relaciones laborales. Si acaso señalar que la economía de mercado implica pluralismo, autonomía, libertad de acción, desconcentración..., y de estos principios se benefician no sólo las entidades mercantiles propiamente dichas sino, además, las Confesiones religiosas, las Iglesias, las Comunidades y sus entes.

Desarrollar la libertad de empresa, no obstante la dificultad técnica que supone, es un esfuerzo interesante toda vez que puede proporcionar elementos que hayan de ser tenidos en cuenta a efectos teóricos y prácticos.

Para hacer efectivo dicho desarrollo, preciso es realizar algunas reflexiones jurídicas más propias de otras ramas del Derecho como el constitucional o el mercantil, que es lo que haré a continuación.

La libertad de empresa —dice DEJUÁN ASENSIO[37]— despliega sus efectos en tres libertades, a saber, la libertad de inversión, la libertad de organización y la libertad de contratación.

Así las cosas, las entidades empresariales, también aquéllas a las que les puede aplicar tal calificativo en sentido lato, tienen, al menos, los siguientes derechos:

— A invertir en los sectores que deseen.
— A organizar libremente el proceso productivo, tanto de bienes como de servicios.
— Para definir los objetivos —subjetivos— perseguidos por la empresa.
— Para dirigir y planificar su actividad.
— Para organizar la gestión de sus recursos y del personal a su servicio con arreglo a criterios propios.

Pero a este conglomerado de libertades, inherentes a su naturaleza —o vocación— empresarial hay que añadir otros aspectos derivados de su contenido jurídico y, en este sentido, la primera facultad que posee el empresario es la de elegir el modelo social, individual, etc. que mejor se adapte a sus intereses.

---

[37] «Principios rectores de la actuación de la empresa pública en la Constitución española de 1978. Del principio de subsidiariedad al principio de compatibilidad», en *Revista Española de Derecho Administrativo*, n. 25 (1980), pp. 260 y ss.

Todas estas libertades habrán de ponerse frente a las que asisten a los trabajadores (como quedó apuntado más arriba) en el sentido de que éstas actúen como freno y contorno que delimita a aquéllas. A título de ejemplo cabría citar, sin perjuicio de otras que podrían añadirse, las siguientes:

— El derecho de sindicación.
— El derecho de huelga.
— El derecho a la negociación colectiva.
— El derecho a la adopción de medidas de conflicto colectivo.
— El derecho a la ocupación efectiva de los trabajadores.
— El derecho a la formación profesional.
— El derecho a una remuneración suficiente.

Como vemos, este elenco de derechos típicos de los trabajadores operan como contrapuntos de las libertades que asisten al empresario, sea éste religioso, ideológico o de otro tipo.

Sin embargo, como ha quedado expuesto más arriba, el fenómeno religioso se va extendiendo progresiva y paulatinamente en el mundo y a ello no escapa el ámbito empresarial —como tampoco el profesional—, de ahí que debamos atender a las nuevas manifestaciones en los que el empresario desea proyectar numerosas cuestiones que afectan a las relaciones laborales, como tendremos ocasión de comprobar a lo largo de las páginas que siguen.

3. Empresas de tendencia

3.1. Introducción

Lo que a nivel de principio podría quedar suficientemente claro, cuando se desciende al caso concreto suele suceder que, por el contrario, generen sobrados motivos que conviertan en objeto de controversia cada supuesto fáctico.

Pongamos como ejemplo las sociedades de capital y, más en concreto, una entidad financiera. Teóricamente, el banco X no se corresponde con el perfil de una empresa de tendencia. Si nos fijamos bien, ni en su escritura de constitución ni en sus estatutos ni —tampoco— a lo largo de su vida social, existe elemento alguno que apunte hacia una conclusión distinta.

Sucede, sin embargo, que el principal accionista o los principales accionistas (que a veces son familiares), antaño creadores de la entidad bancaria, son personas dotadas de unas personales convicciones religiosas que se identifican con una Confesión concreta; es más, cabría asociarlas, por ejemplo, por su pertenencia o simpatía, a un determinado grupo religioso o prelatura personal de la que forman parte o, simplemente, en la que han sido educados y a la que le deben parte de lo que son.

Nos encontramos en tales casos ante sociedades que no se prestan fácilmente a ser identificadas como empresas de tendencia pero que, sin embargo, por estas circunstancias subyacentes, se identifican —o simplemente simpatizan— con determinados credos religiosos o, en otro caso, con ciertos ismos ideológicos o políticos.

Cabría calificar este tipo de entes como empresas de tendencia impropia y, en tal sentido, sobreentender que existe una aminoración de la carga ideológica o religiosa.

Entre la doctrina hay autores que propugnan un concepto amplio de empresa de tendencia[38] y otros que, por el contrario, optan por un concepto más estricto[39]. Personalmente prefiero la noción amplia pues, como veremos a lo largo de este estudio, ésta es una opción potencialmente más capacitada para responder a los muy diversos problemas que la praxis y el Derecho plantean. Una noción estricta dejaría fuera numerosos supuestos en los que el prototipo «empresa» o el calificativo «ideológico» o «de tendencia» no se ajustan o identifican claramente, cuando la realidad normalmente es mucho más compleja, entre otras cosas porque esas tendencias se presentan de forma subyacente.

Dicho con otras palabras, las concepciones reduccionistas del concepto «empresa de tendencia» —que sería la traducción del término acuñado por la dogmática alemana *Tendenzbetrie*— al final no servirían para responder a las numerosas cuestiones que la praxis forense ofrece, o para resolver las cuestiones que determinados supuestos de hecho plantean.

Es muy fácil admitir que, entre las empresas de tendencia, podemos encontrar o encontramos las que son propiedad de las Confesiones religiosas, los partidos políticos, los sindicatos y las organizaciones empresariales; entre otras cosas porque a ellas se refiere de forma específica la Constitución[40], pero si no añadimos a dicha relación los colegios privados y otras instituciones de enseñanza —a todos los niveles y en todas las etapas—, o si dejamos fuera los medios de comunicación que, además, también tienen cobertura específica en nuestra Carta Magna[41], es obvio que el punto de partida de este estudio sería manifiestamente insuficiente.

En este sentido no debemos olvidar la doctrina que nuestro Tribunal Constitucional ha sentado al hilo del debate introducido con respecto a

---

[38] Entre ellos, APARICIO TOVAR, «Relación de trabajo y libertad de pensamiento en las empresas ideológicas», en *Lecciones de Derecho del trabajo en homenaje a los profesores Bayón y Del Peso*, Madrid, 1980, pp. 288-289.

[39] Es el caso de la doctrina alemana, representada por WALLMEYER (*Die Kündigung des Arbeitsvertrages aus wichtigem Grund*, Stuttgart, 1962, pp. 118-119) y, entre la italiana, GUEZZI (*Statuto dei diritti dei lavoratori*, Bolonia, 1972, pp. 230-231).

[40] Arts. 16.3; 6 y 7 de la CE respectivamente.

[41] Arts. 27, especialmente los apartado 1; 2; 3; 6; 7 y 10; y artículo 20.

la libertad de creación de centros docentes y en las que ha manifestado claramente la posibilidad de introducir elementos ideológicos dignos de protección[42].

Partiendo de estos dos presupuestos es forzoso «abrir el objetivo» para abarcar dentro de él cualquier hipótesis de trabajo en el que el elemento ideológico o religioso pueda ponerse en juego, no sólo desde el punto de vista de la propiedad o de la titularidad del ente sino, también, dentro de las facultades inherentes a la dirección y gestión de las empresas y centros de contratación.

Lo expuesto hasta aquí con fines introductorios ha de servir para tener presente que —potencialmente— numerosos son los tipos de entidades empresariales —o empresarios individuales— que pueden ofrecer particularidades en esta materia.

3.2. Las empresas de tendencia propiamente dichas

3.2.1. Las Confesiones religiosas y sus entes

Si se puede predicar de forma incuestionable que se trata de una empresa de tendencia es de las Confesiones religiosas y de los entes que componen su estructura jerárquica e institucional.

Utilizaré como ejemplo la Iglesia católica[43] por ser la más conocida y, probablemente, la más y mejor estructurada.

La IC es un ente complejo que opera con criterios mixtos: territoriales y personales a un tiempo, llegando a extenderse por todo el orbe. Además de su cuerpo orgánico, extraordinariamente estructurado, encarna un credo: el católico, de modo que podemos predicar de ella que tiene su propia Teología, además de otros saberes que se derivan de aquélla como son la Teodicea, Jesusología, Cristología, Eclesiología, Metafísica, Filosofía, Moral, Derecho, etc.

Todo ese conjunto de ramas del conocimiento vienen a converger en una serie de verdades que no son discutibles, muchas de ellas afectan a la moral, al sentido del hombre y a su misión en la tierra. De todo ello se deriva claramente la posibilidad de afirmar que posee una tendencia específica, es decir, un ideario propio.

Faltaría determinar si se puede hablar de ella a los efectos de calificarla de «empresa». Evidentemente no responde al perfil de un centro productivo, económico o fabril, provisto de ánimo de lucro, etc., ni es —ni será nunca— una sociedad de capital; sin embargo, bien visto, estamos ante la mayor de las multinacionales que existen y, en el sentido impropio

---

42 SS. 13.II.1981 (especialmente el fundamento jurídico 8.º) y 27.VI.1985 (que remite a la anterior).

43 En adelante IC.

del término, constituye un conjunto complejo de entramados societarios que, en cierto modo, comparten algunos elementos propios de la actividad empresarial. Para demostrar este aserto pondré varios ejemplos pero, antes, quiero apuntar algunos elementos que apuntalen mis afirmaciones.

Las Iglesias particulares como son, en todo caso, las Diócesis, tienen, entre otros centros: un archivo, una biblioteca, un seminario, unas oficinas y, con frecuencia, un Museo diocesano, un museo catedralicio, etc. Lógicamente, cada una de estas instituciones conforman centros económicos en los que hay una contabilidad y un contable a su servicio, un servicio de limpieza, portería, secretaría, conservadores, restauradores, etc., pues bien, en numerosas ocasiones no son ni pueden ser los propios eclesiásticos los que se hagan cargo de dichas tareas sino que éstas se encargan de forma estable a empleados externos que asumen las funciones propias de cada puesto de trabajo.

Dicho lo anterior repare el lector en la existencia en cada país de las Conferencias Episcopales; todas ellas disponen de una sede física, y, con ella, de personas encargadas de todos los servicios que precisan, por tanto, son centros que están dotados de presupuestos, están sometidos a unas reglas concretas en cuanto al gasto y, de igual modo, su funcionamiento es reglado, sus competencias preestablecidas..., de manera que no escapan a la necesaria estructuración de servicios y funciones, muchas de las cuales desempeñan personas ajenas a la jerarquía eclesiástica.

Lo mismo cabe decir de las Nunciaturas apostólicas, sedes diplomáticas que el Vaticano tiene acreditadas en casi todos los países del orbe, Dicasterios, Tribunales eclesiásticos…, además de la estructura propia de cada uno de los Institutos de vida consagrada, grupos confesionales, etc.

En parecidos términos podríamos hablar, *mutatis muntandis*, del Judaísmo, del Islam, de las Iglesias protestantes, de otros grupos confesionales y, por supuesto, de los Nuevos Movimientos Religiosos[44]. Todos ellos, o casi todos, adquieren una estructura, aunque sea ésta mínima: se constituyen en comunidades, alquilan locales, los amueblan, contratan un teléfono, la luz, un seguro… pero, muchos de ellos, además, crean asilos para ancianos, centros de rehabilitación de alcohólicos y toxicómanos, guarderías, Institutos de estudios bíblicos, editoriales, librerías, cadenas de televisión y de radio, Universidades…, en fin, un entramado completo de centros de contratación y de gasto, pero también —como es lógico— de mecanismos de captación de nuevos fieles, de fondos, etc.

---

[44] En adelante NMR. Se trata de una expresión acuñada por la doctrina eclesiasticista que se refiere a realidades confesionales o eclesiales que, siendo ajenas a nuestra tradición religiosa y, por tanto, extrañar a nuestra cultura, así como a otras cultural milenarias, representan opciones cuyo contenido teológico es posible que desconozcamos pero que operan en el Estado e intervienen en las relaciones jurídicas, reclamando el reconocimiento de aquél, un estatuto jurídico equiparable al de otros credos, etc.

Se podrá decir de ellos que no son empresas propiamente dichas, que carecen del elemento esencial que caracteriza a las entidades mercantiles: el ánimo de lucro; pero también se tendrá que convenir conmigo que es lícito la obtención de lucro por parte de cualquier entidad, hasta de aquéllas que carecen constitucional, ontológica y jurídicamente de dicho ánimo. La razón es clara: el hecho de no tener *animus lucrandi* no impide en absoluto tener un presupuesto capaz de responder a las necesidades del ente en cuestión y, para ello, es preciso captar fondos, aunque se destinen a fines predeterminados completamente ajenos al beneficio «empresarial». Ese «beneficio» representa la posibilidad de cumplir con su fin último, con su proyecto fundacional, y cualquier extra, cualquier logro económico que se pueda recabar más allá del esperado o del estrictamente suficiente, puede —y debe— ser destinado a ampliar, fortalecer, mejorar, extender..., la acción social para la que la entidad se creó.

Cabría en este sentido, hablar de un ánimo de lucro en sentido impropio porque, a diferencia del que caracteriza a los empresarios individuales y a las empresas y sociedades de capital, estas otras entidades —incluso las benéficas—, tienen legítima aspiración a obtener recursos que la permitan fortalecer sus estructuras, ampliar su capacidad de acción, reproducirse...

Por tanto, la actividad económica, encaminada a lograr los objetivos perseguidos y a desarrollar las actividades programadas, no tiene límites cuantitativos ni tiene porqué tenerlos, al contrario, el crecimiento económico del ente será proporcional al éxito societario, y esto es algo que en términos sociales, aunque sea en cierto modo impropio, es beneficio, representa el éxito, mejora las condiciones de la entidad, de quienes trabajan en ella y de quienes se benefician de sus actividades.

Ningún partido político tiene como tal ánimo de lucro ni cabe decir de él que se trate de una empresa; sin embargo, todos admiten donaciones y entregas de dinero procedentes de entidades, instituciones y dotaciones presupuestarias que, estando de acuerdo con las leyes, sean legítimas. No es la naturaleza del ente, en este caso, algo que nos hable de «beneficio» en términos económicos o de «lucro» en términos mercantiles, sin embargo, les es lícito cualquier ingreso que sea legal, sin límite alguno, y les es lícito, por lo mismo, recabar fondos y realizar actividades tendentes a ello, desde una cena con el presidente o el secretario del partido, cuyo cubierto suponga un importante sobrecoste a cualquier tipo de rifa o de sorteo.

Como vemos, en esta materia es preciso andar «con pies de plomo» pues la aplicación fría y estereotipada de criterios formales puede dar lugar a aberrantes consecuencias, algo completamente lejano a la realidad. La realidad es la que es y no se adapta al Derecho, es éste el que tiene que tener en cuenta a aquélla para adaptarse y regularla. En este sentido, es la actividad económica y, por supuesto, la condición de ente empleador, lo que nos interesa a los efectos de aplicar este grupo de normas a las que nos estamos refiriendo a cualquier ente dotado de ideario, sea de forma objetiva y vertida hacia el exterior, sea de forma implícita, sea por «activa» o por «pasiva». La concepción amplia y flexible de los términos «empresa», «de tendencia» y de «beneficio» o de «ánimo lucrativo» que propugno tiene la ventaja de no dejar fuera ninguna realidad que pueda aparecerse ante nuestros ojos; nos basta que el ente sea empleador, es decir, que celebre contratos de trabajo e, incluso, otras formas impropias de relaciones estables donde la dependencia, el trabajo, la prestación de servicios y la remuneración estén presentes de una u otra forma para que tengamos ante nosotros el objeto que nos sirva de punto de partida en el que aplicar el DEE cuando se trate de relaciones laborales o pseudolaborales en el que el elemento confesional —ideológico o de conciencia— hagan su aparición.

A fin de «visualizar» la dimensión orgánica de los grupos religiosos en España conviene indicar en cifras la realidad de la Iglesia católica. Hacerlo de los demás grupos religiosos es mucho más complejo y expuesto a errores; en primer lugar por la existencia de muchos de ellos que no declaran su actividad con mínimo detalle, en segundo, porque de otros muchos no se conoce su existencia, por último, los más conocidos y estructurados, porque tienen suscritos Acuerdos de cooperación con el Estado español, si bien daría unas cifras insuficientes al faltarle las que aportan las otras, están algunas en constante crecimiento. Para lo que importa a los efectos de este trabajo, pues, valga conocer la importancia en cifras de la Iglesia católica, bien sabido que al peso de la misma hay que añadir la cada vez más importante actividad del resto de Iglesias, Confesiones y Comunidades religiosas.

La Iglesia católica actualmente en España tiene[45]:

- 14 Universidades, en donde estudian 83.279 alumnos.
- 2.600 Centros educativos no universitarios que emplean a 123.835 personas.
- 25.660 profesores de religión católica.
- 23.071 parroquias.
- 18.813 sacerdotes.
- 918 monasterios.
- 9.153 monjes y monjas de clausura.
- 8.672 monjas de vida apostólica.
- 57.531 religiosos.
- 12.665 entidades religiosas católicas.
- 13.000 misioneros.
- 7.623 centros asistenciales.
- 6.000 Cáritas parroquiales.

---

[45] Los datos han sido obtenidos de la memoria anual presentada por la Conferencia Episcopal Española del año 2015.

- 956 proyectos de Manos Unidas.
- 3.806 Bienes inmuebles entre los que se encuentran:
  - — 3.168 bienes de interés cultural.
  - — 22 bienes declarados Patrimonio de la Humanidad.
  - — 616 Santuarios.

En función de la actividad que desarrolla, se calcula que su impacto en el PIB español alcanza la suma de 22.620 millones de euros y que el empleo generado asciende a la cifra de 225.300 personas.

A ello hay que añadir, por si fuera poco, otras actividades, unas organizadas, otras no. Dentro del primer grupo cabe destacar, las Edades del Hombre, cita anual para los amantes del arte que ha alcanzado en poquísimos años interés internacional o, en el segundo, el Camino de Santiago, verdadero fenómeno de masas que sigue atrayendo a millones de peregrinos para llegar a la tumba del apóstol a través de las rutas jacobeas.

Es evidente que todos los grupos que se encuadran en el término «confesionales» no son entes empresariales *stricto sensu*. Su estructura no es empresarial, como tampoco lo es su origen ni su naturaleza, no les mueve el afán de lucro ni sus fines son asimilables a las de una sociedad mercantil, tampoco su funcionamiento y, sin embargo, como ha quedado expuesto, emplean a cientos de miles de personas y trabajan en ellos también grandes cantidades de hombres y mujeres, de ahí el interés que debe despertar el fenómeno confesional en los operadores jurídicos.

3.2.2. Entidades creadas por las Confesiones religiosas

Es obvio que un Seminario conciliar no es un centro que pretenda dar resultados económicos, otra cosa es que no se le exija esto mismo a una Universidad privada de la Iglesia. Que ésta se autofinancie o, si es posible, obtenga beneficios, puede ser un objetivo legítimo perseguible por sus gerentes y responsables. Ahora bien, la pregunta que cabe hacerse es si esos beneficios son incardinables en el *animus lucrandi* o no.

Las sociedades de capital deben dar beneficios por voluntad de sus principales accionistas pero, también, para tener más reservas, más capacidad de crecimiento, mayor resistencia a la estacionalidad, mayores recursos frente al carácter cíclico de las crisis y, por supuesto, para que reporte ventajas y beneficios a los accionistas. No son asimilables, por tanto, el concepto «beneficio» en una sociedad mercantil y el de una Universidad privada en manos de la Iglesia. Sí podría serlo en caso de que la Universidad privada sea propiedad de una persona física o jurídica —con ideario o no, ésta es otra cuestión— pues su actividad podrá ser docente y formativa pero su objetivo empresarial puede estar perfectamente vinculado a la obtención del lucro, algo compatible y coherente en tanto que depende de la voluntad del propietario y de sus fines estatutarios.

Ahora bien, el hecho de que no sea asimilable el término «beneficios» en una Universidad propiedad de la Iglesia católica con los de una sociedad de capital no nos debe hacer olvidar que ésta puede desear obtenerlos para provisionar fondos ante necesidades futuras: ampliación, reformas en edificios, creación de nuevos centros, etc. Cuando una orden religiosa enajena un inmueble es lícito que lo haga procurando obtener el mayor valor de mercado, aunque carezca de ánimo de lucro, porque ese mayor valor permitirá realizar obras que se consideren necesarias o convenientes en otros conventos, crear nuevos centros asistenciales, apoyar a las personas que sienten vocación religiosa, realizar obras de caridad, etc.

Dicho lo anterior, debe quedar claro que una cosa es una Diócesis, por ejemplo, que es un ente confesional se mire por donde se mire, lo mismo que una parroquia o un convento, por muchos empleados que tenga, por muchos inmuebles que posean o por muchas limosnas que reciban y otra distinta es una Universidad dependiente de aquélla.

En este caso no nos encontramos ante una realidad orgánica que va inserta por definición en la estructura institucional de la IC, sino en un centro más cercano al concepto «empresarial» en tanto que constituye un eslabón que se ha alejado un paso de la estructura orgánica de una Iglesia. Dicho de otra manera, aunque pertenece a una Confesión, precisamente por su propia naturaleza ya no es Confesión, aunque sea confesional, aunque sea propiedad de un ente religioso.

En este segundo estadio se deja notar que el grado de afectación confesional debe ser menor que en el primero de los supuestos, precisamente porque se trata de un elemento derivado del núcleo eclesial.

Si los estudios fueran teológicos, de Derecho canónico, etc., cabría decir que esa derivación sería menor que si se tratara de estudios de Derecho o de Medicina. En estos casos, no obstante y dado que estamos ante una Universidad perteneciente a la IC se podría prohibir en el ámbito de la investigación, de las prácticas médicas, etc., el uso de embriones humanos, de células madre y de cualesquiera otras prácticas que sean consideradas inmorales por la doctrina de la Iglesia. Ello condicionaría la libertad de acción del profesorado, del personal auxiliar y del propio alumnado; por tanto, constreñiría ciertas facultades que en otro caso asistirían a personas contratadas por otra entidad.

Estamos, pues, ante una Universidad católica pero no por ello perteneciente a la IC en el sentido de formar parte de su estructura orgánica. Se trataría de otro ente, autónomo hasta cierto punto, si se quiere, aunque no del todo, dada su pertenencia y la finalidad con la que ha sido creada.

Descendamos varios escalones más y pongamos otro ejemplo de la vida real: las Cajas de Ahorro. La IC puede crear Cajas de Ahorro —y, de hecho, las ha creado—. Las Cajas tienen una normativa estatal y otra autonómica que operan como Derecho necesario; se trata de normas de *ius cogens* que las somete, entre otras cosas, al Derecho bancario y al regulador, en general, de las entidades de crédito. Hay un elemento social —necesario— en toda Caja y, por ello, puede ser un instrumento eficaz en manos de un Obispado para realizar una labor humanitaria y social pero, al mismo tiempo, dado que forman parte del sistema financiero, existen multitud de normas de origen estatal e, incluso, comunitario que les imponen unas determinadas formas de actuación, mecanismos de fiscalización, etc., de tal modo que la Iglesia titular pierde gran parte de su autonomía.

Siguiendo con la metáfora anterior, este tipo de entes, pese a ser propiedad de entidades confesionales, están en cierto modo alejadas de ellas, hay varios eslabones que, al tiempo que las unen, las separan, porque su vinculación con el ente confesional propiamente dicho está más alejado a causa de la naturaleza de la entidad (una Caja de Ahorros) y a causa de la finalidad que se persigue, que no es estrictamente religiosa ni nada que se le parezca.

Dicho con otras palabras, del mismo modo que podemos afirmar que las Hermanas de los Ancianitos Desamparados, pese a dedicarse a dar alojamiento a esas personas, vestirlas, darles de comer, etc., no forman parte del sector hotelero, habría que convenir que una Caja de Ahorros, por mucho que su propietario sea una Iglesia o Cabildo concreto, no es una entidad propiamente religiosa.

Al hilo de ello, cabría hacerse la siguiente pregunta: si estamos, o no, en el ejemplo de las cajas de ahorros, ante una verdadera empresa. Su origen no apunta en esa línea pero su naturaleza parece que obliga a posicionarse a favor de una respuesta positiva. Ciertamente es propiedad de una Confesión religiosa, tal vez puede parecer una paradoja que la IC —como cualquier otra Iglesia— pueda ser titular de cajas de ahorro, sin embargo, la naturaleza del ente apunta de forma inexorable a darle el tratamiento que corresponde a este tipo de entidades de crédito.

Este ejemplo —pienso— puede valer para ubicar en el último eslabón de los que mi imaginación alcanza a concebir, de entes desligados o alejados de la naturaleza verdaderamente religiosa del ente propietario, de tal manera que aunque no se pueda discutir la de éste, sin embargo, el ente de su propiedad o creado por él representa un ejemplo claro de ajenidad e independencia. Pues bien, en la medida en que se aleje dicho ente de la naturaleza religiosa predicable de la Iglesia propietaria, cabe hablar en sentido más propio de «ámbito empresarial», «beneficio» en sentido mercantil del término y, por supuesto, de «relaciones laborales», produciéndose un alejamiento o aminoración del elemento confesional que pueda afectar a las relaciones de todo tipo de surjan de sus actividades.

Afortunadamente, en España disponemos de un antecedente que bien merece la pena reseñar. Se trata del Monte de Piedad y Caja de Ahorros de Córdoba, una fundación creada por el Cabildo catedral de la ciudad califal. Aplicando la normativa contenida en la Ley Orgánica de Libertad

Religiosa[46], en el Real Decreto que desarrollaba a la sazón la regulación del Registro de Entidades Religiosas[47] y en el RD 589/1984[48], sobre Fundaciones Religiosas de la IC, dicha Caja, aprobada por Decreto del Obispo de Córdoba, que contaba —además— con el certificado de fines religiosos emitido por la Conferencia Episcopal Española[49], debería tener acceso al RER como entidad católica.

Ello sin embargo, en los Estatutos de la entidad, como es lógico, aparecía que, como Caja de Ahorros, podía suscribir todo tipo de contratos mercantiles y gestionar cualquier título mercantil, además de tener capacidad para la adquisición de inmuebles, activos mobiliarios, valores, etc.

Para no hacer excesivamente largo el argumentario decir que, al margen de defectos formales y otras consideraciones, la inscripción en el RER de la Caja en cuestión fue denegada por varios motivos, a saber:

1.º Por no tener personalidad jurídica el ente creador, es decir, el Cabildo. Hay que señalar a este respecto que los Cabildos catedrales tienen personalidad jurídica canónica y pueden adquirir la civil, pero para ello tienen que inscribirse en el RER. Aunque la aplicación de anteriores Concordatos les otorgara la personalidad jurídico-civil, lo que la nueva normativa exige es que se inscriban en el RER para su reconocimiento, de modo que el no hacerlo lleva aparejado la falta de acreditación a efectos de la vinculación con el ordenamiento jurídico español. De ello se deriva que un ente carente de personalidad jurídica (a efectos civiles) —o que no la puede demostrar— no puede crear entes que la tengan[50].

2.º Que si la finalidad de la inscripción en el RER es otorgar personalidad jurídico-civil a los entes que no la tengan, inscribir en el RER a una Fundación que es, en realidad, una Caja de Ahorros, dotada ya previamente de dicha personalidad, en cuanto que estaba inscrita con anterioridad en el Registro Especial de Caja de Ahorros, es un contrasentido[51].

3.º Que lo que tiene encaje en el RER y, por tanto, en el estatuto jurídico específico que la norma otorga a las entidades religiosas, es que sus «actividades», su «finalidad» y la «entidad» sean religiosas[52] y,

---

[46] En lo sucesivo LOLR.

[47] RD 142/1981, de 9 de enero, sobre Organización y Funcionamiento del RER (Adviértase que la norma está derogada, como la de las Cajas de Ahorro).

[48] De 8 de febrero.

[49] En adelante CEE.

[50] Considerando cuarto.

[51] Se trata de una interpretación de la norma que tiene como sustento lo establecido en la Disposición Transitoria Primera y en el artículo I 4), apartado 3, del Acuerdo sobre Asuntos Jurídicos.

[52] Al hilo del análisis hermenéutico del art. 3.2 de la LOLR.

> en este caso —razona la Resolución comentada[53]— la entidad no tiene tal carácter ni tampoco sus actividades se corresponden con las de un ente religioso, teniendo exclusivo encaje en el ámbito de los centros financieros, sentando como principio —a mi modesto entender acertado— que el hecho de que el ente creador tenga naturaleza religiosa no quiere decir que la tenga asimismo el ente creado por aquélla[54].

Así pues y con un argumentario muy sólido, concluye la Administración pública competente que no procede reconocer tal carácter de «religioso» a un ente que, pese a su origen y/o pese a tener una finalidad última de carácter moral al poder servir de instrumento a una Iglesia, no puede ser considerada como tal atendiendo a su naturaleza[55].

Ahora bien, una cosa es que no pueda ser considerada «fundación religiosa» a efectos de otorgamiento de la personalidad jurídica específica que la inscripción en el RER lleva aparejada, y otra bien distinta es que no estemos ante una realidad empresarial de origen confesional. Precisamente, la denegación de inscripción viene a consolidar la doctrina que pretendo exponer: la existencia de entidades empresariales propiedad de entes confesionales y lo que ello supone a los efectos que nos interesan: que estamos ante realidades de tendencia, provistas de un ideario, en las que toda esa carga teológica, moral, jurídica, etc... que conlleva el Derecho canónico se hace —o se puede hacer— presente en numerosos momentos y aspectos y, entre otros, en el ámbito de las relaciones empresariales/laborales que es lo que a nuestros efectos interesa.

No quiero terminar este apartado sin advertir al lector que, tanto en este epígrafe como en el anterior, debemos tener en cuenta que la mera adscripción ontológica de una estructura —empresarial o no— a una determinada Iglesia, hace que opere con toda su fuerza el ordenamiento jurídico confesional por la que ésta se rige, ello supone un haz de facultades que asisten al ente creador y que veremos más adelante al desarrollar el apartado 4.

3.2.3. Las empresas públicas de los Estados confesionales

Aunque resulte en cierto modo lejano o ajeno a nuestra cultura democrática, hay que pensar en la existencia de numerosos países confesiona-

---

53 Dictada por la Dirección General de Asuntos Religiosos el 22 de mayo de 1987.

54 Considerando sexto.

55 El texto íntegro de la Resolución puede verse en mi monografía *El derecho a la personalidad jurídica de las entidades religiosas*, ed. Universidad de Castilla-La Mancha y Alderabán, Cuenca, 2004, pp. 364-370.

les que hay en el mundo, especialmente los pertenecientes a las regiones árabes e islámicas.

Cabría decir que existen diversos grados de intensidad en esa autoproclamación de confesionalidad, pero éste es tema que merece un estudio aparte; baste señalar ahora que dichos Estados existen y —partiendo de esto— que sus empresas públicas pueden tener claramente marcada una tendencia.

Pongamos como ejemplo la mezquita ubicada en Madrid, concretamente la existente en la M30. Además de mezquita, dispone de restaurante, biblioteca, oficinas..., prestando diferentes servicios. Aun desconociendo los detalles de su estructura cabe pensar que el personal contratado haya de ser musulmán, ¿y si no lo fuera?, o ¿y si dejara de serlo? Lo cierto es que a las horas en que la comunidad debe orar todos los negociados se cierran y el personal se reúne a tal efecto en el lugar adecuado para cumplir con sus obligaciones religiosas.

Si pensáramos en cualquier Estado confesional, no nos debería extrañar que sus empresas, pese a ser públicas y precisamente por eso, posean una clara tendencia: la propia de la religión profesada. No dependen de una estructura eclesial, no pertenecen propiamente a ningún credo, no han sido creados por éste, lo que sucede únicamente es que su «ser» no es otro que el de formar parte de la estructura orgánica del Estado al que pertenecen, y al tratarse de un país confesional, ello impregna todo el aparato político e institucional.

En dicha situación se encuentran, como es lógico, las cadenas de televisión pública, las radios que comparten esa misma condición, así como otras cualesquiera entidades, algunas de ellas completamente desvinculadas a cuestiones de fe como, por ejemplo, las empresas de transporte. Es típico que las líneas aéreas de estos Estados sean públicas y, por ello, se produce la curiosa paradoja de no tener nada que ver con lo confesional —por tratarse de compañías aéreas— salvo su pertenencia, en última instancia, a un Estado islámico.

Lo mismo cabría decir del Estado confesional por antonomasia: la Ciudad del Vaticano. Su estructura pseudomonárquica, que otorga plenos poderes al Papa, hace que dependan de él un amplísimo elenco de facultades directivas y decisorias para impedir que surjan situaciones contradictorias entre las razones de Estado (en este caso casi siempre religiosas) y las manifestaciones anticlericales, blasfemas o contrarias al ideario del ente contratante. Esto sirve, por igual, al menos en línea de principio, tanto al sector privado como al público.

Con este ejemplo pretendo cerrar el abanico de posibles situaciones de confesionalidad que vinculan un credo determinado con el fenómeno societario o empresarial, pero no debemos olvidar que la realidad siempre supera a la ficción y que, por ello, no podemos perder de vista la posibilidad de otros fenómenos, no descritos en las páginas previas, que respondan más o menos a los clichés propuestos.

3.3. *Las empresas de tendencia en sentido impropio*

3.3.1. *Referencias a la empresa privada*

Asimilar «empresas de tendencia» con «ente confesional» es un error. Sucede con frecuencia justo lo contrario: que tropezamos con entidades no confesionales que, sin embargo, están dotadas de un ideario concreto. Ese tipo de situaciones han visto incrementada su presencia en la sociedad como consecuencia de la progresiva implantación de regímenes laicos.

En España, la clausura del modelo de Estado franquista, que era completamente confesional, ha dado lugar a la proliferación de empresas de corte laico, más aún, caracterizadas por su anticlericalismo, espíritu de izquierda sociológica, ideológica y política.

En este contexto han aparecido numerosos medios de comunicación y grandes grupos mediáticos que han querido servir de contrapeso a ese clericalismo alimentado por los poderes públicos en décadas anteriores y, en este sentido, han optado por mantener un posicionamiento más o menos claro relacionado en última instancia con el ámbito de las ideologías.

Al margen de las conexiones que puedan verse —o atisbarse— entre ideas y creencias, a los efectos que nos interesan baste constatar que en uno y otro caso nos encontramos ante empresas de tendencia.

He querido llamarlas «en sentido impropio» porque no pertenecen a ningún credo —como es lógico— y, probablemente, tampoco sean propiedad de ningún partido político ni de ningún sindicato. Es posible que en su escritura de constitución o en sus estatutos pueda atisbarse algún elemento ideológico o personal que las identifique o vincule a una corriente concreta de pensamiento, pero puede ser que no. A veces es la dirección lo que crea tendencia, a veces es la gestión, en otras ocasiones lo que sucede es que están a merced del oportunismo político, lo importante a los efectos que nos interesan es poder constatar su tipología al objeto de poder identificar su existencia y las consecuencias jurídicas que derivan de ello.

Es importante hacer este esfuerzo identificador porque en su vida cotidiana pueden producirse con cierta facilidad situaciones de tensión entre la línea oficial de la empresa y determinadas libertades de los trabajadores. También es importante destacar que lo que vale en nuestro estudio a los efectos confesionales o religiosos puede traspolarse normalmente cuando el conflicto ha surgido en el ámbito ideológico o político.

Como decía, los grupos mediáticos constituyen un claro ejemplo de empresas de tendencia que actúan bajo la apariencia de adalides en defensa de la libertad de información. No es de extrañar, sin embargo, que normalmente procuren ocultar un exceso de identificación con un determinado partido político, pretendan ofrecer una imagen que oculte lo dogmático de ciertos planteamientos y decisiones, etc., y es, precisamente, ese conjunto de «dogmas» —en los que también comulgan las ideologías—, las que constituye el sustrato idóneo en el que germinan determinados conflictos jurídicos.

Pero, además de los medios de comunicación, existen otros muchos ámbitos en los que determinadas creencias no están bien vistas o determinadas ideologías son rechazadas.

Ejemplos de ello son los partidos políticos, los sindicatos, las clínicas privadas, las Universidades en manos de particulares que no dependen de Confesiones religiosas, etcétera, etcétera.

Es muy probable que un partido no quiera tener en su seno y a su servicio a personas que pertenezcan a otros grupos políticos, entre otras cosas para evitar posibles espionajes. Cosa distinta es que pueda exigir afiliación a sus trabajadores o, en igualdad de condiciones, preferir la contratación de personas afines ideológicamente.

Otro supuesto típico que no debemos desconocer es el que se refiere al empresario individual o a la empresa familiar. Con frecuencia nos encontramos en estos casos, normalmente desconocidos para la opinión pública, con realidades empresariales en las que el dueño de la empresa proyecta sus convicciones. Es muy probable que no persiga otro fin que el de lograr una satisfacción personal que va más allá de la idea de negocio o, simplemente, procura ser fiel a sus principios, los de los progenitores, de quienes heredó el negocio..., o —pienso— desee trasladar a su empresa un conjunto de valores y principios que para él son irrenunciables.

Sucede con frecuencia que estos valores, muchas veces solapados y desconocidos incluso por los trabajadores, no entran en conflicto con la actividad empresarial ni el ámbito de las relaciones laborales, pero potencialmente pueden llegar a justificar medidas que engarzan con lo jurídico. Como veremos más adelante, esa especie de confesionalidad «solapada» que discretamente afecta al propietario de una empresa —o a su familia— y que normalmente no se traduce en nada concreto que se proyecte hacia el exterior, en ocasiones, sin embargo, determina la toma de decisiones que pueden requerir la intervención del Derecho o, en otras, sientan criterios para resolver un conflicto ya acontecido. En todo caso deben ser tenidas en cuenta a los efectos que nos interesan.

3.3.2. La empresa pública de los Estados laicos

Por la misma razón no debemos omitir una realidad que es cuantitativamente muy importante: el sector público. El Estado es el mayor empleador de cualquier país y, por ello, al margen de las relaciones que unan a la persona física con la Administración pública a la que sirve (laboral, funcionarial, estatutaria, contractual...) debemos atender al potencial conflictivo que existe, aunque sólo sea por razones numéricas.

Se me dirá que un Estado laico, por aconfesional, carece de credo y, en este sentido, no debería incluirse en este estudio ninguna referencia a él. Sucede, sin embargo, justo todo lo contrario: la laicidad es una opción identitaria del Estado en cuestión que vincula a todos los poderes públicos y, por ello, también a las personas que prestan sus servicios en él.

Pondré unos ejemplos que bien pueden servirnos para tomar conciencia del alcance de mis palabras. ¿Cabría que un presentador de la televisión pública de un Estado laico, como el español, despidiera a su audiencia diciendo «Hasta mañana, si Dios quiere»?, ¿y manifestando o promocionando su fe en la programación de su espacio o en el guión del mismo?

Entiendo que no y que, por ello, un hipotético despido podría resultar disciplinario. Su libertad de expresión encuentra claros límites ante la imposición del ideario del medio al que sirve, siendo que ese ideario tiene su origen en la falta —teórica— de ideario. El trabajar en un medio público perteneciente a la Administración estatal comporta un compromiso mayor por razón del servicio que se presta y ello reduce el ámbito de libertad del individuo. Esto sirve para un funcionario al servicio de las fuerzas armadas, un juez o, también, un locutor.

Otro ejemplo que puede venir al caso y que puede resolverse atendiendo a los mismos criterios que si estuviéramos refiriéndonos al fenómeno confesional lo encontramos en otros ámbitos informativos y en otro tipo de espacios. Si el presentador de un noticiario diera una reseña y se refiriese a la Comunidad Autónoma vasca o a Vascongadas en vez de utilizar la expresión «País Vasco» o «Euskadi» es muy probable que no terminara el mes ocupando su empleo. ¿Es legal el despido? ¿Se trata de una medida desmesurada? ¿Sólo sería procedente si tras diversas amonestaciones y advertencias el presentador reiterara su forma de proceder? ¿Y si la medida sancionadora es el desplazamiento a otro puesto con nula repercusión social pero importante reducción de sus retribuciones?

Lo anterior puede acontecer en programas tan neutros —en teoría— como, por ejemplo, la información meteorológica. Dicho con otras palabras, el grado de afectación que el uso de la libertad de expresión genera es potencialmente infinito porque alcanza cualquier actividad imaginable, incluso las aparentemente menos ideologizadas.

Como veremos en otras partes de esta monografía, cuando se analizan las empresas de tendencia, cabe hablar de trabajos neutros en las mismas. Sucede aquí en cierto modo lo contrario, que estaríamos ante una empresa neutra con un trabajo que podría ser o no neutro; sin embargo, como vemos, a la postre resulta que no son verdaderamente neutros ni aquél ni éste.

Todo esto se extrapolable a cualquier situación, desde cómo se da una noticia que afecta al partido político que gobierna en ese momento a qué se dice sobre el Monarca o, incluso, sobre una institución europea o un alto representante político de un tercer país, y sirve de igual modo, asimismo, a los medios de comunicación públicos que a otros tipo de actividades como, por ejemplo, la enseñanza, incluso la universitaria, comprometiendo severamente la libertad de expresión y otros derechos relacionados con ésta, como la libertad de cátedra.

Sirvan estos ejemplos para advertir que, tras la aparente falta de tendencia de las empresas públicas pertenecientes a los Estados laicos, la realidad nos lleva justo a la conclusión contraria: que detrás de ellos se encuentra una carga ideológica, una forma de hacer, un protocolo de actuación... que imponen en numerosas ocasiones muchas mayores bridas que las que una entidad confesional establecería. Esto no nos debería extrañar si tenemos en cuenta que detrás de todo orden normativo hay un conjunto de principios que contienen a su vez un completo sistema axiológico y ese sistema, querámoslo o no, tiene tendencia a imponerse porque, entre otras cosas, sólo mediante la imposición es posible mantenerlo. En suma, es la razón de Estado, que procura hacerse vigente en todo momento y, especialmente, en su propio seno, la que determina al final un protocolo de actuación repleto de normas imperativas y prohibitivas, resultado de ser, aunque en apariencia podría pensarse todo lo contrario, un ente extraordinariamente dogmatizado.

Estas reflexiones deben servirnos para comprender con mayor amplitud de miras el fenómeno confesional cuando éste se manifieste en el sector empresarial, laboral, económico, jurídico-civil, etc.

3.4. *Criterios de calificación*

Con el fin de proporcionar mayor claridad a las ideas que trato de exponer, para establecer el tipo de entidad ante la que nos encontramos, sea pública o privada, confesional o no, podemos utilizar diferentes criterios que habrán de servirnos para vincular entidad y fenómeno religioso o ideológico.

Dichos criterios pueden ser agrupados en cuatro grupos por razón de la materia:

- Unos se refieren, claro está, al ente que contrata, y son las siguientes:
  — La naturaleza del ente.
  — Su titularidad.
  — Los fines que persigue.
  — Las actividades que desarrolla.
  — Los estatutos fundacionales.
  — La capacidad de actuación de sus representantes.
  — Los mecanismos de control que ejercen las autoridades confesionales.

Cualquiera de estos siete criterios puede servirnos para concluir que el ente en cuestión está adscrito a un credo concreto, dispone de una ideología o de un sistema de valores y/o principios específicos y, en suma, es calificable de un modo u otro como «empresa de tendencia». Así pues, cabe comprender en ella, atendiendo a la concepción amplia que he utilizado, cualquier entidad que realice actividad económica poseedora de un ideario propio o que pertenezca a una entidad o persona, física o jurídica, que sí lo posee.

- Hay que tener en cuenta que otros, por el contrario, se refieren al trabajador, entre las que están:
  - — La religión que profesa y cualquier cambio que se produzca durante el período de vigencia del contrato de trabajo.
  - — La conciencia personal del individuo más allá de que se produzca una total correspondencia entre su moral y la de la Confesión a la que esté adscrito.
  - — El conjunto de ideas personales que entren en los ámbitos de la ideología, el pensamiento, los criterios éticos, profesionales o los provenientes de cualquier ámbito de conciencia.
  - — El código ético de la profesión o actividad que se desarrolle.
- Además, debemos buscar en el caso concreto otro grupo de circunstancias que afecten a la relación laboral y a la problemática potencial que pueden provocar, como son:
  - — El tipo de trabajo.
  - — La vinculación entre dicho trabajo y el ideario del centro.
  - — La vinculación del profesional o del trabajador con la entidad en la que presta sus servicios.
  - — La relación, directa o indirecta, entre la prestación de servicios, el lugar en el que se desarrollan las actividades, la titularidad del mismo, etc.
- Y, por último, otro que se refiere a las circunstancias en las que se desenvuelven y desarrollan los hechos:
  - — Publicidad.
  - — Quejas de los usuarios o de los representantes legales de éstos.
  - — Colaboración de compañeros del trabajador para cubrir los períodos de descanso, festividades, etc.
  - — Conciencia social, es decir, reacción teórica que en la mentalidad de la gente puede producirse.

Como vemos, la primera observación que cabe extraer del conjunto de circunstancias que potencialmente pueden concurrir en un caso concreto, es que son muy variadas y complejas. Al jurista le corresponde analizar con cautela todos los elementos concurrentes para acreditar los diferentes extremos y poder formular de este modo una respuesta ajustada a Derecho con el mayor rigor técnico. La conjunción de diferentes elementos, unos que afecten a la empresa y/o su actividad, otros que, por el contrario, tengan que ver con los derechos y libertades del trabajador, otros, en fin, que estén vinculados al tipo de trabajo o la existencia de circunstancias concurrentes, completamente ajenas a la relación bilateral, como puede ser la aceptación por parte de los compañeros de trabajo de los turnos que quiera saltar el adventista que se niega a trabajar en sábado, por poner un ejemplo, hace que la materia estudiada, lejos de ser fácil a efectos de proporcionar respuestas pacíficas, se preste a numerosas particularidades y prevenciones.

De todo lo anterior se deduce a mi entender que, desde la autonomía de la gozan las Confesiones religiosas, se abre un amplio abanico de situaciones merecedoras de protección del ente confesional en caso de conflicto.

3.5. Facultades de las empresas de tendencia

Importa sobremanera aproximarnos todo lo más posible a la esfera de facultades que tienen los entes dotados de ideario. Cualquier elemento jurídico que podamos extraer del ordenamiento será un elemento extraordinario para poder definir y calibrar los problemas concretos y atisbar una respuesta aproximada y bien fundada al problema jurídico que se plantee. Además, al tratarse de conflictos al menos entre dos partes, ambas dotadas de derechos, la ponderación de los mismos exige un previo análisis de cada uno de los estatutos jurídicos en pugna: por un lado el del ente que emplea y, por otro, el del trabajador que se niega a realizar un comportamiento determinado o que es sancionado por negarse a cumplir una orden o por actuar con arreglo a conciencia.

Así las cosas, lo primero que debemos tener en cuenta es que el Estado ha pactado con la IC la posibilidad de ésta de crear todo tipo de entidades para la consecución de sus fines y, entre éstas, no sólo están las fundaciones y las asociaciones —que son las fórmulas societarias típicas—, sino, además cabe erigir «otras instituciones[56]» que pueden escapar, como es lógico, incluso de la tipología preestablecida por el propio Estado, entre otras cosas porque aquélla es históricamente previa a éste y dispone de organismos completamente extraños a los prototipos orgánicos establecidos por el ordenamiento secular.

La misma posibilidad cabe predicar de entes confesionales pertenecientes a otros credos religiosos.

Así las cosas, desde el nombramiento del gerente, la fiscalización de su actividad, el control de las cuentas, la intervención de la misma o, incluso, llegado el caso, su disolución, dependerá de la autoridad eclesiástica con competencia en la materia, y todas esas potenciales potestades estarán bajo el régimen legal del Derecho confesional en cuestión. Esto, ob-

---

[56] En expresión utilizada en el Acuerdo sobre Asuntos Jurídicos de 3 de enero de 1979 (art. I) y en la propia LOLR (art. 6.2).

viamente, traslada el eje de la capacidad operativa de los ordenamientos jurídicos —especialmente del estatal— dado que, atendiendo al principio de autonomía, puede darse como resultado desde la no intromisión de los órganos jurisdiccionales del Estado hasta la existencia de serias limitaciones de su capacidad de intervenir en el conflicto jurídico producido.

Aunque veremos a lo largo de este estudio algunos casos tomados de la vida real que abordan la materia, conviene traer a colación el contenido desglosado de lo que dispone el artículo 6.1 de la LOLR. Según él, cualquier Iglesia, Confesión o Comunidad religiosa reconocida como tal por el propio Estado[57] tienen derecho:

— A la «plena autonomía».
— A «establecer sus propias normas de organización, régimen interno y régimen de su personal».
— A establecer las normas por las que se regulen las instituciones que hayan creado.
— Al establecimiento de «cláusulas de salvaguardia de su identidad religiosa y carácter propio».
— Al establecimiento de mecanismos de «respeto a sus creencias».

Todo ello sin perjuicio de la protección que merecen los derechos y libertades reconocidos en la Constitución y, en especial, los de libertad, igualdad y no discriminación»[58].

Un problema que surge tras la lectura de lo expuesto es el estado en que se encuentran las otras entidades provistas de ideario que, sin embargo, no son asimilables al fenómeno confesional, bien porque escapan del mismo, bien porque se trata de idearios vinculados a principios ideológicos, políticos o de otra naturaleza semejante.

Hay que empezar diciendo que, al contrario de lo que sucede con el fenómeno confesional, que dispone de una Ley Orgánica específica y de un conjunto de principios inspiradores y de normas de desarrollo, existen otros ámbitos que podrían parecer afines pero a los que, por el contrario, el legislador niega ese tratamiento tuitivo.

En este sentido, el artículo 3.2 de la LOLR deja claramente al margen de la aplicación de la Ley «las actividades, finalidades y Entidades relacionadas con el estudio y experimentación de:

— Los fenómenos psíquicos o parapsicológicos.
— La difusión de los valores humanísticos o espiritualistas.
— Otros fines análogos ajenos a los religiosos».

---

[57] Sería más discutible si no hubiera ese reconocimiento estatal, como sucede con las Entidades no inscritas en el RER, pero no podemos predicar, sin más, lo contrario cuando no haya habido inmatriculación.

[58] Inciso final del artículo 6.1 de la LOLR.

Es evidente que cabría hacer al precepto transcrito numerosas preguntas pero, con todo, resulta claro que la *voluntas legislatoris* es acotar el fenómeno religioso para darle un tratamiento específico, dejando fuera del mismo el resto de materias que no son estrictamente confesionales, entre ellas las ideológicas, carentes, como es sabido, de un Derecho particular. En el caso de estas últimas, sin embargo, que carezcan en cierto modo de un Derecho especial (algo que no se puede predicar, por cierto, ni de los partidos políticos ni de los sindicatos) no significa que no se vean favorecidas por un régimen jurídico protector frente a agresiones de terceras personas o, incluso, de sus propios trabajadores o afiliados.

Así las cosas, cuando he tratado de las empresas de tendencia asimilando a este concepto las ideológicas, por entender que les puede ser aplicable la misma problemática y, por ello, valer algunas pautas a efectos de resolución de los conflictos jurídicos, lo he hecho partiendo de la posibilidad de interpretar las normas existentes para el fenómeno religioso con carácter extensivo e integrador, pero advirtiendo al lector que, por lo mismo, no siempre son transpolables ni el análisis del problema ni los criterios para la resolución del mismo.

3.6. La empresa neutra

He dejado para el final, a propósito, el examen de las empresas neutras entendiendo que, a los efectos que nos interesan, se trataría éste de un concepto residual. Según él, empresa neutra sería toda aquélla que no es de tendencia, por tanto, una versión negativa o por contraste de la anterior.

Al jurista le importa toda aproximación a este tipo de clasificaciones pues, como hemos visto y como veremos, tiene consecuencias jurídicas.

Si las empresas de tendencia pueden imponer al trabajador un comportamiento respetuoso, adecuado y, por ende, limitar sus facultades individuales, de las neutras cabría deducir justo todo lo contrario, es decir, que ni pueden imponer ni pueden limitar las libertades de los trabajadores.

Ahora bien, eso no implica que los trabajadores sean neutros o, dicho de otro modo, que la parte empresarial carezca de ideología no significa que el otro lado de la relación jurídico-laboral sea ajena a la cuestión religiosa. Por tanto, hay que convenir que a las empresas neutras también les afectan diferentes cuestiones estudiadas por el DEE pues les es imposible evitar que entre sus operarios existan personas que tengan un credo determinado; por ello, la posibilidad que tiene todo trabajador o profesional de realizar conductas específicas en determinadas materias, o en momentos concretos, hace que este tema sea también de interés para las empresas neutras.

Pero, incluso, el hecho de que una empresa sea neutra puede llevarla a exigir ciertos comportamientos incompatibles con las expectativas de algunos trabajadores. Dicho de otro modo, la neutralidad, como el ateísmo, no deja de ser una forma de opción en el ámbito confesional y, por ello, en todo caso se trata de un factor jurídico, es decir, de un presupuesto de hecho a partir del cual hay que aplicar las normas jurídicas para resolver determinados conflictos.

Si la imagen que se quiere proyectar hacia el exterior es de pura neutralidad, si la empresa quiere dar muestras de modernidad, si rechaza todo sectarismo y entre él considera que las religiones y las ideologías comportan formas relativas de ver el mundo, puede procurar impedir a sus trabajadores acciones que contravengan dichos propósitos. Así las cosas, ser empresa neutra, incluso aun cuando sobre tal calificación no exista la menor duda o resquicio, no sólo no garantiza la inexistencia de problemas en el orden eclesiástico sino que, por el contrario, puede provocar la exigencia de comportamientos incompatibles con los deseos de algunos trabajadores o con los postulados de algunos credos que poseen dichos trabajadores. En suma, potencialmente entiendo no hay entidad empresarial, pseudoempresarial o cuasiempresarial que esté exenta de enfrentarse ante un problema relacionado con el hecho religioso o ideológico planteado por un trabajador.

4. El trabajo de los miembros de las Iglesias y Confesiones religiosas

Como ha quedado apuntado más arriba, las Confesiones religiosas poseen una estructura orgánica amplia y compleja, carente casi por completo de paralelismos con los modelos estatales.

Existen determinados factores que obligan al jurista a extremar el cuidado a la hora de analizar las relaciones jurídicas existentes entre las Iglesias, Confesiones y Comunidades religiosas, por un lado, y las personas que la integran de modo estable, es decir, que forman parte de ella y que prestan sus servicios por razón del ministerio.

La primera cuestión que se nos debe plantear es si estamos ante verdaderas relaciones de trabajo, pues depende de ello que sea aplicable, o no, la normativa laboral. El hecho de tratarse de personas consagradas a Dios, de haber recibidos órdenes mayores, haber realizado votos públicos, solemnes y perpetuos y, el hecho de que el principio que gobierna esa relación sea de carácter religioso, vocacional, etc., hace que el núcleo esencial de cualquier tarea que se desarrolle en dicha ámbito pueda desubicarla lejos del Estatuto de los Trabajadores y de cualquier otra norma, nacional o internacional, que regule las relaciones laborales.

¿Existe salario propiamente dicho? ¿Hay contrato asimilable al que suscribe un empresario? ¿El objeto de la prestación, o la causa de la misma —por mejor decir—, es el mismo?

Pero, tras este grupo de cuestiones, tenemos que tener en cuenta, además, que la autonomía que los Estados reconocen a las Confesiones religiosas obliga a aquéllos a no inmiscuirse en temas que les resultan de todo punto ajeno. Sólo por razones de orden público estaría justificada la intervención de las autoridades estatales y, por ello, la actuación de la justicia, civil, penal o laboral, en principio estaría supeditada a la existencia de un conflicto jurídico que afectara a materia de *ius cogens*. Es más, el principio de autonomía de la voluntad y de la libertad de pactos, consagrada en el caso español en el artículo 1255 del Código civil, conduce a pensar que las relaciones que surjan como consecuencia del libérrimo ejercicio de los derechos fundamentales de la persona deberían ser ajenos a la capacidad intervencionista del Estado.

Sin embargo, el Derecho laboral ha surgido vinculado a la protección de los derechos de los trabajadores, es de carácter tuitivo y, por ende, se intenta imponer en aquellas situaciones en las que por fraude de ley, por abuso de derecho, para consolidar una discriminación, o por cualquier otra razón ajena a los criterios de justicia material y formal que establece el ordenamiento, el empresario, parte fuerte de dicha relación, procura obtener mayores ventajas de la relación laboral de las que en justicia merece.

Tiene razón, en este sentido y al hilo de esto, MOTILLA al señalar que «Valores propios de la relación perteneciente al ámbito patrimonial del Derecho civil como la igualdad formal de las partes o la libertad contractual, ceden ante una intensa intervención del Estado que limita la autonomía negocial con una inmensa intervención del Estado que la limita con normas de contenido inderogable, emanadas con la intención expresada de proteger al trabajador frente a posibles abusos», por eso, añade a continuación, «el trabajo de los religiosos, que disfrutan de una plena condición de ciudadanos, queda sometida a sus disposiciones, sin que adquieran relevancia —de por sí o a través de una supuesta autonomía negocial o institucional— las disposiciones o principios del ordenamiento canónico. Con más razón cuando éstas relegan derechos fundamentales tutelados en el Derecho estatal»[59].

En este tema, pues, debemos tener en cuenta, además de las cuestiones suscitadas en párrafos anteriores, otras tres variables de especial trascendencia, a saber:

— La existencia de una normativa internacional tuitiva, que puede operar como Derecho necesario.

---

[59] *El status jurídico de los religiosos en el Derecho español*, ed. Mc Graw-Hill, Madrid, 1997, p. 108.

— La legislación de cada país, que puede contener las mismas características protectoras y la misma vocación coercitiva.
— Los ordenamientos confesionales, cada uno de los cuales establecerá sus propias normas reguladoras de las relaciones que les unen con las personas que integran su organigrama.
— La extraordinaria variedad de credos y de Iglesias impide todo desarrollo mínimamente pormenorizado, máxime porque la mayor parte de ellas son ajenas a nuestra tradición pero, además, porque al Estado le son ajenos —en línea de principio— todos los ordenamientos confesionales. Baste advertir al lector que los Estados no pueden desconocer las relaciones jurídicas que surjan como consecuencia de la aplicación de los ordenamientos confesionales entre personas que integran cualquier Comunidad, Iglesia o Confesión; este principio de actuación en el análisis jurídico que pueda hacerse ante cualquier hipotético caso me parece esencial pues aplicar, sin más, las nomas estatales e internacionales sería, además de miope, correr el riesgo de vulnerar los más elementales principios de actuación de los poderes públicos y, evidentemente, uno de ellos es el derecho a la autonomía de las Confesiones religiosas. Las razones de Estado, es cierto, no pueden desconocerse y tienen vocación de ser aplicadas, pero no a toda costa ni en cualquier supuesto, de ahí la enorme dificultad de proponer soluciones apriorísticas.

Bibliografía

Álvarez Cortina, Andrés-Corsino, «Derecho de las Confesiones religiosas a la selección del personal por las creencias religiosas», en Motilla, Agustín, *La jurisprudencia del Tribunal Europeo de Derechos Humanos en torno al derecho de libertad religiosa en el ámbito laboral*, ed. Comares, Granada, 2016, pp. 183-223.

Aparicio Tovar, Joaquín, «Principios rectores de la actuación de la empresa pública en la Constitución española de 1978. Del principio de subsidiariedad al principio de compatibilidad», en *Revista Española de Derecho Administrativo*, n. 25 (1980), pp. 269-306.

Arastey Sahún, M.ª Lourdes, «Jurisprudencia laboral en materia de libertad religiosa», en *El ejercicio del derecho de libertad religiosa en el marco laboral*, CAMAS RODA, Ferran (edit.), ed. Bomarzo, Albacete, 2016, pp. 153-174.

Blat Gimeno, Francisco R., *Relaciones laborales en empresas ideológicas*, ed. Ministerio de Trabajo y Seguridad Social, Madrid, 1986.

Camós Victoria, Ignacio, «La gestión de la diversidad religiosa en el ámbito del empleo y las empresas de tendencia», en *El ejercicio del derecho de libertad religiosa en el marco laboral*, Camas Roda, Ferran (edit.), ed. Bomarzo, Albacete, 2016, pp. 53-80.

Cano, Isabel (ed.), *Identidad religiosa y relaciones de trabajo. Un estudio de la jurisprudencia del Tribunal Europeo de Derechos Humanos*, ed. Comares, Granada, 2015.

CANO, Isabel, «Vestimenta y símbolos religiosos en el ámbito laboral», en MOTILLA, Agustín, *La jurisprudencia del Tribunal Europeo de Derechos Humanos en torno al derecho de libertad religiosa en el ámbito laboral*, ed. Comares, Granada, 2016, pp. 41-70.

CATALÁ, Santiago, *El derecho a la personalidad jurídica de las entidades religiosas*, ed. Universidad de Castilla-La Mancha y Alderabán, Cuenca, 2004.

DEL VAL TENA, Ángel Luis, «Las empresas de tendencia ante el Derecho del trabajo: libertad ideológica y contrato de trabajo», en *Proyecto social: Revista de Relaciones Laborales*, n. 2 (1994), pp. 177-198.

ELÓSEGUI ITXASO, María, *El concepto jurisprudencial de acomodamiento razonable: el Tribunal Supremo de Canadá y el Tribunal Europeo de Derechos Humanos ante la gestión de la diversidad cultural y religiosa en el espacio público*, ed. Aranzadi, Cizur Menor, 2013.

GOIG MARTÍNEZ, Juan Manuel, «Artículo 38. La libertad de empresa», en *Comentarios a la Constitución española de 1978*, ALZAGA VILLAAMIL, Óscar (dir.), ed. Cortes Generales y Editoriales de Derecho Reunidas, Madrid, 1996, T. III, pp. 729-745.

GONZÁLEZ AYESTA, Juan, «Libertad sindical en el seno de las Confesiones religiosas», en MOTILLA, Agustín, *La jurisprudencia del Tribunal Europeo de Derechos Humanos en torno al derecho de libertad religiosa en el ámbito laboral*, ed. Comares, Granada, 2016, pp. 71-106.

GONZÁLEZ SÁNCHEZ, Marcos, «Cuestiones del trabajo de los ministros de culto para la propia Confesión», en MOTILLA, Agustín, *La jurisprudencia del Tribunal Europeo de Derechos Humanos en torno al derecho de libertad religiosa en el ámbito laboral*, ed. Comares, Granada, 2016, pp. 107-140.

GUTIÉRREZ DEL MORAL, María Jesús, «La manifestación de la fe religiosa en los servicios públicos: sanidad, educación y Administración de justicia», en *El ejercicio del derecho de libertad religiosa en el marco laboral*, CAMAS RODA, Ferran (edit.), ed. Bomarzo, Albacete, 2016, pp. 197-216.

LÓPEZ AHUMADA, J. Eduardo, «La libertad religiosa en las relaciones laborales conforme a la reciente jurisprudencia del Tribunal Europeo de Derechos Humanos», en *ADEE*, vol. XXX (2014), pp. 499-559.

LLAMAZARES, Dionisio, «Síntesis de las propuestas de una hipotética reforma futura del TUE en relación con las Iglesias y confesiones religiosas», en CASTRO JOVER, Adoración, *Iglesias, Confesiones y Comunidades religiosas en la Unión Europea*, ed. Univ. del País Vasco, San Sebastián, 1999, pp. 97-102.

MARTÍ SÁNCHEZ, José María, «El reconocimiento de la objeción de conciencia en el ámbito laboral: derecho de libertad ideológica/religiosa *versus* derecho a la organización de la empresa del empresario», en MOTILLA, Agustín, *La jurisprudencia del Tribunal Europeo de Derechos Humanos en torno al derecho de libertad religiosa en el ámbito laboral*, ed. Comares, Granada, 2016, pp. 257-291.

MARTÍN SÁNCHEZ, Isidoro, *La recepción por el Tribunal Constitucional español de la jurisprudencia sobre el Convenio Europeo de Derechos Humanos respecto de las libertades de conciencia, religiosa y de enseñanza*, ed. Comares, Granada, 2002.

MARTÍN-RETORTILLO, Lorenzo, *La afirmación de la libertad religiosa: de guerras de religión a meras cuestiones administrativas*, ed. Thomson-Civitas, Cizur Menor, 2007.

MARTÍNEZ ASO, Mercedes, «El reconocimiento de la libertad religiosa de los empleados públicos», en *El ejercicio del derecho de libertad religiosa en el marco *laboral*, CAMAS RODA, Ferran (edit.), ed. Bomarzo, Albacete, 2016, pp. 103-124.

Motilla, Agustín, *El status jurídico de los religiosos en el Derecho español*, ed. Mac Graw Hill, Madrid, 1997.

—: *Derecho laboral y Seguridad Social de los miembros de órdenes y congregaciones religiosas*, ed. Universidad de Alcalá, Alcalá de Henares, 2000.

—: «Jurisprudencia del Tribunal Supremo», en *ADEE*, vol. XIX (2013), pp. 919-938.

—: «La protección de la libertad religiosa y la lucha contra la discriminación por razón de religión o convicciones en los organismos internacionales», en *ADEE*, vol. XXX (2014), pp. 615-673.

—: *La jurisprudencia del Tribunal Europeo de Derechos Humanos en torno al derecho de libertad religiosa en el ámbito laboral*, ed. Comares, Granada, 2016.

—: «Derecho a conmemorar las festividades y descanso semanal», en Motilla, Agustín, *La jurisprudencia del Tribunal Europeo de Derechos Humanos en torno al derecho de libertad religiosa en el ámbito laboral*, ed. Comares, Granada, 2016, pp. 1-40.

Motilla, Agustín y Catalá, Santiago, *Empresa, trabajo y factor religioso. El fenómeno religioso en el ámbito laboral y empresarial*, ed. Editorial Académica Española, Saarbrücken, 2012.

Navarro-Valls, Rafael y Martínez-Torrón, Javier, *Conflictos entre conciencia y ley. Las objeciones de conciencia*, ed. Iustel, 2.ª ed., Madrid, 2012.

Otaduy, Jorge de, «Las empresas ideológicas: aproximación al concepto y supuestos a los que se extiende», en *ADEE*, vol. II (1986), pp. 311-332.

Polo Mercader, Mónica, «El tratamiento del derecho a la libertad religiosa en la negociación colectiva», en *El ejercicio del derecho de libertad religiosa en el marco laboral*, Camas Roda, Ferran (edit.), ed. Bomarzo, Albacete, 2016, pp. 81-102.

Rodríguez Blanco, Miguel, «La protección social de ministros de culto», en MOTILLA, Agustín, *La jurisprudencia del Tribunal Europeo de Derechos Humanos en torno al derecho de libertad religiosa en el ámbito laboral*, ed. Comares, Granada, 2016, pp. 225-256.

Rodríguez-Piñero y Bravo-Ferrer, Miguel, «Libertad ideológica, contrato de trabajo y objeción de conciencia», en *Persona y Derecho*, n. 50 (2004), pp. 355-372.

Rojo Torrecilla, Eduardo, «Aproximación al ejercicio del derecho a la libertad religiosa en el ámbito de las relaciones de trabajo», en *El ejercicio del derecho de libertad religiosa en el marco laboral*, Camas Roda, Ferran (edit.), ed. Bomarzo, Albacete, 2016, pp. 35-52.

Ruano Espina, Lourdes, «Despido del trabajador, por Confesión religiosa o institución dependiente de ella, debido a actos o conductas doctrinalmente divergentes», en Motilla, Agustín, *La jurisprudencia del Tribunal Europeo de Derechos Humanos en torno al derecho de libertad religiosa en el ámbito laboral*, ed. Comares, Granada, 2016, pp. 141-182.

Selva Penalva, Alejandra, «la trascendencia práctica de la «vinculación ideológica» en las empresas de tendencia en el ámbito de las relaciones de trabajo», en *Anales de Derecho*, n. 26 (2008), pp. 299-232.

CAPÍTULO 6.
AUTONOMÍA DE LAS CONFESIONES Y DERECHOS DE LOS TRABAJADORES EN LA JURISPRUDENCIA DEL TRIBUNAL EUROPEO DE DERECHOS HUMANOS

David García-Pardo

Facultad de Ciencias Jurídicas y Sociales
Universidad de Castilla La Mancha

1. Introducción

Aunque el Convenio Europeo de Derechos Humanos no incluye una referencia expresa a los derechos de las confesiones religiosas, resulta indiscutible que los grupos religiosos institucionalizados son también titulares del derecho de libertad religiosa. En este sentido, la vertiente colectiva del derecho de libertad religiosa se infiere de los artículos 9.1 y 11.1 del propio Convenio que aluden, respectivamente, a la libertad de manifestar la religión o las convicciones «individual o colectivamente»[1]

---

[1] El artículo 9.1 dispone que «toda persona tiene derecho a la libertad de pensamiento, de conciencia y de religión; este derecho implica la libertad de cambiar de religión o de convicciones, así como la libertad de manifestar su religión o sus convicciones individual o colectivamente, en público o en privado, por medio del culto, la enseñanza, las prácticas y la observancia de los ritos».

y al derecho a la libertad de reunión pacífica y a la libertad de asociación[2].

Del mismo modo, acorde con una recta interpretación del Convenio, tampoco se albergan dudas acerca de que la libertad de religión de las confesiones religiosas incluye el derecho de autonomía de éstas. Así lo ha confirmado el Tribunal de Estrasburgo al afirmar que «las comunidades religiosas existen tradicional y universalmente bajo la forma de estructuras organizadas y que, cuando la organización de una de estas comunidades está en tela de juicio, el artículo 9 debe interpretarse a la luz del artículo 11 del Convenio que protege la vida asociativa frente a cualquier injerencia injustificada del Estado», subrayando que «la autonomía de tales comunidades, indispensable para el pluralismo en una sociedad democrática, constituye el núcleo de la protección que ofrece el artículo 9»[3].

Desde esta perspectiva, la autonomía de los grupos religiosos abarca una doble dimensión, positiva y negativa. Esta última alude a la potestad de las confesiones de protegerse frente a las injerencias externas, incluidas las que provengan de los poderes públicos. Pero, más allá de esta vertiente negativa, la autonomía comporta también la atribución a los grupos religiosos y a sus organismos de una serie de potestades que les autorizan a adoptar normas de régimen interno o de régimen de su personal. El ejercicio de estas prerrogativas, ocasionalmente, puede suponer una merma en los derechos de sus empleados, dando lugar a conflictos en el ámbito laboral.

Precisamente, uno de los conflictos más significativos en ese ámbito es el que se plantea en el ámbito de las denominadas empresas de tendencia. Nos referimos a aquellos supuestos en los que una comunidad religiosa, o una institución vinculada a ella, en el ejercicio del derecho de libertad religiosa, que comprende la autonomía de las confesiones, limita el ejercicio de derechos fundamentales de sus empleados, como el derecho de asociación, el derecho a la vida privada y familiar, el derecho de libertad religiosa o, incluso, el derecho a la tutela judicial efectiva.

En relación con esta cuestión, en el ámbito del Derecho de la Unión Europea, la Directiva 2000/78/CE del Consejo, de 27 de noviembre de 2000, relativa al establecimiento de un marco general para la igualdad de trato en el empleo, admite que, en el caso de las actividades profesionales

---

[2] En el artículo se reconoce que «toda persona tiene derecho a la libertad de reunión pacífica y a la libertad de asociación, incluido el derecho a fundar, con otras, sindicatos y de afiliarse a los mismos para la defensa de sus intereses».

[3] Vid. sentencia *Siebenhaar contra Alemania*, de 3 de febrero de 2011, apartado 41.

Sobre la autonomía de las confesiones religiosas en la jurisprudencia de Estrasburgo, vid. G. Puppinck, *El «principio de autonomía» de la Iglesia Católica ante el Tribunal Europeo de Derechos Humanos. El caso Fernández Martínez contra España*, en «Revista General de Derecho Canónico y Derecho Eclesiástico del Estado», 28, 2012, pp. 17-22.

de las confesiones religiosas, la legislación de los estados miembros podrá incluir disposiciones que garanticen el hecho de que las diferencias de trato basadas en la religión o las convicciones de una persona no supongan discriminación cuando la naturaleza de estas actividades constituya un requisito profesional esencial atendiendo a la ética de la organización[4]. Coherentemente con lo dispuesto en esta norma, el Tribunal Europeo de Derechos Humanos ha reiterado que el carácter particular de las exigencias profesionales impuestas a los trabajadores se deduce del hecho que tales exigencias provienen de una empresa cuya ética se basa en la religión o las convicciones[5].

2. La autonomía de las confesiones como límite del derecho a la libertad de expresión de los trabajadores

Entre los derechos cuya vulneración se alega por parte de los trabajadores, destaca la libertad de expresión, reconocido en el artículo 10 del Convenio, que incluye «la libertad de opinión y la libertad de recibir o de comunicar informaciones o ideas sin que pueda haber injerencia de autoridades públicas y sin consideración de fronteras». Según se aclara en el apartado segundo del mencionado precepto, «el ejercicio de estas libertades, que entrañan deberes y responsabilidades, podrá ser sometido a ciertas formalidades condiciones, restricciones o sanciones, previstas por

---

[4] «Los Estados miembros podrán mantener en su legislación nacional vigente el día de adopción de la presente Directiva, o establecer en una legislación futura que incorpore prácticas nacionales existentes el día de adopción de la presente Directiva, disposiciones en virtud de las cuales en el caso de las actividades profesionales de iglesias y de otras organizaciones públicas o privadas cuya ética se base en la religión o las convicciones de una persona, por lo que respecta a las actividades profesionales de estas organizaciones, no constituya discriminación una diferencia de trato basada en la religión o las convicciones de una persona cuando, por la naturaleza de estas actividades o el contexto en el que se desarrollen, dicha característica constituya un requisito profesional esencial, legítimo y justificado respecto de la ética de la organización. Esta diferencia de trato se ejercerá respetando las disposiciones y principios constitucionales de los Estados miembros, así como los principios generales del Derecho comunitario, y no podrá justificar una discriminación basada en otro motivo. Siempre y cuando sus disposiciones sean respetadas, las disposiciones de la presente Directiva se entenderán sin perjuicio del derecho de las iglesias y de las demás organizaciones públicas o privadas cuya ética se base en la religión o las convicciones, actuando de conformidad con las disposiciones constitucionales y legislativas nacionales, que podrán exigir en consecuencia a las personas que trabajen para ellas una actitud de buena fe y de lealtad hacia la ética de la organización», Artículo 4.2.

[5] En este sentido, vid. sentencia *Siebenhaar contra Alemania*, de 3 de febrero de 2011, apartado 46; sentencia *Schüth contra Alemania*, de 23 de septiembre de 2010, apartado 40; sentencia *Obst contra Alemania*, de 23 de septiembre de 2010, apartado 27, y sentencia *Lombardi Vallauri contra Italia*, de 20 de octubre de 2009, apartado 41.

la ley, que constituyan medidas necesarias, en una sociedad democrática, para la seguridad nacional, la integridad territorial o la seguridad pública, la defensa del orden y la prevención del delito, la protección de la salud o de la moral, la protección de la reputación o de los derechos ajenos, para impedir la divulgación de informaciones confidenciales o para garantizar la autoridad y la imparcialidad del poder judicial».

En relación con los conflictos en que esté en juego la vigencia de este derecho, la jurisprudencia de la Corte de Estrasburgo ha insistido en que, dada su relevancia, el margen de apreciación de que disponen los estados será más restringido, requiriéndose una fiscalización europea particularmente estricta[6].

Dos son los pronunciamientos en los cuales órganos jurisdiccionales del Consejo de Europa han tenido ocasión de pronunciarse en relación con esta cuestión: la decisión de la Comisión Europea de Derechos Humanos[7] en el caso *Rommelfander contra la República Federal de Alemania*, de 6 de septiembre de 1989 y la sentencia del Tribunal Europeo de Derechos Humanos en el asunto *Lombardi Vallauri contra Italia*, de 20 de octubre de 2009.

En el caso *Rommelfander contra la República Federal de Alemania*, la Comisión no admite a trámite la demanda presentada por un médico empleado en un hospital de una fundación católica que alegaba la vulneración del artículo 10 del Convenio tras haber sido despedido por violación del deber de lealtad debido al empresario, que estaba recogido en el contrato, por manifestar públicamente en diversas ocasiones opiniones personales acerca del aborto que resultaban incompatibles con la doctrina de la Iglesia católica al respecto. La Comisión justifica el despido alegando que el Convenio permite que los trabajadores acepten libremente deberes de lealtad de carácter contractual que restrinjan sus derechos fundamentales, si bien pone de relieve que debe valorarse la importancia del puesto ocupado por el empleado y su significado para la confesión religiosa, a fin de evitar que los grupos religiosos exijan a sus trabajadores exigencias que vayan más allá de lo razonable[8].

---

[6] En este sentido, vid. sentencias *Radio ABC contra Austria*, 20 octubre 1997, apartado 30; *Informationsverein Lentia y otros contra Austria*, 24 noviembre 1993, apartado 35, y *Lombardi Vallauri contra Italia*, de 20 de octubre de 2009, apartado 45.

[7] Debe recordarse que con anterioridad a la entrada en vigor del Protocolo número 11, de 11 de mayo de 1994, que tuvo lugar en 1998, correspondía a la Comisión Europea de Derechos Humanos decidir acerca de la admisibilidad de las demandas planteadas ante el Tribunal Europeo de Derechos Humanos, dando lugar a una vastísima jurisprudencia en materia de libertad religiosa.

[8] Según sus propias palabras, «the Commission is satisfied that German law, as interpreted by the Federal Constitutional Court, takes account of the necessity to secure an employee's freedom of expression against unreasonable demands of his employer, even if they should result from a valid employment contract. If, as in the present case, the employer is an organisation based on certain convictions and value judgments which it considers as essential for the performance of its functions in so-

En la sentencia en el asunto *Lombardi Vallauri contra Italia*, el Tribunal Europeo de Derechos Humanos resuelve la demanda planteada por un profesor universitario de Filosofía del Derecho de la Universidad Católica del Sagrado Corazón de Milán, que alegaba la vulneración del derecho a la libertad de expresión y del derecho de libertad religiosa, como consecuencia de la decisión de la Junta de la Facultad de Derecho de dicha universidad de no renovar su contrato, tras constatar que la Santa Sede había denegado su consentimiento en cuanto al nombramiento del demandante por considerar que algunos de sus planteamientos estaban en clara contradicción con la doctrina católica.

Aunque la Sala reafirma la vigencia del reconocimiento del derecho de las universidades a la libertad académica y la autonomía, en virtud de lo establecido en la Recomendación 1762 (2006) de la Asamblea Parlamentaria del Consejo de Europa sobre libertad académica y autonomía de las universidades[9], entiende que existe injerencia en el derecho del recurrente a la libertad de expresión[10], descartando que la misma esté justificada, al no considerar acreditado que se tratara de una limitación necesaria en una sociedad democrática.

Como veíamos antes, habida cuenta la importancia del derecho reconocido en el artículo 10 del Convenio, el margen de apreciación de que disponen los estados es más limitado y, por lo tanto, la necesidad de restringirlo debe establecerse «de manera convincente»[11]. En el caso, ello exige determinar si en la fase administrativa ante el Consejo de la Facultad, el demandante gozó de las garantías procedimentales adecuadas —más concretamente, si tuvo conocimiento de los motivos que justificaron la injerencia, de manera que tuviera la posibilidad de cuestionarlos— y si ha existido un control jurisdiccional adecuado en la aplicación de dichas garantías. En relación con esta cuestión, el Tribunal constata que éstas no se observaron por cuanto en ningún momento —ni por los órga-

---

ciety, it is in fact in line with the requirements of the Convention to give appropriate scope also to the freedom of expression of the employer. An employer of this kind would not be able to effectively exercise this freedom without imposing certain duties of loyalty on its employees. As regards employers such as the Catholic foundation which employed the applicant in its hospital, the law in any event ensures that there is a reasonable relationship between the measures affecting freedom of expression and the nature of the employment as well as the importance of the issue for the employer. In this way it protects an employee against compulsion in matters of freedom of expression which would strike at the very substance of this freedom which employed the applicant in its hospital, the law in any event ensures that there is a reasonable relationship between the measures affecting freedom of expression and the nature of the employment as well as the importance of the issue for the employer. In this way it protects an employee against compulsion in matters of freedom of expression which would strike at the very substance of this freedom».

[9] Vid. apartado 24.

[10] Vid. apartados 38 y 39.

[11] Apartado 45.

nos de la universidad, ni por los tribunales administrativos[12]— tuvo el demandante conocimiento de cuáles fueran las opiniones pretendidamente heterodoxas que, según la universidad, se reflejaban en su actividad docente y cómo podían éstas afectar al interés de aquélla de dispensar una enseñanza inspirada en sus convicciones religiosas[13].

En realidad, el Tribunal, a la hora de valorar la necesidad en una sociedad democrática de la injerencia en el derecho a la libertad de expresión del recurrente, no cuestiona los motivos que dieron lugar a la violación del derecho a la libertad de expresión, sino, precisamente, la ausencia de motivación de la medida adoptada[14]. Siempre según el Tribunal, tampoco se discute, de hecho ni siquiera el demandante lo hace, que la legislación interna garantice la protección del derecho de la universidad a ofrecer a los estudiantes una enseñanza inspirada en la doctrina católica[15].

El Tribunal renuncia a analizar un examen separado de la queja del demandante en relación con la vulneración del derecho de libertad de pensamiento, de conciencia y de religión, al entender que la misma «no plantea, desde la perspectiva del artículo 9 del Convenio, ninguna cuestión que vaya más allá de la tratada en el contexto del artículo 10 del Convenio»[16].

Podemos concluir que lo que lleva a la Corte a estimar la vulneración del derecho a la libertad de expresión en este supuesto tiene que ver exclusivamente con la inobservancia de las garantías procesales adecuadas, poniendo así de relieve que el artículo 10 del Convenio incorpora una dimensión procesal a su perfil sustancial[17]. De hecho, en este pronunciamiento, el Tribunal Europeo de Derechos Humanos no pone en tela de juicio el derecho del empresario, en este caso la universidad, a limitar el

---

12 Vid. *ibídem*, apartados 50-54. En palabras del Tribunal, queda constatada «la falta de conocimiento por el demandante de las razones que fundaban su despido [que] imposibilitó en sí misma el ejercicio de un debate contradictorio [y] este aspecto tampoco fue objeto de examen por los tribunales internos». Apartado 54.

13 Vid. *ibídem*, apartados 46-49.

14 En relación con los motivos del despido, «el Tribunal no puede sino señalar el carácter vago e incierto de... [los mismos] y constatar que la decisión del Consejo de la Facultad, más allá de la mera referencia a la desaprobación de la Santa Sede, cuyo contenido permanece secreto, no está motivada. En este contexto, la entrevista entre el demandante y un interlocutor de la Congregación no desmonta esta constatación, ya que tal entrevista tuvo lugar de forma informal, sin que se levantara ninguna acta oficial». Apartado 49.

15 Vid. *ibídem* apartados 34 y 77.

16 Vid. *ibídem*, apartado 58.

17 En este sentido, vid. E. Sorda, *Las empresas de tendencia de tipo confesional ante el Tribunal Europeo de Derechos Humanos*, en Aa. Vv., *Encrucijadas de la laicidad*, Instituto de Investigaciones Jurídicas de la UNAM, Mexico D. F., 2015, p. 102. Disponible en http://biblio.juridicas.unam.mx/libros/8/3870/5.pdf [Acceso de 30 de septiembre de 2016].

derecho a la libertad de expresión del profesor[18]. Bien al contrario, desde el punto de vista sustancial, recalca que «en algunos establecimientos, la religión puede constituir una exigencia profesional, habida cuenta de la ética de la organización... [y que] en estas condiciones... la decisión del Consejo de la Facultad podía considerarse inspirada en el objetivo legítimo de proteger un «derecho ajeno», que se manifiesta en el interés de la Universidad de inspirar su enseñanza en la doctrina católica», alineándose así con la doctrina de la Comisión en su decisión en el caso *Rommelfander*.

3. Autonomía de las confesiones y derecho a la intimidad

Otro de los preceptos del Convenio cuya vigencia ha entrado en conflicto con el derecho de autonomía de los grupos religiosos es el artículo 8, relativo a la intimidad, que establece que «toda persona tiene derecho al respeto de su vida privada y familiar, de su domicilio y de su correspondencia». Según se aclara en el apartado segundo, «no podrá haber injerencia de la autoridad pública en el ejercicio de este derecho sino en tanto en cuanto esta injerencia esté prevista por la ley y constituya una medida que, en una sociedad democrática, sea necesaria para la seguridad nacional, la seguridad pública, el bienestar económico del país, la defensa del orden y la prevención de las infracciones penales, la protección de la salud o de la moral, o la protección de los derechos y las libertades de los demás».

Al igual que ocurre con la libertad de expresión, el Tribunal también ha subrayado la relevancia de este derecho, incidiendo en la necesidad de que se lleve a cabo un detallado examen a la hora de evaluar los derechos e intereses en juego[19], advirtiendo que, aunque un empresario cuya ética se basa en la religión o en una creencia filosófica puede, de acuerdo con el Convenio, imponer a sus empleados unas obligaciones de lealtad espe-

---

[18] De hecho, el juez europeo hace suya la doctrina expresada por el Tribunal Constitucional italiano en una sentencia de 14 de diciembre de 1972 en el sentido que «la libertad de una universidad se violaría si no pudiera escoger sus profesores sobre la base de una evaluación de su personalidad o si no pudiera rescindir un contrato cuando las posturas religiosas o ideológicas de un profesor contradicen las pronunciadas por la propia universidad» y que «estas facultades llevan aparejada indirectamente la restricción de la libertad personal del profesor. Sin embargo, no constituyen una violación, puesto que el docente es libre de adherirse a los objetivos particulares de la universidad y rescindir el contrato de trabajo cuando ya no los comparta» añadiendo que «la libertad de los católicos se vería muy comprometida si la Universidad Católica no pudiera rescindir un contrato de trabajo con un profesor que ya no compartiera los objetivos fundamentales que la caracterizan». Apartado 78 en relación con el 21.

[19] Vid. Sentencia *Schülth contra Alemania*, de 23 de septiembre de 2010, apartado 69.

cíficas, en este tipo de conflictos, los órganos estatales deberán tener en cuenta las circunstancias concretas del caso[20].

Por otra parte, debe llamarse la atención sobre el hecho que, a diferencia de los litigios que afectan a la libertad de expresión, en los que, como hemos visto, las sanciones impuestas tienen su origen en declaraciones en las que los trabajadores critican públicamente las posiciones de las «iglesias empresarias», en estos casos el comportamiento que da lugar al conflicto se circunscribe a la vida privada de los empleados.

La sentencia *Obst contra Alemania*, de 23 de septiembre de 2010, resuelve la demanda planteada por un empleado de la Iglesia de Jesucristo de los Santos Últimos Días[21], que alegaba la vulneración del mencionado precepto tras haber sido despedido por mantener una relación extraconyugal. En su pronunciamiento, el Tribunal rechaza unánimemente la pretensión del recurrente, al entender que una empresa cuya ética está basada en la religión o en una creencia filosófica está en su perfecto derecho de imponer a sus trabajadores, en el contrato de trabajo, una forma de lealtad que sea concordante con la moral oficialmente sostenida por el culto y que las exigencias de la confesión en materia de fidelidad conyugal no entran en contradicción con los principios fundamentales del orden jurídico[22].

En esta sentencia, el juez europeo incide en el hecho de que el empleado había firmado un contrato en el que se comprometía a respetar «principios morales elevados»[23] y zanja la cuestión argumentando que, tratándose de un individuo que había crecido en el seno de la Iglesia mormona,

---

[20] Vid. *ibídem*.

[21] El recurrente era el director del departamento de relaciones públicas para Europa.

[22] Según sus propias palabras, «la Cour considère que le fait que le licenciement a été fondé sur un comportement relevant de la sphère privée du requérant, et ce en l'absence de médiatisation de l'affaire ou de répercussions publiques importantes du comportement en question, ne saurait être décisif en l'espèce. Elle note que la nature particulière des exigences professionnelles imposées au requérant résulte du fait qu'elles ont été établies par un employeur dont l'éthique est fondée sur la religion ou les convictions... A cet égard, elle estime que les juridictions du travail ont suffisamment démontré que les obligations de loyauté imposées au requérant étaient acceptables en ce qu'elles avaient pour but de préserver la crédibilité de l'Eglise mormone. Elle relève par ailleurs que la cour d'appel du travail a clairement indiqué que ses conclusions ne devaient pas être comprises comme impliquant que tout adultère constituait en soi un motif justifiant le licenciement [sans préavis] d'un employé d'une Eglise, mais qu'elle y était parvenue en raison de la gravité de l'adultère aux yeux de l'Eglise mormone et de la position importante que le requérant y occupait et qui le soumettait à des obligations de loyauté accrues». Apartado 51.

[23] Entre los compromisos expresamente adquiridos se incluían los de abstenerse de fumar, de beber alcohol o café en granos y de consumir estupefacientes en los locales de la Iglesia o en sus aledaños, así como en sus desplazamientos o acontecimientos profesionales, estipulándose que, en caso de incumplimiento grave, la empresa podría despedirle sin previo aviso. Vid. apartado 8.

éste debía ser consciente de la importancia que la fidelidad matrimonial tenía para su empresa y, por tanto, del hecho que la relación extraconyugal que había instaurado resultaba incompatible con la obligación de firme lealtad que había contraído con la confesión[24].

En sentido contrario resuelve la sentencia *Schüth contra Alemania*, también de 23 de septiembre de 2010[25], el recurso planteado por un empleado de una parroquia católica que también alegaba la vulneración del artículo 8 del Convenio tras haber sido despedido de su puesto de trabajo como organista y encargado del coro por infringir las obligaciones de lealtad previstas en las normas reglamentarias de la Iglesia Católica a las que se remitía su contrato de trabajo, por atentar contra la indisolubilidad del matrimonio tras mantener una relación extraconyugal con otra mujer, que estaba embarazada de él, cometiendo, a juicio del empleador, adulterio y bigamia.

En este caso, el Tribunal estima la demanda al entender que los tribunales internos no evaluaron correctamente los derechos en juego, por cuanto no argumentaron suficientemente el motivo por el cual los intereses de la parroquia han prevalecido sobre los del demandante. En este sentido, aunque en la sentencia se admite que un empresario cuya ética se basa en la religión o en una creencia filosófica puede, de acuerdo con el Convenio, imponer a sus empleados unas obligaciones de lealtad específicas, se entiende que, tratándose de un despido motivado por una decisión del demandante que ataña a su vida privada y familiar, hubiera sido necesario realizar un examen más detallado en la evaluación de los derechos e intereses en juego[26], incidiendo en que, a diferencia de lo que ocurre en el caso *Obst*, el demandante no estaba sometido a elevadas obligaciones de lealtad[27].

---

[24] «La Cour estime en effet que l'intéressé, pour avoir grandi au sein de l'Eglise mormone, était ou devait être conscient, lors de la signature du contrat de travail et notamment du paragraphe 10 de celui-ci (portant sur l'observation «des principes moraux élevés») de l'importance que revêtait la fidélité maritale pour son employeur... et de l'incompatibilité de la relation extraconjugale qu'il avait choisi d'établir avec les obligations de loyauté accrues qu'il avait contractées envers l'Eglise mormone en tant que directeur pour l'Europe au département des relations publiques». Apartado 50.

[25] De hecho, ambos casos son resueltos por la misma sección del Tribunal, la quinta.

[26] «Una decisión de despido basada en una falta a tales obligaciones no se puede someter, en el nombre del derecho de autonomía del empleador, únicamente a un control judicial restringido, efectuado por el Juez de Trabajo estatal competente, sin que se tenga en cuenta la naturaleza del puesto del interesado y sin que se haya sopesado efectivamente los intereses en juego según el principio de proporcionalidad». Apartado 69.

[27] Vid. apartado 71.

Moreno Botella es muy crítica con este argumento, al entender que «en cuanto a la actividad de músico y jefe de coro de la diócesis y si se trata de una actividad conectada al fin religioso de la organización, o se trata de una actividad meramente instrumental, es igualmente la propia Iglesia la que ha de determinar si la música

En relación con la obligación de lealtad hacia la Iglesia católica que asumió el trabajador al firmar su contrato, el juez europeo admite que ello limitaba en cierto modo su vida privada, puesto que tales limitaciones están amparadas por el Convenio siempre que se acepten libremente, pero que la firma de dicho contrato no debe interpretarse como un compromiso personal de vivir en abstinencia en caso de separación o de divorcio puesto que tal interpretación afectaría el corazón mismo del derecho al respeto de la vida privada del interesado[28].

Por último, el Tribunal concede especial importancia al hecho de que se trate de un empleado despedido por un empresario eclesial, lo que conlleva que sus posibilidades de encontrar un nuevo empleo sean más limitadas, especialmente cuando dicho empresario ocupa de hecho una posición predominante en el sector y cuando la formación del empleado despedido reviste un carácter tan específico que hace que sea muy complicado que encuentre un nuevo puesto de trabajo fuera de la Iglesia empresaria[29].

A la luz de su decisión en los casos *Obst* y *Schüth*, puede advertirse que el Tribunal otorga una relevancia decisiva al tipo de actividad desarrollada por el trabajador, dependiendo de si la misma está vinculada o no con el fin religioso de la organización, a la hora de determinar el grado de lealtad que puede exigirle la empresa en el ámbito de su vida privada y, por ende, si el derecho reconocido en el artículo 8 de Convenio puede ser o no limitado en aras de la vigencia del derecho a la autonomía de las confesiones religiosas.

La sentencia de la Gran Sala de 12 de junio de 2014, en el caso *Fernández Martínez contra España*, resuelve la demanda planteada por un ciudadano español que alegaba la vulneración del artículo 8 del Convenio por injerencia injustificada en su vida privada y familiar, al no haber sido renovado su contrato como profesor de religión católica en un instituto público, después de que trascendiera su condición de sacerdote casado y su pertenencia a un movimiento en favor del celibato opcional que mantenía posiciones críticas con la doctrina de la Iglesia católica en relación con determinadas cuestiones.

Habida cuenta que, en opinión del demandante, la conducta de las autoridades públicas supone una limitación de su derecho al respeto de

---

forma parte importante de la eucaristía y liturgia de la Iglesia y por tanto, a ella corresponde la elección de la persona encargada de esta función, según los propios criterios eclesiales y principios morales, como una exigencia del derecho de libertad religiosa colectiva». *Los difusos límites entre el deber de lealtad de los asalariados de entidades confesionales y la autonomía eclesial (dos Decisiones del TEDH de 23 de septiembre de 2010, Obst y Schüth c. Alemania)*, en «Revista General de Derecho Canónico y de Derecho Eclesiástico del Estado», 26, 2011, pp. 29-30.

[28] Vid. apartado 71.

[29] Vid. apartado 73.

su vida privada[30], ocurre analizar si dicha injerencia cumple con los requisitos establecidos en el artículo 8.2 del Convenio. En relación con esta cuestión, la Gran Sala afirma que «la decisión de no renovar el contrato en el presente caso, persigue el legítimo objetivo de proteger los derechos y libertades de los demás, en particular los de la Iglesia Católica, y concretamente su autonomía respecto a la elección de las personas capacitadas para enseñar la doctrina religiosa»[31], reiterando, en la línea de los pronunciamientos precedentes del Tribunal, que las comunidades pueden, en virtud de su autonomía religiosa, exigir un cierto grado de lealtad a sus trabajadores o representantes[32].

Como hemos visto, la proporcionalidad de la medida adoptada se infiere de la ponderación entre el derecho del demandante a su vida privada y familiar y el de las organizaciones religiosas a su autonomía, que corresponde realizar al Estado en uso del amplio margen de apreciación que le concede la jurisprudencia de Estrasburgo en estos casos[33]. El juez europeo recuerda que en este tipo de conflictos debe tenerse en cuenta la naturaleza del puesto ocupado como un elemento importante a la hora de medir la proporcionalidad de la medida restrictiva[34], advirtiendo que la mera acusación por parte de una comunidad religiosa de la existencia de una amenaza a su autonomía, no resulta suficiente a los efectos de justificar una injerencia en el derecho al respeto a la vida privada o familiar de sus miembros, debiendo la confesión probar, a la luz de las circunstancias de cada caso individual, que el riesgo alegado sea probable y esencial[35].

Debe resaltarse que en la sentencia de instancia, de 15 de mayo de 2012[36], la sección tercera del Tribunal Europeo, se había mostrado más escrupulosa con el principio de autonomía al afirmar que, puesto que «las circunstancias que motivaron la no renovación del contrato del demandante en este caso son de naturaleza estrictamente religiosa... las exigencias de los principios de libertad religiosa y de neutralidad le impiden ir más lejos en el examen relativo a la necesidad y a la proporciona-

---

[30] El Tribunal aclara que, aunque la decisión de no renovación del contrato no fue adoptada por una autoridad pública, sino por el obispo, el hecho de que dicha autoridad interviniera en una etapa posterior, en este caso dictando la ejecución de dicha decisión, implica que la referida decisión pueda ser considerada como un acto de una autoridad pública, máxime cuando en ésta recae la condición de empleador del demandante. Vid. apartados 115-116.

[31] Apartado 122.

[32] Vid. apartado 131.

[33] Vid. apartado 123.

[34] Así ha sido en el caso de las sentencias *Obst* y *Schüth*, ya comentadas.

[35] Vid. apartados 131-132.

[36] Apartado 84. Un breve comentario crítico sobre esta sentencia puede verse en M. J. Valero Estarellas, *El derecho de los profesores de religión católica al respeto de su vida personal y familiar*, en «Revista General de Derecho Canónico y de Derecho Eclesiástico del Estado», 33, 2013, pp. 24-26.

lidad de la decisión de no renovación, debiendo limitarse su papel a verificar que los principios fundamentales del orden jurídico interno o la dignidad del demandante no fueron puestos en causa»[37].

En el caso concreto, la Gran Sala considera razonable que las confesiones religiosas esperen un cierto grado de lealtad de los profesores de religión, ya que éstos son vistos como sus representantes y que «la existencia de discrepancias entre las ideas que deben enseñarse y las creencias personales del profesor pueden dar lugar a una cuestión de credibilidad si el profesor realiza campañas activa y públicamente en contra de las ideas en cuestión»[38].

4. El conflicto entre la libertad religiosa individual y colectiva

Otro de los derechos de los empleados cuya vulneración se alega como consecuencia de la aplicación de medidas disciplinarias impuestas por las empresas de tendencia es, precisamente, el derecho de libertad religiosa. En estos supuestos lo que se plantea es un conflicto entre el derecho de libertad religiosa del trabajador y el de la confesión religiosa en la que presta sus servicios, que ejerce como empleador.

De este conflicto se ocupa la sentencia *Siebenhaar contra Alemania*, de 3 de febrero de 2011, conocedora del recurso presentado por una educadora que prestaba sus servicios en una guardería infantil dirigida por una parroquia protestante que alega la vulneración de los artículos 9 y 14 del Convenio tras haber sido despedida en virtud de un acuerdo del comité de empresa, después de que éste constatara que pertenecía a una comunidad religiosa llamada Iglesia Universal. Al igual que en los supuestos precedentes, la cuestión principal que se plantea en este caso consiste en determinar si el Estado debió, en el marco de sus obligaciones positivas, reafirmar la vigencia del derecho, en este caso de libertad religiosa, de la demandante frente a la medida de despido acordada por la confesión, lo que conlleva el examen de la ponderación de los derechos de ambas partes a fin de determinar si la protección ofrecida a la demandante fue satisfactoria[39].

En el caso concreto, el juez europeo entiende que artículo 9 del Convenio no imponía al Estado alemán la obligación de ofrecer a la deman-

---

[37] Una interesante comparación entre la sentencia de instancia y la de la Gran Sala puede verse en M. J. Valero Estarellas, *Autonomía institucional de las confesiones religiosas y derecho al respeto de la vida privada y familiar en Estrasburgo: la sentencia de la Gran Sala del TEDH Fernández Martínez c España*, «Revista General de Derecho Canónico y de Derecho Eclesiástico del Estado», 36, 2014.

[38] Apartado 137.

[39] Vid. apartado 40.

dante una protección superior; según el Tribunal, al formalizar su contrato de trabajo, la interesada debía ser consciente que de que su pertenencia y actividad en el seno de esa comunidad religiosa eran incompatibles con su contrato en la Iglesia protestante, motivo por el cual descarta que el hecho de que el despido se basara en un comportamiento fuera de la esfera profesional tenga relevancia alguna para este caso[40].

Así las cosas, la Corte recuerda que «el carácter particular de las exigencias profesionales impuestas a la demandante resulta del hecho de que fueron establecidas por una empresa cuya ética se basa en la religión o las convicciones... [y] estima que los tribunales de trabajo demostraron suficientemente que las obligaciones de lealtad eran aceptables en tanto en cuanto tenían como finalidad preservar la credibilidad de la Iglesia Protestante ante el público y ante los padres de los niños del jardín de infancia»[41].

5. Autonomía de los grupos religiosos y derecho de asociación

Como veíamos antes, el artículo 11 del Convenio Europeo de Derechos Humanos dispone que «toda persona tiene derecho a la libertad de reunión pacífica y a la libertad de asociación, incluido el derecho a fundar, con otras, sindicatos y de afiliarse a los mismos para la defensa de sus intereses». Al igual que en los supuestos anteriores, el apartado segundo del mencionado artículo aclara que «el ejercicio de estos derechos no podrá ser objeto de otras restricciones que aquellas que, previstas por la ley, constituyan medidas necesarias, en una sociedad democrática, para la seguridad nacional, la seguridad pública, la defensa del orden y la prevención del delito, la protección de la salud o de la moral, o la protección de los derechos y libertades ajenos».

La sentencia de la Gran Sala del Tribunal Europeo de Derechos Humanos de 9 de julio de 2013, en el caso *Sindicatul «Pastorul Cel Bun» contra Rumania*, aborda el conflicto entre el principio de autonomía de las confesiones que, como hemos visto, implica la libertad de los grupos religiosos de actuar bajo sus propias reglas, sin interferencia del Estado, y la referida libertad de asociación, cuya vulneración se invoca como consecuencia de la denegación de inscribir un sindicato integrado por el personal religioso y laico de diversas parroquias ortodoxas, basándose en una norma de naturaleza eclesiástica contenida en los estatutos de la Iglesia, que exigía la autorización de la autoridad eclesiástica.

En un fallo adoptado por mayoría de once votos contra seis, la Gran Sala admite que la denegación del reconocimiento por parte del Estado

---

[40] Vid. apartado 46.
[41] Apartado 46.

de un sindicato de clérigos en ausencia del acuerdo de la jerarquía está justificado porque tal reconocimiento implicaría una violación del principio de autonomía de las confesiones que se infiere del artículo 9 del Convenio, rectificando el criterio de la sección tercera del Tribunal que, en sentencia de 31 de enero de 2012, había entendido que la denegación conllevaba una vulneración del derecho a la libertad de asociación, al considerar que la medida no era necesaria en una sociedad democrática por no guardar proporción con el objetivo perseguido de proteger la tradición cristiana ortodoxa[42].

La Gran Sala corrige, por tanto, el criterio de la sección, al otorgar una mayor relevancia al principio de autonomía de las confesiones, siguiendo la línea de los pronunciamientos previos del Tribunal, al incidir en que los clérigos, en virtud del principio de lealtad, asumen ciertas obligaciones de especial naturaleza[43].

Aunque la Gran Sala opta por hacer prevalecer la autonomía de la confesión, se aparta de algunos de esos pronunciamientos, al entender que la relación entre los miembros del clero y la confesión religiosa no ofrece ninguna peculiaridad en relación con las relaciones laborales ordinarias. En este sentido, no discute que, no obstante su especial situación, los clérigos desarrollan su labor en el contexto de una relación laboral sometida al artículo 11 del Convenio[44], incidiendo en que no consta

---

[42] Diversas consideraciones llevaron a la sección a tal conclusión. Así, en su pronunciamiento, recalca que una restricción tan drástica de ese derecho no puede justificarse sin más en una previsión legislativa que prohíbe a determinadas categorías de trabajadores el derecho a sindicarse, recordando que el artículo 11 del Convenio únicamente autoriza a los estados a imponer restricciones, siempre que sean legítimas, al derecho a la libertad de asociación de los miembros de las fuerzas armadas, de la policía o de la administración, y que los sacerdotes y el personal laico de la Iglesia desempeñan sus funciones en virtud de un contrato de trabajo individual y que sus estipendios están financiados en buena parte por el Estado. La sección pone de relieve que los motivos invocados por el tribunal de instancia para justificar la injerencia eran de orden exclusivamente religioso y subraya que las reivindicaciones del sindicato demandante se limitaban a la defensa de los derechos económicos y sociales de los empleados de la Iglesia, sin que en el estatuto del sindicato incluyera crítica alguna a la Iglesia o a su fe.

Un comentario de la sentencia de la sección puede verse en, F. Botti, *Diritto sindacale e confessioni religiose alla luce della giurisprudenza della Corte di Strasburgo. Il caso rumeno: «Sindicatul Pastorul cel Bun c. Romania»*, en «Quaderni di diritto e politica ecclesiastica», 2013/1, 171-182.

[43] En palabras de la Gran Sala, «le travail des membres du clergé présente la particularité de poursuivre aussi une finalité spirituelle et d'être accompli dans le cadre d'une Eglise pouvant prétendre à un certain degré d'autonomie. Il en résulte que les obligations des membres du clergé sont d'une nature particulière en ce que ceux-ci sont soumis à un devoir de loyauté accru, lui-même fondé sur un engagement personnel de chacun de ses membres qui est censé être définitif». Apartado 144.

[44] «La Cour estime que nonobstant les particularités de leur situation, les membres du clergé accomplissent leur mission dans le cadre d'une relation de travail relevant de l'article 11 de la Convention». Apartado 148.

que los miembros del sindicato renunciaran a los derechos que les confiere tal precepto[45].

En la línea de su pronunciamiento precedente en el caso *Fernández Martínez*, la Gran Sala sostiene que la mera alegación por parte de un grupo religioso de la existencia de una amenaza real o potencial a su autonomía no justifica la intromisión en un derecho del Convenio, como la libertad de expresión, sino que deberá demostrarse que, a la luz de las circunstancias del caso individual, la referida amenaza revista seriedad, que la intromisión sea proporcionada y que no tenga otro propósito más allá de salvaguardar la autonomía de la entidad y, coherentemente con la jurisprudencia del Tribunal, que corresponde a los tribunales nacionales analizar las circunstancias del caso en orden a verificar que tales exigencias se cumplen, respetando el equilibrio entre los intereses en juego[46].

6. Conclusión

Según el Tribunal Europeo de Derechos Humanos, corresponde a las autoridades estatales garantizar la vigencia de los derechos reconocidos en el Convenio y, tratándose de supuestos en los que los empleados prestan sus servicios en una empresa privada, entiende que las eventuales restricciones de los derechos reconocidos en el Convenio no son directamente atribuibles al Estado. Por lo tanto, en estos casos, lo que procede es determinar si las autoridades estatales han cumplido o no con su obligación positiva de garantizar la vigencia de los derechos cuya restricción ha sido denunciada por los trabajadores, manteniendo un justo equilibrio entre los derechos en conflicto.

En este sentido, puesto que el Convenio admite que los derechos cuya vulneración se reclama por parte de los empleados pueden limitarse, siempre que se cumplan los requisitos establecidos en cada uno de los preceptos del Convenio invocados, en sus pronunciamientos, la labor de

---

45 «À supposer même que les membres du clergé orthodoxe roumain puissent renoncer aux droits qu›ils tirent de l›article 11 de la Convention, la Cour constate qu›en l›espèce, il n›apparaît pas qu›au moment de leur engagement, les membres du syndicat aient accepté une telle renonciation». Apartado 146.

46 Según sus propias palabras, «il ne suffit pas à une organisation religieuse d'alléguer l'existence d'une atteinte réelle ou potentielle à son autonomie pour rendre conforme aux exigences de l'article 11 de la Convention toute ingérence dans le droit à la liberté syndicale de ses membres. Il lui faut aussi démontrer, à la lumière des circonstances du cas d'espèce, que le risque invoqué est réel et sérieux, que l'ingérence litigieuse dans la liberté d'association ne va pas au-delà de ce qui est nécessaire pour l'écarter et qu'elle ne sert pas non plus un but étranger à l'exercice de l'autonomie de l'organisation religieuse. Il appartient aux juridictions nationales de s'en assurer, en procédant à un examen approfondi des circonstances de l'affaire et à une mise en balance circonstanciée des intérêts divergents en jeu». Apartado 159.

la Corte Europea ha estado dirigida a determinar si, en cada caso, la restricción de tales derechos estaba justificada

Como hemos visto, el Tribunal ha tenido que resolver un buen número de casos en los que el derecho de autonomía de las confesiones ha entrado en conflicto con los derechos de sus trabajadores reconocidos en el Convenio, tales como la libertad de expresión, la libertad religiosa, el derecho a la intimidad y la libertad de asociación. En una buena parte de los supuestos planteados, los trabajadores habían sido despedidos, o bien no se les había renovado su contrato, debido a comportamientos que, en opinión de las confesiones, resultaban incompatibles con su contrato, al vulnerar el principio de lealtad.

En líneas generales, podemos concluir que el Tribunal Europeo de Derechos Humanos ha reafirmado la vigencia del derecho de autonomía de los grupos religiosos institucionalizados, en el ejercicio por parte de éstos del derecho de libertad religiosa reconocido en el artículo 9 del Convenio, frente a los derechos de sus empleados, puesto que, en la mayor parte de los casos, aún admitiendo la existencia de una limitación o vulneración de los derechos alegados por los trabajadores, sostiene que dichas limitaciones estaban justificadas al cumplir con los requisitos establecidos en los distintos preceptos del Convenio.

Ello no obstante, en sus pronunciamientos en los casos *Fernández Martínez* y *Sindicatul «Pastorul Cel Bun»*, la Gran Sala ha recalcado que la mera existencia de una amenaza a la autonomía de las confesiones religiosas no justifica en sí misma una restricción el ejercicio de otros derechos reconocidos en el Convenio, como el derecho al respeto a la vida privada o el derecho de asociación, sino que es preciso que quede acreditado que, a tenor de las circunstancias de cada caso concreto, el riesgo alegado sea probable y esencial y que la intromisión, además de proporcionada, no persiga otro propósito más allá de proteger la autonomía de la entidad.

En este sentido, el juez europeo ha entendido que los estados parte disponen de un cierto margen de apreciación para determinar si la injerencia está o no justificada y que el referido margen es mayor cuando no exista consenso en los estados miembros del Consejo de Europa, acerca de la importancia relativa de los intereses concurrentes y de cuáles sean los mejores medios para protegerlos. A partir de aquí, corresponde al Tribunal ejercer una labor de control tendente a determinar si las medidas adoptadas a nivel nacional están justificadas y cumplen con el requisito de la proporcionalidad, teniendo en cuenta la necesidad de mantener el equilibrio entre los intereses del individuo y los de la comunidad en su conjunto[47].

---

[47] Vid. apartados 38 y 39 de la sentencia *Siebenhaar*. En el mismo sentido, vid. sentencia *Evans contra el Reino Unido*, de 7 de marzo de 2006, apartados 75-77.

Recientemente, el Tribunal Europeo de Derechos Humanos ha reafirmado la vigencia del derecho de autonomía de los grupos religiosos, que incluye el derecho de las confesiones y comunidades religiosas a operar sin interferencia de los gobiernos, en su sentencia de 1 de diciembre de 2015, en el caso *Károly Nagy contra* Hungría. Por un escaso margen de cuatro votos a tres, la Sala rechaza la existencia de violación del derecho a un proceso equitativo, reconocido en el artículo 6.1 del Convenio[48], alegada por un pastor calvinista que había sido apartado de sus funciones por un tribunal eclesiástico tras haber afirmado en un medio escrito que el Estado había asignado ilegítimamente fondos a un colegio calvinista, cuyo caso se había negado a revisar el Tribunal Supremo húngaro[49].

[48] Este precepto establece que «toda persona tiene derecho a que su causa sea oída equitativa, públicamente y dentro de un plazo razonable, por un Tribunal independiente e imparcial, establecido por ley, que decidirá los litigios sobre sus derechos y obligaciones de carácter civil o sobre el fundamento de cualquier acusación en materia penal dirigida contra ella. La sentencia debe ser pronunciada públicamente, pero el acceso a la sala de audiencia puede ser prohibido a la prensa y al público durante la totalidad o parte del proceso en interés de la moralidad, del orden público o de la seguridad nacional en una sociedad democrática, cuando los intereses de los menores o la protección de la vida privada de las partes en el proceso así lo exijan o en la medida en que sea considerado estrictamente necesario por el tribunal, cuando en circunstancias especiales la publicidad pudiera ser perjudicial para los intereses de la justicia».

[49] En palabras del Tribunal, «the Supreme Court held that the State courts had no jurisdiction to examine the applicant's claim, it did in fact examine that claim, based on the existence of an agency contract, in the light of the relevant domestic legal principles of contract law. It found that there was no contractual relationship between the applicant and the Calvinist Church. This decision cannot be considered arbitrary or manifestly unreasonable. In these circumstances, the applicant cannot argue that he was deprived of the right to a determination of the merits of his claim». Apartado 74.

Made in United States
Cleveland, OH
05 November 2026

47667149R00121